故事的力量
商业沟通的核心法则

饶钢　赵金星 / 著

中国友谊出版公司

图书在版编目（CIP）数据

故事的力量 : 商业沟通的核心法则 / 饶钢, 赵金星著. -- 北京 : 中国友谊出版公司, 2025.3. -- ISBN 978-7-5057-6054-7

Ⅰ. F713.55

中国国家版本馆 CIP 数据核字第 20244DG289 号

书名	故事的力量：商业沟通的核心法则
作者	饶　钢　赵金星
出版	中国友谊出版公司
策划	杭州蓝狮子文化创意股份有限公司
发行	杭州飞阅图书有限公司
经销	新华书店
制版	杭州真凯文化艺术有限公司
印刷	杭州钱江彩色印务有限公司
规格	710 毫米 ×1000 毫米　16 开 21.5 印张　320 千字
版次	2025 年 3 月第 1 版
印次	2025 年 3 月第 1 次印刷
书号	ISBN 978-7-5057-6054-7
定价	68.00 元
地址	北京市朝阳区西坝河南里 17 号楼
邮编	100028
电话	（010）64678009

推荐序　为什么故事比数据更有说服力　/ 01
推荐序　讲好商业故事，塑造资本信心　/ 05
推荐序　讲好资本故事，做好市值管理　/ 07
自　序　本书的来历　/ 10

01 商业故事的力量

第一章　故事的力量　/ 003
　　第一节　故事的影响力　/ 004
　　第二节　好故事的四个特质　/ 016

第二章　商业故事与企业价值传播　/ 031
　　第一节　一句话定义企业价值传播　/ 032
　　第二节　什么是价值　/ 035
　　第三节　企业价值传播三要素　/ 040

第三章　商业故事的基本构成　/ 053
　　第一节　商业故事的结构　/ 054
　　第二节　商业故事的5个核心要素　/ 060
　　第三节　商业故事中的原型　/ 073

02 从逻辑到方法：如何构建一个好的商业故事

第四章　让你舌灿莲花的底层逻辑 / 091

　　第一节　认知框架决定认知内容　 / 092

　　第二节　先有结论再来证实　 / 106

　　第三节　寻求简单因果关系　 / 119

第五章　谋定而动的传播策略 / 131

　　第一节　寻找共识与借助权威　 / 132

　　第二节　先呈现，再推理　 / 146

　　第三节　选择而非说服　 / 149

　　第四节　商业也要讲故事　 / 153

第六章　8招创造好故事 / 155

　　第一节　创造信任：商业叙事的第一要务　 / 156

　　第二节　眼见为实：事实胜于雄辩　 / 170

　　第三节　光环效应：从胜利走向胜利　 / 174

　　第四节　所见即全貌：我们并不需要全部信息　 / 179

　　第五节　多重自我：直觉是可以被操纵的　 / 186

　　第六节　替代效应：帮助决策者下决心　 / 189

　　第七节　锚定效应：传播者的利器　 / 194

　　第八节　知识的诅咒：传播者的陷阱　 / 197

第七章　商业故事的三级火箭模型 / 203

　　第一节　三级火箭模型　 / 204

　　第二节　画龙点睛的精炼主题　 / 213

　　第三节　构建因果关系　 / 219

　　第四节　商业故事的可信度测试　 / 230

03 现场实战：把好故事讲得漂亮

第八章 让故事光彩夺目的黄金三角 / 241
  第一节 好故事都有共性 / 242
  第二节 故事中的"那一刻" / 244
  第三节 增强故事代入感 / 247
  第四节 刻画故事画面感 / 254
  第五节 掌控故事节奏感 / 258
  第六节 扫清影响故事效果的"路障" / 264
  第七节 故事是有功能分类的 / 266
  第八节 建立企业自己的商业故事银行 / 271

第九章 三段式演讲结构 / 281
  第一节 演讲准备时的"1G2W2H"设计模型 / 282
  第二节 三段式演讲结构 / 289
  第三节 拉开序幕 / 291
  第四节 大戏上演 / 295
  第五节 余音绕梁 / 306
  第六节 演讲的心理准备与刻意练习 / 313

后　记 / 319
参考文献 / 321

推荐序

为什么故事比数据更有说服力

当饶钢问我能否为他和赵金星先生合写的新书《故事的力量：商业沟通的核心法则》写一篇推荐序的时候，我犹豫了一下才答应。我答应的原因有三。第一，饶钢曾经是我课堂上最认真听讲认真写作业的学生之一，而且他坐在第一排，我很容易就记住了他。第二，我后来了解到他其实是中国知名的财经作家，已经写作并出版了好几本书，可他上课还那么认真谦逊，表现出极强的内在学习动机，我喜欢这样的人。第三，我后来读了他的一些文章，看了他的一些讲解金融财务知识的视频，发现他谈吐幽默生动，特别擅长把复杂难懂的概念用浅显的比喻或故事讲清楚。我心想，他的新书读起来一定也会逸趣横生。况且读读此书我也能学到一些新的知识，何乐而不为呢？

让我犹豫了一下的原因是书的原名《成为故事高手：如何让别人

为你的商业故事买单》，听起来有点"忽悠"的味道。近些年来，我听说过不少企业家因为"会讲故事"而让投资者慷慨解囊，之后却实现不了预期，逃之夭夭的案例。

不过打开书之后，我的疑虑就渐渐消散了。因为作者强调的是基于事实的、逻辑通顺的故事，而不是胡编乱造、无中生有的故事。

有读者可能会问："既然是基于事实的，那还讲什么故事呢？"

本书要颠覆的就是"事实、数据本身会说话"的基本信念。

两位作者引用了大量的心理学、脑科学实验证据来说明，大脑在接收信息、整合信息、解读信息、形成判断时，其实是受到个体先入为主的理念和注意力的焦点影响的。同样的数据和事实，具有不同角度和理念的人，其解读和做出的判断可以截然相反。俗话说的"公说公有理，婆说婆有理"和"屁股决定脑袋"，指的就是这种现象。从这个角度来说，站在投资者的立场来讲述企业的故事，更可能与他们已有的知识体系和理念相吻合，更容易得到他们的认可。

本书中作者使用了大量的真实故事，它们来源于作者多年的观察和经历，现身说法为什么用故事来串联事实和数据，比不用故事来呈现事实和数据，要来得更为有效。这些故事本身小而精悍，作者讲述时妙语连珠、充满创意，我边读边笑，有时忍不住拍案叫绝。

我更加佩服的是，作者能够使用许多社会心理学的研究成果来为自己提出的论点或模型做论据。虽然我30年前就开设了决策心理学的课程，对心理学家丹尼尔·卡尼曼（也是2002年的诺贝尔奖获得者）和阿莫斯·特沃斯基的学术研究稔熟于心，但从来没想过可以把这些成果与讲好故事联系起来。而本书的作者，竟然巧妙地把这两位心理学家经过多年的人类决策研究总结出来的规律，作为讲好商业故事在企业价值传播方面的理论基础。

丹尼尔·卡尼曼在其《思考，快与慢》一书中，描述了个体做决策时所依赖的两条路径：一条是依据感性和直觉的捷径（S1），另一条是深思熟虑、反复论证的路径（S2）。他认为，人们在不确定情景中做决策时，通常捷径先行，然后深度加工，不过深度加工常常不彻底，所以感性直觉就占了上风。本书的作者认为，讲故事能够诱导感性和情绪（由非自主神经系统控制），而事实和数据本身却难以唤起情绪，因此，在故事的框架下加之与此一致的事实和数据，使深度加工的材料辅佐故事中诱发的感性和情绪，其说服力就会相当强大。

我认同作者的上述逻辑，不过也想指出一点：故事所产生的情绪价值，在某些情况下可能会相当有限。我和同事曾经研究过创业者在呈现（pitch）其创业计划书的时候，表现出来的激情对创业投资者（VC）的影响[1]。我们把激情分为两类：第一类是情绪激情，即创业者通过肢体语言、面部表情、语音语调所表现出来的激情；第二类是认知激情，即创业者在陈述自己的计划书和回答投资者问题时所表现出来的深思熟虑和眼光格局。通过实验研究和现场研究，我们意外地发现，情绪激情对 VC 的决策毫无影响，但是认知激情却显著正面影响了他们的决策。这说明，冷静理性的 VC 并不把表面情绪作为重要因素去考量，也可以说明为什么当年星巴克创始人霍华德·舒尔茨先生充满情绪激情的 pitch 没有得到西雅图 VC 青睐。因为从理性出发，谁也无法预测一杯咖啡的生意可以做到如此之大！

有意思的是，当我们改变了研究场景的时候，情绪激情的价值就显示出来了。[2] 在两个众筹平台 Kickstarter 和 Indigogo 上，我们分别随机抽样了 400 多个创业者呈现计划书的视频，让观众来评价他们感受到的情绪激情和认知激情，然后使用平台上这些项目得到投资的实际数目，通过回归分析计算情绪激情的作用，结果十分显著。我们接着挖掘这个结果背后的心理学解释机制，用实验的方式证明，有两个因素决定了投资决策：一是对项目所在领域的熟悉程度，二

1　Chen XP, Yao X, Kotha S (2009). Passion and preparedness in entrepreneurs' business plan presentations: A persuasion analysis of venture capitalists' funding decisions. Academy of Management Journal, 52 (1), 199-214.

2　Li J, Chen XP, Kotha S, Fisher G (2017). Catch fire and spread it: A glimpse into entrepreneurial passion in crowdfunding campaign. Journal of Applied Psychology, 102 (7), 1075-1090.

是投资的数目大小。情绪激情产生效果的条件是：投资者不是专家或者投入的钱数不多。VC 为什么不受情绪激情的影响？一方面是因为他们往往对投资领域做过深入研究；另一方面是因为他们一旦选择投资，数目一般都比较大。而众筹平台上的普罗大众为什么会受情绪激情的影响？就是因为他们一般不是专家，而且投入的钱也不多。

最后，我要指出本书的另一个亮点，那就是其实用性。尤其在书的后半部分，作者提出了许多讲好商业故事的策略和招数，如同一本工具书，可以指导每一个人一步一步学习、操练，最后成为像作者一样舌灿莲花的讲故事高手，真正实现企业价值和个人价值的传播。

你还等什么呢？赶紧开卷吧！

陈晓萍[1]

2024 年 12 月于中国杭州

---

[1] 陈晓萍教授是美国华盛顿大学福斯特商学院组织管理学 Philip M. Condit 讲席教授、美国管理学会会士、美国心理学会会士。曾任福斯特商学院副院长。目前担任《组织管理研究》（*Management and Organization Review*）主编和中英文双语杂志《管理视野》（*Management Insights*）的创刊和执行主编，曾经是顶尖心理学英文期刊《组织行为和人类决策过程》（*Organizational Behavior and Human Decision Processes*）的主编。学术研究被广泛引用，是全球科学研究者中名列 2% 的高引学者。学术领域集中于组织行为和人力资源管理，研究课题包括跨文化管理、个体和群体决策、领导力、管理沟通等。学术论文发表于全球顶尖的管理学和心理学期刊。已出版 10 多本书籍，包括《跨文化管理》《组织和管理研究的实证方法》等。

推荐序

讲好商业故事，塑造资本信心

中国商业文明，已然走到关键岔路口：

要将高价值的工业制成品，跨越山海，销售到欧洲、北美、亚非拉市场；更要将稀缺的组织和创新能力，以股票为媒介，共享给国内外投资者。

非如此，即便广土巨族，仍无法跳出"内卷"的桎梏；纵然艰苦奋斗，难谈纵横天下，化敌为友。

中国的货物贸易已占全球的14%，货物贸易顺差接近6000亿美元，史无前例。中国企业、中国企业家的影响力，是否也已取得相应地位？思想，是否能同商品一道，打入海外消费者的内心？

我们仍然看到，出海的中国企业背负着种族的、政治的、文化的包袱，面临着太多无形的藩篱；我们还看到，中国股市"军合力不齐，踌躇而雁行"，仍然在泥沼中寻觅出路。

信心比黄金还要珍贵。信心的背后是叙事、是框架、是概念、是范畴，是对人心的精妙度量和精确引导。

人同此心，心同此理。讲好商业故事的能力，是穿越人种、文化、历史迷雾的指南针。

这是中国企业的试金石，也是中国企业家走上世界舞台中央的必修课，更是中华文化大行天下的函谷关。

饶钢先生"商而优则学"，30年来历经工程师、投资者和企业财务负责人兼董秘的三重角色，基于最新的认知科学学术研究成果，将多年从业经验和行业最佳实践融会贯通，抽丝剥茧出"人所共通"的认知密码，为"讲好商业故事"提供了方法论，为"如何快速建立信任"找到了哲学依据。

基本密码有三：第一，认知框架决定认知内容；第二，先有结论再来证实；第三，寻求简单因果关系。

相应地，核心策略有四：第一，寻找共识与借助权威；第二，先呈现，再推理；第三，选择而非说服；第四，商业也要讲故事。

讲好商业故事的具体技巧则有三级火箭模型：精炼主题，构建核心驱动力（因果关系），回到现场。

《故事的力量：商业沟通的核心法则》一书为读者提供了讲好商业故事的底层逻辑和实战技巧，值得一读。

从商业故事的角度来看，每个企业乃至每个人的一生，都是一场"始于卑微终于伟大的英雄之旅"。

愿我们都能拥有一颗透明的心灵和一双会流泪的眼睛。

相信勇气，拥抱世界。

秦朔

人文财经观察家、秦朔朋友圈发起人

2024年12月1日

推荐序

讲好资本故事，做好市值管理

收到饶钢和赵金星老师大作《故事的力量：商业沟通的核心法则》，欣喜不已。初读此书，如饮甘醴，字里行间尽显智慧之光；再三品味，不禁为书中所蕴含的深刻洞见而拍案叫绝。受邀为此书作序，我既心有惶恐又备感荣幸。

本书是两位老师作为"过来人"，对上市公司面向未来如何做好价值传播工作的经验总结和方法探索。书中不仅回答了"如何做"的问题，更深入进行了"为何这样做"的溯源思考，为读者理解底层逻辑、牵住问题的牛鼻子，提供了方便法门。

当前，我国正处于经济转型的关键时期，上市公司高质量发展已成为国家经济发展的重要诉求之一。上市公司市值管理也成为建设金融强国的核心环节，其核心逻辑在于"做价值涨预期，展现中国核心资产力量"。其中,涨预期指的是"预期管理",其本质就在于讲好资本故事。然而,企业价值与市场认知之间存在巨大鸿沟,使得讲好资本故事变得极其困难。

一方面是企业的业务、专业和场景,另一方面是资本的诉求、逻辑和纪律,消弭鸿沟一直是上市公司董事、监事和高级管理人员尤其是董秘团队努力的方向。通常的做法是摆事实、讲道理、卖逻辑,但往往大同小异,效果不佳。那么问题出在哪里?从资本运作、经营管理及财务分析的研究到成功企业案例拆解,再到传播学及脑科学的学习,饶老师在实践中不断拓宽知识边界,加深探索,逐步发现并提炼出消弭这一鸿沟的有效办法——讲故事。通过专业的叙事方式和人文通识思路,彻底改变人们接收和处理信息的方式。这种方法令我印象深刻,深受启发。

上市公司预期管理包括预期传播、预期稳定及预期释放三个环节,最终目标是赢得耐心资本、获得长期信任,乃至赢得投资信仰,从而实现估值合理最大化。如何实现?饶老师强调:"估值 = 数字 + 故事。"数字本身不能说话,只有运用数字讲述生动的故事,才能真正发挥数据的价值。从数字背后挖掘故事的过程,是对企业具体业务及文化的深度复盘和提炼。具体的业务和有温度的文化,经过人的理性及情感加工,让冷冰冰的数字变成一个个鲜活的故事。好的商业叙事越发强调理性要素和精彩故事的融合表达。要知道,影响人类决策的因素虽然包括理性和感性两个方面,但大多数人的信念往往源于直觉认知和群体共识,而非个人理性判断。

面对未来,企业的不确定性越来越多,不同利益相关者之间的立场差异更加明显,对价值认知的偏见也越发深刻,提炼加工企业投资价值、做好价值传播工作的难度越来越大,上市公司更加需要保持开放心态,不断学习和探索,理解并适应复杂世界和常态化的变化。这对本就困难的价值传播工作又提出了更多挑战。幸运的是,我们在本书中可以找到路径和方法,更重要的是,我们还能在迎接变化、找到意义的过程中感受到快乐。

饶钢和赵金星老师想把讲故事的力量传递出去，为上市公司价值传播提供解题思路，更希望借讲故事，为读者传递信念及快乐的力量。相信大家读过此书，一定会与我一样，真切感受到故事的力量，会心一笑。

徐朝华

和恒咨询创始人、市值战略专家

2024 年 12 月 18 日

本书的来历

  2023年夏天，某高校广东校友会秘书长来上海，约我喝咖啡，同时还带来了一位校友。互加微信后，这位新朋友问我："你是财经作家？"

  我开玩笑："我现在属于灵活就业人员，坐家里倒是真的，作家可就未必。"新朋友很认真，又看了看手机："你视频号认证的是财经作家？"我只好继续解释："当时做视频号认证的时候，我已经离开上市公司，闲坐在家，所以就有了个身份问题——总不能写社会闲散人员。正好微信认证有个身份叫财经作家，需要出版过3本财经类书籍，而我符合条件，就选了这个身份。"另一位朋友接过话头："有新书吗？"我答："目前在准备一本，书名叫《企业价值传播》。"当我说出《企业价值传播》这个书名时，朋友们投来疑惑的目光:"你一个干财务、做董秘的,跟这个题材似乎风马牛不相及啊?"我只好接着解释:"实际上,这本书讲的就是怎样讲好企业故事,把企业的价值传达出去……"朋友嘴里发出"嗯嗯"的声音,眼神中的疑惑却丝毫也没有减少。下面,我就说说本书的来历。

这要从 2015 年初春的一个下午说起。那天,老板把我叫到办公室,指着电脑上的证券交易软件界面问:"我们这么好的公司,为什么没有交易量?"彼时,我们公司刚刚挂牌新三板,虽然也安排了做市交易,但是每天的交易量基本可以忽略不计。我想:首次公开募股(IPO)结束了,我作为 IPO 董秘的工作已经完成了,老板这样问,难道上市后的活跃交易工作也需要我来负责?

老板看看我说:"听说,要提升交易量,要出去做路演。"

路演是什么玩意儿?从老板办公室出来,我打电话问了几个朋友才知道它是怎么一回事。原来在二级市场,上市公司经常采取各种形式与市场参与者沟通,其中一种形式就是路演,说白了就是针对投资者做企业情况介绍,让他们对企业业务和价值有更好的理解。我一听就明白了:我早年干过风险投资,业余也做过财务顾问(FA),项目方或者 FA 介绍商业计划(BP),寻求投资者理解他们的投资价值,就是路演。

既然老板要我去路演,且不论路演对活跃交易有用没用,工作还是要做的。我打听了一下,由于当时新三板火爆,所以有不少机构在主办新三板企业的路演活动,企业方参加往往还得交钱。调研了几个活动后,我在第一财经官方网站交了 5000 元,报了名。活动在深圳朗廷酒店举办,上午是新三板论坛,下午是 10 家企业路演,我们公司排在第五个。主办方要我准备路演幻灯片(PPT)。

那个下午我记忆犹新。朗廷酒店的大宴会厅里满满当当坐了几百人,我穿着西装、打着领带,心里颇为忐忑。但第一家企业开始路演时,我心里嘀咕:怎么能这样讲?第二个上台的讲话时,我想:这也太不专业了。第三个上台的还是如此,到这时,我已经一点都不紧张了。

等我站到台上时,场子里已经一片混乱了,至少一半人不在座位上。因为之前的企业讲完，就有人围上去和演讲人交换名片等。于是我站到台上先讲了一个应景段子，引得哄堂大笑，那些站着的观众也开始回座位。我又讲了一个段子，全场大笑——此时场子已经是我的了。当然，我接下来的路演很成功。现场的朋友评价："直接把我震撼到了，一个做软件外包的乏味企业，被饶总讲成了一朵花。"不过，我可没有忽悠人，只是用了很多技巧，例如不是按部就班讲 BP，而是先讲我们的生意是什么，是靠什么赚钱的，对这些业务贴上几个关键词标签，之后不断重复这些标签。PPT 的第二页直接放上我最希望观众知道的，我们的优势是什么："我们很会赚钱，不管你认为我们业务是不是吸引人，我们的优势就是我们特别会赚钱。"

　　第一次路演大获成功，后面自然一发不可收拾。基本每周我都在外面路演，诉说我们公司如何优秀。也不知道是不是因为这个，我们公司是当年新三板少有的交易活跃公司之一，交易量经常排在前列，投资者能进能出。通过股权激励持有公司股票的人减持了相当多的股票，老板娘也卖了不少，那段时间见到我都是笑眯眯的。

　　有一次我去北京路演，第二天接到主办方的电话，说："昨天你路演的场子实际上是我们办的董秘培训班课程的一部分，一半听众是投资者，另一半是董秘班学员。他们听课后认为我们请的董秘培训班老师没有实战经验，希望你去给他们讲课。要不这样，下周我们还有课程安排，你来讲半天，给大家分享一下新三板的操作和实战经验吧。有没有 PPT 不重要，先发我一个提纲就行。"结果，我在 Word 文件里列了一份只有 6 个标题的提纲就去讲课了。后来，我把这 6 个标题逐步扩展成 6 个半天的课程，从线下讲到线上，大受欢迎。

　　2016 年，我和一个老朋友聊天。对方问我这几年在干什么，我就讲了讲在新三板遇到的好玩的事情。老友听得兴起，拍案道："你这可以出书了。"出书？要我出钱吗？我一头雾水。朋友说他也不了解，不过认识一个出版社的朋友，可以聊聊。

　　第二天，我和那位出版社的朋友一起喝了茶。对方很喜欢这个选题，当场敲定说:"你只要把书稿交给我们,后面的出版、发行你都不用管,按照销售量算稿酬。"我有点困惑:我没有书稿啊。出版社的朋友提醒道:"你不是有线上讲课的录音吗?整理一下就有了。"

说干就干。我在一个小听众群里喊了一句:"兄弟我要出书了,需要人帮忙听写。"群里几十个朋友响应,每人领走一段录音,"人肉"听写下来。真的非常感谢这帮兄弟姐妹。文字稿有了,我再改改,书稿就交出去了。这就是我与人合著的第一本书《饶胖说新三板:董秘·资本实务二十讲》。

后来我又陆续出了两本书《饶胖说IPO:规范运作和公司治理》和《这就是会计:资本市场的会计逻辑》(合著)。它们的成书也各有各的故事,等到第三本出版的时候,我已经有了自己的风格,摸到了写作的规律,也形成了"研究—写作—讲课—讲故事"的闭环。写作慢慢演变成了我的生活乐趣之一。

算下来,本书已经是我的第四本书了,其实缘起还是我第一次讲课前在Word上写的6个标题之一——以做好路演为目的的企业价值传播。当然,最后书名叫什么,还是以出版社专业人士的意见为准。"企业价值传播"这么学术的书名,只有我这种书呆子喜欢。

出版这本书的本意,就是分享我做路演的技巧和经验。路演是我们这些董秘或者担当董秘角色的人的日常工作内容之一,即通过与投资者沟通,让他们理解企业的价值。

我的老师陈晓萍教授说:"权力来自影响力,影响力来自沟通能力。"

路演的本质就是沟通,目的是传播企业价值。

企业价值传播,用一句话来表达就是:让利益相关者认识到你的企业是一家好企业。

我第一次路演之所以成功,主要是同台的演讲者实在是缺乏技巧和训练——全靠同行衬托。路演时首要的是不能无中生有,更不能胡说八道——骗人的事情不能干,但缺乏技巧同样会让金子不发光,一句话,"酒香也怕巷子深"。

我当年将"以做好路演为目的的企业价值传播"作为我第一次讲课的 6 个标题之一，原因在于我相信，要做好路演，除了天赋，更需要后天训练。我不否认有人天生就能舌灿莲花，同时我也相信，讲话的水平和表达、沟通能力是可以通过学习和训练得到显著提升的。

很多针对新三板规则的课由于时过境迁，已经不再适用。企业价值传播这个主题则被我保留下来，一直是我这些年讲课的主题之一。

怎样做好路演实际是一个永恒的话题。"价值传播是让利益相关者认识到你的企业是一家好企业"这句话，可以变化为：

- 让面试官认为你是最好的候选人；
- 让领导认为你是最靠谱的下属；
- 让团队成员认为你是最好的领导；
- 让客户认为你是最值得信赖的伙伴；

……

人类是合作的动物，而合作的基础在于沟通。高效沟通，就是企业价值传播的本意。

刚开始的时候，我的企业价值传播课偏重经验和实践，例如"8 招创造好故事""1 个故事和 7 个技巧"。随着不断实践、不断研究，我的讲课内容慢慢从怎样做延展到了为什么要这样做。授人以鱼不如授人以渔，如果能把经验背后的规律提炼出来，让听众掌握底层逻辑，就能抓住核心了，接下来只需要不断练习。

这些年来，我将底层逻辑的部分不断深化，从不到半小时扩展到 2 小时的讲座，再到半天的课程，终于在 2023 年扩展为 1 天的课程。我在给头部上市公司的董办提供投资者关系内训的时候讲了这门课，受到学员的热烈欢迎。接下来，就开始动笔写本书了。

为了写好这本书,我还专门学习了赵金星老师的"故事演讲力"课程,发现赵老师在讲解故事现场的技巧方面非常厉害。赵老师的"故事黄金三角"和"三感一刻"真正抓住了现场讲好故事的精髓,与我的三级火箭模型第三级"回到现场"不谋而合。我们一见如故,相谈甚欢,因此我邀请赵老师来写本书第三部分的现场实战内容,赵老师欣然同意。赵老师课程的更多精彩内容可以看他的著作《故事力演讲力:商业演讲中的故事策略》。

本书的结构可以分为摆事实、讲道理、要实战。第一部分,我们聊聊好故事的模样,以及怎样编一个好故事。第二部分,我们从企业价值传播的场景切入,讲讲把故事讲好的底层逻辑。第三部分则是"现场实战:把好故事讲得漂亮"。你可以按照顺序来看,也可以先看第二部分。

我的一个好朋友曾经问我为什么要写书。他知道写书大多赚不了钱,特别是这种销量不大的专业小众书籍,辛苦码字几十万,稿费还不如讲几天课的收入。但我说:"当你百年之后,你女儿在悼词里除了说你含辛茹苦养育了她,说你在单位里勤勤恳恳,还能写什么?我就不一样了,光念著作名就能撑满全场。"我们相对大笑——当然,这只是开玩笑。在中国,书是极其便宜的,这对包括我在内的爱看书的朋友而言极其友好,但反过来对作者而言就不太友好了,只有那些极少数的畅销书作者可以以此为生。记得有人问余华最近怎么样,余华回答:"靠《活着》活着呢。"

挣钱一定是人生的意义之一,特别是在这个资本统治的时代,任何东西,无论高贵卑贱,都会被拿到财富的天平上称一下。不过,挣钱一定不是人生意义的全部,**每个人最终都需要在自己内心,为自己的生活寻找到属于自己的意义。**每当有读者朋友加我微信,告诉我"饶老师,我读了你的书,好有收获!",我都会觉得很开心、很幸福。只要有一个读者因我的书获益,我对这个世界就是有价值的,我的人生意义自然呈现其中。

找到一件你喜欢的、做起来开心的事,坚持做下去,也是一样的道理。当然,如果这件事同时能挣钱,自然大好。不过,从来世事难两全,有一头能圆满已经很好了。我找到了人生的乐趣，即研究、写书，祝你们也能找到心之所属。

饶钢

2023 年 8 月 16 日于上海

01
商业故事的力量

第一章　故事的力量

本章导读：

我们都知道故事在生活中的力量。在商业环境中，人们通常认为理性陈述更为重要，更看重事实、数字和逻辑，但是仅仅依靠这些是不够的。在人的认知结构中，除了理性要素，感性和情感也是理解和认识世界时不可或缺的部分。故事能够跨越理性与情感，将二者有机结合起来。好的商业叙事＝理性要素＋精彩故事。本章将说明故事与理性方法结合的力量、好故事的模样，以及故事的基本结构和要素。

第一节　故事的影响力

故事

皮克斯电影公司创始人艾德文·卡特姆说过，人们往往通过语言和故事来理解世界。

从古至今，人类智慧的创造和流传都离不开故事。尤瓦尔·赫拉利在《人类简史：从动物到上帝》中指出，智人之所以笑到最后，成为世界的主宰，关键在于认知革命。大约在7万年前，智人发展出了新的思维和沟通方式——语言。这改变了智人大脑内部的连接方式，让他们以前所未有的方式思考和沟通。人类的语言除了传达现存事物的信息，还有一个独特的功能，就是传达一些根本不存在的事物的信息。赫拉利认为，"虚构"这件事的重点不只在于让人类拥有想象，更重要的是可以"一起"想象，编织出种种共同的虚构故事。从神话到宗教，从货币到现代国家，都是这种共同想象的产物。虚构故事赋予智人前所未有的能力，让人类得以集结大批人力，灵活合作。

除了传统与常识，现代神经科学也为故事的力量提供了科学解释。神经经济学家保罗·扎克发现，听故事能显著改变人的激素水平。人们在听到一个令人震撼的故事时会产生并释放催产素，而催产素是人类大脑中下丘脑分泌的一种激素，它能影响神经系统。他认为，催产素的合成和释放与人的信任和关怀相关，它能够促进一个人对别人的共情。这解释了好故事为何让人信服，能打动人。另外，在听到令人紧张的故事情节时，人的大脑会释放另外一种激素——皮质醇。皮质醇由紧张和压力激发产生，能促使听者集中精神。这是故事能引人入胜的神经基础。故事中的冲突产生让人紧张，激发皮质醇，故事中的冲突解决则产生催产素，这两种激素能显著影响我们的神经系统。其他研究还发现，结局圆满的故事会触发大脑的边缘系统释放多巴胺。多巴胺是激发希望和乐观情绪的主要化学物质，被誉为人类幸福感的神经基础。这是好故事能让人感到愉悦、印象深刻的根本原因。此外，对脑电波的研究发现，只要听众能听懂故事，讲述者和听众的脑电波就会产生同步现象，两者大脑激活的部位一致。通常，听众大脑的活跃滞后于讲述者，但有趣的是，在故事讲述的某些阶段，听众的脑电波会先于讲述者活跃起来，这表明听众开始预测故事的情节发展。研究还显示，故事讲述者和听众之间的脑电波越同步，信息传达就越有效。

讲故事的能力与听故事的渴望存在于我们的基因里。事实上，讲故事是人类交流形式中最自然也是最有意思的一种。我们从小到大都热爱故事，也热爱故事的各种载体——小说、电影、戏剧、八卦、短视频。说到商业和企业价值，我们通常会认为它们是严肃的、非虚构的，因而故事就不那么重要了。相对而言，在商业领域，我们更看重事实、数字和逻辑这些理性要素。所以我常看到在商业路演活动中主讲人按照PPT的顺序按部就班地罗列事实和数据。企业情况、业务、技术、市场、客户，这是事实；财务数据，这是数字。当然，事实、数字和逻辑在商业传播中非常重要，不可或缺，但是仅仅有这些理性要素是不够的，好的商业叙事应该包括理性要素和精彩故事两个部分：

好的商业叙事=理性要素（事实、数字、逻辑）+精彩故事

举个例子，当年我介绍苏州工业园区凌志软件股份有限公司（以下简称"凌志软件"）的时候是这样说的：我们凌志软件是一家从事对日软件外包的公司。我们为什么会进入这个行业？这里面有个故事。公司创始人张总是20世纪80年代毕业的大学生，毕业后在国营电子厂干了两三年，90年代初去日本打工，在日本软件公司工作了10年。2002年，国内一家大型信息技术（IT）公司拟开拓日本市场软件业务，在苏州组建子公司，便邀请张总回国担任总经理。随后几年，该公司在日本互联网软件和游戏软件市场进行开发，组建了几十人的软件开发团队。几年下来，张总和团队发现，日本互联网软件业务在那个时候很难做也赚不到钱，这条路走不通。这时正好有一个机会：日本最大的金融IT服务商野村综合研究（简称"野村综研"）所因客户对互联网软件的需求，要找一个具有互联网软件开发能力的外包商。要知道，野村综研对外包商的资格审查非常严格，通常，小团队根本无法取得供应商资质，而当时市场上掌握互联网软件开发技术的团队并不多。为此，野村综研在中国组织了一场技术比赛，团队无论是否具有供应商资质，都可以参加。张总的团队得到消息后便报名参加了，取得了第一名的好成绩，让野村综研对这个几十人小团队的技术能力刮目相看，特别授予了一级承包商资质。由此，张总的团队打开了对日从事软件外包的窗口，将公司业务从互联网软件开发转向对日软件外包，时至今日，该公司程序员团队规模已经超过千人。

在上面的叙事中，我通过讲一个故事，解释了凌志软件当年是为何及如何进入对日软件外包行业的——时代的机遇加互联网技术的发展，以及团队的技术能力；讲到比赛第一名，解释了为何一个只有几十人的小团队能够获得金融IT巨头的青睐，并在这里埋下了伏笔——我们团队的技术具有互联网基因，这为我后续介绍业务特点播下了种子。

再讲一个我自己的故事。之前我攻读了上海交通大学上海高级金融学院和美国亚利桑那州立大学凯瑞商学院合办的工商管理博士项目。这个项目的毕业论文需要达到北美地区的学术标准，要求很高。我选的题目也很学术，样本数据有几十万条，用了机器学习和实证模型，洋洋洒洒写了几万字。到了论文初稿答辩阶段，我需要在半个小时里向论文答辩委员会呈现我的研究成果。对着几十页充满了方程、数据的汇报PPT，我发愁了：这么多数据，看着很充实，但是要怎样在半小时里讲完呢？我一时没了头绪，只好硬着头皮请教我的导师胡捷教授。教授笑了："你只需要讲一个好故事，说清楚为什么选这个问题，这个问题为什么有意思，你是怎样解决的，有哪些有趣的发现。教授们都是学术行家，那些实证过程只要对就行，他们更关心你研究的东西有没有意思。"这让我茅塞顿开：我不需要平铺直叙那些数据、事实和逻辑，而是要以我的个人视角，将我为何研究、怎样研究和有趣的结论以一个故事的形式呈现出来。那些技术逻辑和数据细节在论文文本中已经写清楚了，教授们如果关心，自己会去看，我只需要在有限的时间里讲个我写论文的有趣故事就行。

事实不会说话，而我们会

故事对人类的生活很重要，但在商业领域，我们通常误认为故事是娱乐性的，事实才是阐释性的；故事是用来消遣的，事实是用来说明问题的；故事是用来掩饰真相的，事实是用来揭示真相的。有句老话说，事实胜于雄辩，在非虚构的情境中，似乎亮出事实胜过千言万语，我们只要摆出事实，听众自然会获得我们想要传达的信息。果真如此吗？

行为经济学家丹·艾瑞里指出："事实是为那些缺少想象力、无法自圆其说的人准备的。"[1]

电视剧《权力的游戏》最后一集有个情节很有意思。"小恶魔"提利昂·兰尼斯特最后仍然是"国王之手"，也就是宰相。他拿到一本书，书名居然叫《冰与火之歌》。他兴奋地翻看，却很失望地发现，在这部他生活其中的史诗中没有任何关于他的描述。我们当然都知道，在播出长达8年的《权力的游戏》中，"小恶魔"是个关键人物，所以这是一个很有意思的隐喻：历史体现的是写历史的人的一种观点。历史如此，那我们共同面对的事实就是唯一和客观的吗？

1951年11月23日，美国大学常春藤联盟橄榄球赛，达特茅斯对阵普林斯顿，结果普林斯顿以13∶0获胜。这是一场粗野暴力的比赛，双方队员频频恶意伤害对方。普林斯顿一个队员的鼻子断了，还因脑震荡被抬出球场；达特茅斯一个队员的腿断了，还有几人被踢断了肋骨。赛后，双方学校在校报上互相指责对方行为粗野，对己方的暴力行为却视而不见，甚至认为这是正当反击。双方校报针锋相对的报道，引起了两所大学两个心理学教授的兴趣。两位教授认为，这是一次

---

[1] 丹·艾瑞里. 不诚实的诚实真相[M]. 胡晓姣，李爱民，何梦莹，译. 北京：中信出版集团，2013：145.

研究信念如何从根本上改变我们处理共同经历的方式——或者说，我们的信念怎样构建事实——的好机会。两位教授收集了比赛的影像资料，分别组织两校的学生观看，并要求他们对比赛做出评价。不出所料，双方的反应大相径庭。在问卷中，普林斯顿的学生认为达特茅斯的球员明目张胆犯规的次数是普林斯顿球员的2倍，轻微犯规次数更是达到了3倍之多；而达特茅斯的学生认为双方犯规次数相同。两位教授在1954年发表了论文《他们观看了一场比赛》，而有学者认为这篇论文其实可以叫作"他们观看了两场比赛"，因为根据双方的问卷结果，两所顶尖大学的聪明的大学生观看的仿佛不是同一场比赛。在论文中，教授们总结道：对某事件的发生，我们并不是单纯地对其做出反应，我们的行为总是与先入为主的观念保持一致。

王鼎钧先生在《文学江湖》中记载了20世纪50年代轰动中国台湾的张白帆、陈素卿殉情案。起初，新闻报道说，外省青年张白帆和本省少女陈素卿热恋，女方家长因省籍偏见反对他们结合，两人约定殉情，结果男主角自杀未遂，女主角死了，留下一封缠绵悱恻的遗书。报纸披露案情并发表遗书，引起社会对两人的极大同情。时任台湾大学校长傅斯年发起为女主角铸立铜像的倡议，以表彰他们坚贞的爱情，各方纷纷响应。但很不幸，后来警方发现事实并非如此，原来是男主角骗财骗色，伪造殉情现场。浪漫的佳话破灭，男主角进了监狱，傅斯年大呼"上当了！上当了！"

理性、博学、聪明如大师傅斯年，也不免用自己脑中的信念来解读信息。生活中是这样，科学上也不能幸免。达尔文《物种起源》的发表引起了科学界的轩然大波，自然也有很多质疑的声音。在一场英国科学促进协会的学术会议上，有人批评说达尔文的书太过理论化，比起这种写法，他还不如直接用事实本身说话。他的一位朋友闻言，写信给达尔文。达尔文在回信中向这位朋友解释了事实与理论之间的正确关系："大约30年前，大家都认为地质学家只需要观察就好，不用总结理论。我清楚记得当时就有人回应说，要是这样随便什么人都可以找个砾石坑，数数里面鹅卵石的数量，记下它们的颜色，我们还需要地质学家做什么。没有是非立场的观察就是没有用处可言的观察，但居然还有人不明白这点！"[1]

《怀疑论者：理性看世界》作者迈克尔·舍默指出："西方历史上，对自然的洞察力能胜过查尔斯·达尔文者寥寥无几，这段话前所未有地深刻揭露了科学的本质。科学观察若要有所作用，必须对照某种理论、假说或模型来验证。事实从不会自己发声，必须透过带有观点的彩色眼镜才能诠释，也就是说，认知需要概念。"[2]

事实是客观的，但人们并非依据事实本身做决定，而是往往根据自己对事实的主观诠释进行抉择。而对事实的主观诠释，又取决于人们头脑中固有的故事。头脑中固有的故事是如此牢不可破，哪怕事实与故事违背，人们也会通过歪曲事实而使之符合故事。因此，简单地罗列事实并不足以影响别人。人们需要的是新的故事，而不是更多的事实数据。[3]

许宏是国内著名考古学者，长期担任二里头遗址发掘负责人。他最有名的发现是二里头宫城——中国最早的"紫禁城"。在一个节目中许教授和杨照老师谈起这段经历，将二里头宫城称为"想象的宫城"。二里头宫城形成时间年代久远，在遗址前40年的发掘过程中出土了大量器物，建立了时间标尺。许教授接手以后就想，二里头的这些先人修筑这样规模的都城级聚落，其中肯定有一个宫殿区。他设想这个宫殿区应该是禁地，所以是有限制的，不允许人随便进来溜达。有了这样一个学术信念，许教授认为，应该有一道围墙把宫城与外界隔离开来。他研究了前辈留下的考古记录，原来他们发现的建筑和大路就在宫殿建筑的墙外，是一些一般的小房子。许教授据此推测，这条道路应该是城市的骨架，也是功能区的分界线，可能宫殿建筑的东墙本身也就是宫城的东墙。在大胆假设

---

1 刘昶. 为什么管理者一定要懂点理论——管理理论的五个好处[EB/OL].（2021-12-15）[2024-06-11].https://business.sohu.com/a/508286262_121124731.

2 迈克尔·舍默. 怀疑论者：理性看世界[M]. 汪镔怡，李可怡，译. 北京：北京联合出版公司，2018：4.

3 安妮特·西蒙斯. 故事思维[M]. 俞沈彧，译. 南昌：江西人民出版社，2017：62.

下,他带着团队小心求证,用洛阳铲钻探,果然就像设想的那样。顺藤摸瓜,他和团队发现了中国最早的井字形大道和宫城。后来,许教授在《最早的中国》一书中有一个小节,叫"'想'出来的宫城",说明推理和想象在考古学中的应用。许教授指出,考古实际是想象、推理与田野事实的结合。打个比方,事实拼图有3600个小块,考古面对的可能只有360块,相当于面对一个被破坏的犯罪现场。考古学者必须用10%甚至更少的拼图来复原全部事实,肯定要靠推理甚至想象。

考古学者面对的是一些零散的遗存,例如一些器物残片,一些夯土地基。据此,考古学者展开想象,给我们讲了一个祖先生活的故事。反过来说,考古学者的发掘反映了什么样的事实,很大程度上取决于他们心里的故事。

科学史上,拉瓦锡发现氧气的故事也类似。首先分离出氧气的人并不是拉瓦锡,而是化学家普利斯特利。但是由于理论局限,普利斯特利并没有意识到这是氧气,只把它视为"脱燃素空气"。拉瓦锡听说此事后专程拜访了普利斯特利,很快重复了实验并分离出氧气。在拉瓦锡眼里,这是一种全新的气体,从此,氧气被发现了。后来坊间说的"当真理碰到鼻尖上的时候还是没有得到真理",说的就是普利斯特利。两人所持的理论不同,因此面对同样的事物,却得出了完全不同的结论。终其一生,普利斯特利也不承认那是氧气。

所以,事实对于观察者而言具有什么样的意义,很大程度上取决于观察者自身持有的信念。事实本身也许是唯一的、客观的,可惜我们不能直接获得事实本身,而是需要通过感觉器官和大脑去获得它。而我们始终不能确定我们获得的这个"事实"就是终极事实。我们在观察事物的时候,总会戴着一副"眼镜"。我们的世界观和潜意识架构,参与了我们对世界的认知,即使我们在观察同一事物,得出的"事实"也会因为个人观念不同而不同。

在传播沟通的视角下,如果你期待对方以你希望的方式理解这些事实,那么仅仅呈现事实是不够的,还需要让对方观察事实的框架、模型和信念与你一致。

这样，事实才具有通约性[1]，双方看见的事实才是一样的东西。所以，我们在呈现事实的同时需要将理解事实的框架一并传递，而传递的方式就是讲故事——把理解事实需要的信息传递给对方。

没有故事的数字没有灵魂

作为资深会计，我一直与数字打交道。会计是商业的语言，数字则是会计的字母。会计数字是商业世界唯一用货币单位表达的数字。我曾经坚信"数字自己会说话"，但是在实际工作中，我慢慢领悟了"数字本身并不会说话，关键是你如何让数字说话"。会计数字能传达什么信息，很大程度上取决于用数字讲故事的方式。

讲个故事。2008年，我离开外企，应同学的邀请到他公司当首席财务官（CFO）。同学的企业正在高速发展，内部管理自然会跟不上。我去了之后，花了不少时间搭班子、建制度、核流程。几个月后，我拿着编好的会计三大表去董事长办公室，向他汇报内部整改情况。他拿过报表看了看，没说什么。我知道他对会计没什么概念，就说："你要是不明白就问我。"董事长忽然说："我办公司好多年，财务部门定期给我报表，我都不知道有什么用。我如果问他们，他们还说我不懂会计。"董事长当然知道什么是收入、什么是利润，他的意思是：他需要的是对管理决策的支持，而不是给他一堆数据，不知道这些数据说明了什么，预示着什么，过去我们做对了什么，做错了什么，未来该怎么做，该变动什么管理措施。如果数据就是数据，并不能给他需要的，对他而言自然就是没用的东西。

估算企业价值，简称估值，可以算作对企业价值的量化评估。估值专家阿斯沃斯·达摩达兰说："没有故事的数字没有灵魂。"达摩达兰是商学院教估值的

---

1 通约性指两个事物之间的共同属性及共性。

著名教授，在他看来，估值由企业现金流、现金流的不确定性及估值人的风险偏好决定。在达摩达兰的语境中，估值就是现金流折现法（DCF）。现金流折现法分两大部分，一个是未来自由现金流的预测，另一个是折现率取值。

达摩达兰认为，早在中学时代，学生就被分为故事讲述者和数字处理者，一旦被归为某类，未来他们就会自我认同这种归类并保持这种偏好，可以类比文科生和理科生的区别。达摩达兰承认他是数字处理者，所以后来在商学院教估值，他仍然更看重数字，也更迎合同类的数字处理者的需求。不过，他从多年教学和估值实战中得到一个重要教训：没有故事作为支撑的估值既无灵魂也不可信。所以经过多年估值教学和实战后，达摩达兰开始尝试在估值中融入故事。他在《故事与估值》一书中提出一个估值公式：

估值=故事+数字

这个公式表示，估值受两个因素驱动，一个是故事，另一个是数字。在企业生命周期的不同阶段，故事和数字驱动估值的力量比重是不同的。在企业发展早期，业务刚刚萌芽，数字还比较单薄，此时估值主要由故事驱动。企业发展到一定规模后，数字将变得越来越重要，估值主要由企业的会计数字决定。

为何故事在估值中那么重要？这是因为人类天生喜欢故事。故事就是事情的来龙去脉和因果关系。数字描绘状态，故事则解释状态是怎样形成和演变的。投资的本质就是现在布局，未来收获。未来尚未到来，决策就需要预测，未来收回的货币量会不会比现在投进去的多。怎样判断？投资者相信企业具有内在价值，这种内在价值终将决定企业未来的价格，所以投资者要对企业现在和未来的内在价值做出判断，也就是估值。预测未来不是凭空的，我们首先要理解过去，理解是怎样的驱动力和怎样的机缘巧合，让企业走到现在了这个状态。在此基础上展望未来，预测驱动要素会发生怎样的变化，预测企业将走向哪里。

故事在这里代表着对企业的"灵魂三问"：是谁，从哪里来，未来又会到哪里去。故事可以由企业讲给投资者，可以由分析师讲给投资者，也可以是投资者自己讲给自己。通过故事，投资者理解了数字背后的来龙去脉和因果关系，理解了企业发展的核心驱动力。唯有这种理解，才是投资者做出投资决策的原因。

所以，仅仅有数字是不够的，数字背后的故事才是人们理解数字的基础。数字是状态，故事是因果。没有故事的数字没有灵魂。

仅有逻辑是不够的

通常情况下，我们说一个人非常理性，是在夸奖他。在商业叙事中，讲逻辑通常也被认为是理性的象征。"逻辑顺"是好的商业叙事的标志之一。不过，仅仅有逻辑是不是就足够呢？企业价值传播的目的是让对方理解并赞同，这里面隐含人类的决策。而人类的决策是否完全建立在理性或逻辑的基础上？我们首先来看理性决策的模样。最典型的理性决策是本杰明·富兰克林的德智代数法。

1772年，富兰克林在建议他的朋友约瑟夫·普利斯特列如何决策时写了一封信，这封信阐述了德智代数法的基本方法。他写道：

> 做出选择总是很难，最主要的原因是我们在进行思考时，所有支持或反对的理由并不会同时浮现在我们的脑海中……为了克服这个困难，我的方法是在一张白纸上画一条线，将纸分成两栏，一栏写下能支持我做出某种选择的理由，另一栏则写反对的理由。通过三四天的思考，我把不同时间、不同动机带来的支持或反对理由都记录下来。
>
> 通过这种方式，各种支持或反对的理由同时呈现在思考范围内，接着我就开始尝试估计它们各自的权重。当发现两条权重相等的理由分别出现在两栏中，我就把它们都划掉。如果某条支持理由的权重等于两条反对理由的权重之和，我就把这三条都划掉……经过这样的过程，如果经过一两天的进一步思考，没有新的重要理由出现，我就根据权重抵消的结果做出决策。
>
> 虽然这些权重或理由并不能通过精确的代数值来表示，但是每一条

理由、每一个权重都被独立地考察和相互比较。我了解到了全貌，因而我认为自己能够做出较好的判断，而不是轻率决定。实际上，这个可以被称为"德智代数法"的方法确实给我带来了很大的便利与好处。

看起来，富兰克林的德智代数法是理性决策或逻辑思考的最高境界。如果在决策中使用这一方法，我们就会对选择满意吗？不一定。记得在复旦大学的哲学课上，王德峰教授讲过一个故事：室友失恋了，很痛苦，作为兄弟，你自然要去安慰。于是你拿出一张白纸，在中间画一道线，左边是好处，右边是坏处，好坏都列出来。这很像富兰克林的德智代数法。例如，左边：她很可爱，右边：她爱生气，不好哄……总之，失去一棵大树，未来却有一座森林等着你。如此这般一分析，室友似乎开心起来，想通了。可是不知怎的，室友又想起了她，心不由得又痛了起来。可见，逻辑分析解决不了心痛的问题。

霍华德·雷法是决策方面的权威。雷法教授还在哥伦比亚大学任教时，获得了哈佛大学的邀请。他有点拿不定主意，所以找了老朋友哥伦比亚大学商学院主任商量。好玩的是，主任建议雷法按照他自己的理性决策理论来分析，首先识别相关的标准，然后权衡各个标准，按照每一个标准给两个学校评分，最后通过运算，看哪个学校总分高就去哪个学校。据说，雷法教授的反应是："不，这是一个严肃的决定。"后来雷法教授否认有这回事，不过他说他喜欢这个故事，并指出这确实反映了人们面临决策时的态度。人类要做出决策、做出选择，仅仅依靠理性和逻辑是不够的。

科学研究证明，情感而非理性或逻辑，是人们做出决策时的决定性因素。但是每一次凭感觉做出选择以后，人们往往愿意编造看似理性的理由自欺欺人。[1] 神经科学的研究为我们揭开了理性决策的谜团。我们在决策时，除了理性逻辑，还需要情绪；除了认知（know），还需要感知（feel）。我们的选择建立在情绪

---

1 安妮特·西蒙斯.故事思维[M].俞沈彧，译.南昌：江西人民出版社，2017：62.

感知的基础上，即使理性和逻辑分析得很清楚，没有情绪感知，我们依然无法做出选择。

著名神经科学家安东尼奥·达马西奥在《笛卡尔的错误：情绪、推理和大脑》一书中讲了一位脑部额叶损伤患者埃利奥特的故事。埃利奥特30多岁，曾经拥有稳定的工作和美满的家庭，但是一场脑部肿瘤改变了一切。手术后，埃利奥特恢复得很好，但是好像变了一个人。他无法正常工作，甚至无法正常生活。而埃利奥特在智力和理性方面的能力一切正常，但他做出决定的能力受损，甚至无法对未来的几个小时做出有效计划。经过全面测试后，达马西奥发现埃利奥特是一个拥有正常智力但无法做出正常决策的人，根本原因在于他脑部受损造成了情绪缺失。他总是异常平静，既不会感到厌烦，也不会感到愤怒，没有一丝一毫的情绪。最终，达马西奥认定埃利奥特无法做出正常决策的原因是他不再对外界刺激产生情绪，而情绪是我们感知世界、做出选择的基础。埃利奥特的问题在于，他可以认知（know）但是无法感受（feel）。

由此，我们要切记，在商业传播中，理性分析和逻辑推断非常重要，但是并不足够，听众要做出选择，还需要获得情绪感知。根据大脑双系统理论[1]，情绪产生是直觉系统（S1）的自动反应。S1的自动反应是场景驱动的，只要我们营造场景，就能直接触动S1。讲故事是沟通中营造场景的好方法，因而在理顺逻辑的同时，如果能够讲个小故事，就可以直接触动S1，引导受众产生情绪，辅助他们感知并做出选择。

故事能够精确地捕捉到理性的决策方法未曾提及的因素。依靠逻辑能力做出决策，是要进行归纳总结，脱离特定的情境的，不能带任何主观情感因素；而故事中融入情境和情感，能够对信息、知识、情境和情感进行整合，这些是人类重要的认知行为。

逻辑很重要，但是仅有逻辑是不够的。逻辑没有血肉，而故事让人信服。

1　大脑双系统理论：现代心理学和脑科学的研究指出，人类行为通常由直觉系统（S1）和理性系统（S2）共同作用。有关大脑双系统理论的介绍将在第二部分中具体展开。

第二节　好故事的四个特质

什么是好故事？高琳老师在《故事力》一书中提出，好故事需要满足三个标准：清晰、好奇、共鸣。一个好的故事，总是能够在第一时间就把听众的注意力牢牢地抓住（好奇），然后润物细无声（共鸣）地传达想要表达的观点（清晰）。高琳老师的好故事三标准是从讲故事人的角度出发的，而好的商业故事，还要加上一个标准：可信。也就是说，好的商业故事有以下四个特质：

- 清晰：目标清晰，逻辑清晰，表达清晰。
- 好奇：有料、有趣。吸引注意力，创造冲突，让人意外，令人好奇。
- 共鸣：有情有义。有情绪才能有共鸣，有情感才能有代入感，人们总是在追寻正面价值，你的故事应当满足人们的意义需求。
- 可信：商业故事必须让人感到真实可信。有理有据有细节，逻辑顺畅能自洽，只有这样，商业故事才有价值。目的只有一个：让人信服。

清晰

好商业故事的第一个特质是清晰。清晰有三个层次：目标清晰，逻辑清晰，表达清晰。

高琳老师认为，讲故事的目的是什么、要传达什么，要简单明了，没有歧义。故事再好，听众没听懂都是白搭。

商业故事的目的性很强，一定要先要搞清楚要达到什么目的，不然只能是鸡同鸭讲，不知所云。首先，要明确想要传递什么样的信息，达到什么样的目的。故事里面的任何情节及细节描写，都是为表达中心思想服务的。其次，故事的内部逻辑要清楚，不能出现自相矛盾的地方，要有理有据、有细节。最后，表达要清晰，要用精练的语言和修辞来表达核心意图。

举个例子。我曾作为老校友被邀请在上海国家会计学院会计专业研究生的开学典礼上做演讲。我打算分享一些经验给学弟学妹。下面是我的演讲稿，其中包括了我的会计职业生涯的三个小故事。

学弟学妹们好，非常高兴今天能与你们相聚。19年前，2004年的金秋，我和你们一样踏入了上海国家会计学院美丽的校园，开启了人生中一段重要的旅程。

当然，我在刚踏入校园的时候并没有意识到这一点。当年，我只是想要个硕士文凭。19年过去了，回想起来，这段旅程是我人生中非常重要的一环：遇到了恩师，结识了同学，收获了知识，滋养了心灵，为我打开了一扇通往未来的大门。现在回想这段经历的收获，最不重要的就是硕士文凭。

我是一个半路出家的会计，20世纪90年代在设计院做工程师，因为撰写可行性报告中经济评价的需要，我自学了会计知识，并在1997年通过了注册会计师考试。那时的我是一个典型的"本本会计"，就是那种不知道自己不知道，还以为自己很厉害的会计。

后来，我还在风险投资行业干过几年。2003年，阴差阳错下，我被集团派到下属的一家大型电子工厂做财务经理，从此真的成了会计。这时我才发现，会计这个职业，从里面看和从外面看真的不一样。应该说，这才是我会计职业生涯的真正起点。

今天我想分享我在会计职业生涯中的三个小故事，为学弟学妹们的开学典礼助兴。

第一个故事，功夫都在诗外。

我第一次做财务经理，心是虚的，毕竟没干过。这是一家大型外资企业，由"四大"审计。上任第一天，我见了工厂总经理和外部审计经理。他们都提到一个问题：财务账上存货和企业资源计划（ERP）上的数据对不上，差了几百万，要我重点关注，尽快解决。

我听着挺蒙。按照我"本本会计"的思路，这还能对不上？"三相符"——表表相符、账表相符、账实相符——不是会计最基本的要求吗？这账实都不相符，还是普华永道审计的？

我叫来会计主管。主管一摊手说："开厂六七年了，这件事两任财务经理都没搞定。"言下之意，你这个没干过会计的能搞定？

后来我自己一通了解，才发现这其实不是一个会计问题，而是一个信息收集处理和传递的问题。物料仓库部门、采购部门和财务部门使用的信息源头不是一个，自然会导致差异。物料数量巨大、条目众多，经年累月，差异便越滚越大，手工核对确实搞不清。会计主管的手段就是月底来个"咔嚓"——把差异扔到暂估物料，下月初再冲回来。

明白了问题根源，我和应付会计岗位的同事聊解决方案，发现无解，只能换人，再找个应付会计。人力资源（HR）问我要求，我说两条：第一，人聪明；第二，会计算机编程。HR 很奇怪：你不是要招会计吗？后来找来了小阎——他现在也做 CFO 好多年了。一聊，我对他挺满意："就你了。"小阎还有点犹豫："饶经理，你这个是会计岗位，我一点会计都不懂啊。"

小阎用几个月时间重新梳理流程，编了新的信息传递程序，数据逐步就对上了，后来一分钱也不差。我还问过小阎："你觉得为什么他们解决不了，咱俩几个月就搞定了？"小阎说："其实就是个思路问题。会计人员容易被会计技术本身迷惑，觉着只要处理好会计账就行了。特别是大企业会计岗位一个萝卜一个坑，原来怎么做，现在就怎么做，每月周而复始，从来不去考虑会计数据背后的业务本质到底是什么。我们两个都是不是科班会计出身，反而容易从业务本质出发，看清问题所在。"

我的总结是：会计数据是个结果，解决会计问题的途径往往在会计之外，与"功夫都在诗外"一个道理，会计的功夫往往也在会计之外。

第二个故事，化繁为简。（略）

第三个故事，换位思考。（略）

这三个故事实际蕴含着我们职业发展的秘诀，即会计的功夫在会计之外，化繁为简，换位思考。我的故事讲完了，祝学弟学妹们学业顺利，前程似锦！

好奇

诺贝尔经济学奖获得者赫伯特·西蒙指出，在信息丰富的世界里，唯一稀缺的资源就是人类的注意力。现代人的注意力很难集中，也很难持续，因而好故事必须能抓住人的注意力。听众没听，再好的故事也是白费力气。抓住注意力的方法是：引发好奇、制造意外和反转。

高琳老师认为，"因为—所以"不是故事，"因为—但是—所以"才是故事。好故事能抓住注意力的第一个方法，就是引发听众的好奇。产生好奇的基础是有情节，有冲突。好故事需要情节起伏、冲突不断，紧紧抓住听众的好奇心，让他们一直问"后来呢""为什么"。俗话说，"无冲突不故事"，没有冲突，叙事就变成了流水账。

一个故事怎样才能激发观众兴趣，使他们始终保持注意力？编剧罗伯特·麦基指出，这项任务是困难的，除非故事设计能够同时吸引人性的两个方面：智慧和情感。麦基的解决方案是抓住人性，理解人性。大脑双系统理论是理解理智与情感的关系的一把金钥匙。好奇心是理性的需要，因为理性需要知道"为什么"，也就是需要了解因果。故事正是利用人类这一普遍的欲望，反其道而行之：提出问题并开放情境。每一个转折点都会钩住好奇心，观众会好奇："下面将会发生什么？""然后呢？"重要的是"结果将会如何"。通常，答案一直要等到最后故事高潮时才会揭晓，过程中，观众被好奇心控制，会持续关注。

因此，故事开始的背景信息铺垫非常重要。举个例子，我在介绍凌志软件的时候，通常在一开始就制造悬念，激发听众的好奇心。

2013年11月我到凌志软件上班，担任董秘财务总监，主要工作是负责凌志软件上市。我去了以后就发现一个问题：凌志软件当时规模并不大，年收入2亿元，净利润5000万元，净利润率达到25%，盈利水平相当高。要知道，IPO招股书里需要对比同行业公司，和我们最接近的是某上市公司旗下的上海中和软件有限公司（简称"中和软件"），当时规模比凌志软件略大一点，盈利能力却要差很多，2个多亿的收入只有几百万元的利润，净利润率不到5%，与凌志软件的25%相差甚远。有趣的是，中和软件与凌志软件的第一大客户都是野村综研，而且中和软件是中日合资，由于文化原因，与客户的关系比凌志软件更为密切。我询问凌志软件负责对日业务的周总："是不是我们团队能力比较强？"周总笑了："要是我有中和软件的开发团队，睡觉都会笑醒，他们的人员素质、技术能力比我们强太多了。"那么问题来了：同样的客户、更好的项目、更有能力的团队，为什么凌志软件的盈利能力要比中和软件厉害？当时这个问题让我非常困惑，毕竟IPO审核老师也会问我同样的问题，我该如何解释？

读到这里，你的好奇心是不是被我激发出来了？你是不是会不由自主地问：后来呢？到底是什么原因？这个原因，IPO审核老师"买单"了吗？

吸引注意力的第二个方法是制造意外。人脑是一部不知疲倦的自动预测机器，听故事的时候，听众的大脑一直在自动预测后来会发生什么。如果故事发展与预测一致，乏味和疲倦就会产生，听众的注意力就不在故事上了。此时，将注意力拉回来的办法是打破他们的预期，出人意料，也就是制造意外。

电影情节中的一些意外会让我们印象深刻。在电影《正义联盟》中，闪电侠刚刚施展完特异功能，坐进车里问初次见面的蝙蝠侠："你有什么超能力？"蝙蝠侠看看他，平静地说："我有'钞'能力（I am rich）。"

再讲个用意外打动人的故事。我曾经在一家公司当CFO，公司老板是我在复旦大学哲学专业研究生班的同学。有一次他突然告诉我，他邀请了一位名人来做我们的外部董事。当时这位名人如日中天，而我们只是家名不见经传的小公司，老板和这位名人也并无交集。我对此很惊讶，老板嘿嘿一笑："我给他讲了个故事。"

事情是这样的。复旦大学邀请这位名人演讲，老板去做听众。演讲中，这位名人半开玩笑地说，他早年在日本时，日本经济很好，后来他离开日本，日本经济就不行了；他在美国，美国经济原本也很好，后来他离开，美国的互联网泡沫就破灭了；他回到中国后，中国经济这几年腾飞了……全场哄笑，全当是开玩笑。演讲结束，一大群粉丝围着名人，老板也凑上去和他讲："你刚才说你到一个地方，那里经济就好，而你离开就不行了，对此我有个解释。"名人一听就丢下其他人说："你说说。"老板说："这是一种'候鸟现象'。候鸟会提前感知气候的变化，开始迁徙，你也一样，冥冥之中感知了经济气候的变迁，所以……"名人听了大喜，马上拿出电话说："我们留个电话，周末一起喝个咖啡。"后来，名人就变成了我们的外部董事，再后来，他的名气在关键时刻还真帮了我们大忙。

吸引注意力的第三个方法是情节反转。除了引发好奇和制造意外，好故事最好还能包括一些情节反转，它是更高层次的意外。讲一个我亲身经历的关于内控的故事。

20年前，我在一家电子制造企业当财务经理。成本控制是制造企业重要的管理活动之一。老话说：业绩好的时候搞生产，业绩差的时候降成本。电子制造业周期性很强，我去的时候正好是赚钱周期的尾巴，一转眼，整个行业都进入了冬天，利润大大下降。于是此时，管理重心就转到了成本控制和改善上。

成本控制的第一步就是成本分析。这个我在行。成本控制需要抓大放小，要抓住成本构成中的重要项目来重点关注。例如，软件企业的主要生产能力来自人，所以人工成本就是关键，而制造企业的成本构成就很不一样。我所在的这家企业，物料占了成本的 80% 以上，所以抓物料成本是第一个重点。物料有上百种，占比有高有低，核心是看那些占比高的物料。一阵分析后，我筛选出了几种重点物料作为近期成本控制和改善的重点。物料成本由两个因素构成：一个是采购价格，另一个是使用消耗。前者是采购部门的职责，后者是生产部门的职责。大型集团的市场和采购通常都是统一运作的，制造单元对采购价格往往没什么控制办法，只剩抓生产消耗。抓的方法是建立消耗指标。例如，铜是关键物料，就要建立起铜的消耗量指标，即生产 1 平方英尺（约 0.092 平方米）产品消耗的铜的数量。由于有历史指标，这件事看起来挺简单。按照这个思路，我把主要物料的消耗指标建立起来，每月跟踪计算，并在成本控制会上汇报数据。几个月下来，我慢慢发现了问题：如果这个月指标上升，生产部门就会强调这是本月的产品特殊性导致的，历史指标是个平均数，不能反映特殊产品的需要，其他生产环节都是正常的，这样一来，这个成本控制活动成了每个月的数据呈现和口头解释会，自然不会有什么实际结果。

一天，成本控制会后，总经理把我叫到办公室说："铜这种物料要重点关注。今年铜价翻了一番，对我们的成本冲击非常大，如果不能在消耗上进行控制，会对今年的关键绩效指标（KPI）完成产生致命影响。采用历史成本进行控制没有任何作用，饶经理，你研究一下标准成本法。我个人觉着理论铜消耗量是可以算出来的，我们要按理论标准进行控制。"

我跑到工程技术部门了解了一下，发现尽管产品非常个性化，但是现在技术很先进，全部图纸都已电子化，可以按具体产品计算出理论消耗量。我又向生产部门了解了铜的使用过程：生产部门按照生产计划领出来，加到电镀槽中，产生的废液按铜含量卖给供应商回收。理论上讲，加到电镀槽中的铜就等于电镀到产品上的铜、留在电镀液中的铜和以废液形式出售的铜的总和。

在总经理支持下，我请IT人员在ERP系统里增加了一个计算铜消耗的小程序。工程技术部门把ERP系统里的本月产品消耗量直接导入该程序，生产部门和物料部门输入电镀液铜含量和废液出售数据，这样，就得出了本月针对具体产品的铜实际消耗量。

第一个月的数据出来后，所有人都大跌眼镜。尽管已经给理论消耗量增加了损耗系数，实际消耗量竟然还是比理论消耗量大一倍。生产部门认为一定是工程技术部门算错了，工程技术部门则检查再三认为没算错，双方谁也说服不了谁。

最后总经理亲自介入，看了工程技术部门和我设计的程序，反复核实，确定没问题。为何理论值比实际消耗小这么多？我也没什么主意，僵持了一阵就没人再提这事了，后来，我也离开了这家企业。

离开大半年后，我碰到以前的老同事。对方告诉我："你知不知道那个铜消耗的成本控制后来搞出了大事情？"原来我走后，企业情况越来越糟，总经理要按理论消耗量考核，还换了生产经理。新来的经理给底下施加了巨大压力，终于有人顶不住压力说出了真相：其实是有人偷铜。结果有好几个人被捕。

我听了觉着匪夷所思：采购部门订货，货到后物料部门验收入库，计划部门下生产计划和物料计划，生产部门按生产计划和物料计划领用铜锭加入电镀槽，铜就溶解在电镀液中。电镀液中的铜每月底化验浓度、盘点存铜，废液和淤泥中的铜也是化验后按含量出售给废料回收企业的。这个流程的所有环节，他都查过，数据都对得上，铜是怎么被偷的？

老同事说："你在企业里使劲查，数据都对，流程都可控。没想到的是，铜锭订货10吨，实际送来的只有七八吨，采购部门、物料部门和生产领用的一些人串通舞弊，少的几吨铜折现后再由供应商分给各个环节的人。这样操作了好多年，上下都心知肚明。这回亏损太严重，总经理受不了，还换了新的生产经理，结果这个利益小团队内部由于压力和分赃不均闹起内讧，有人告密，企业领导层才发现是这么回事。这还是后来总经理报了案，公安介入调查后搞清楚的。"

我惊讶道：以前学习内控，讲绩效考核可以防止舞弊，当时真没理解。现在我才明白了内控系统里强调绩效考核的作用。

共鸣

好故事都是有情有义的。有情绪才能有共鸣，有情感才能有代入感。人们总是追寻正面价值，你的故事应当满足人的意义需求。好故事一定要能够引发听众的共鸣，让他们从心底认同"你讲的就是我想听的"。如果听众觉得故事和自己没关系，自然打不起精神，注意力也就不集中了。

我曾经请教叶檀老师：为什么你的文章阅读量能到10多万，而我的文章读者寥寥？叶老师没有直接回答，而是问我："你给自己的定位是什么？"我答："我是个专业人士、财经专家。"叶老师笑了："我们不当专家。专家要教别人，好为人师。我们是媒体，只说人们心里想说而又没说出来的话。"叶老师一语中的。读者要的是体验，是感受，是心里想说而没说出来的话。也许读者已经有同样的感受很久了,但不知道怎样表达,这时他们或许会突然被故事中的一句话打动。故事表达的想法并不是新的,但是突然看上去更强烈、更真实。这就是故事的力量:帮助我们更真切地理解我们所了解的,感知我们所感受的,相信我们所信任的。

高琳老师指出,一个好故事一定是能让听众感同身受的。当故事中的人物是听众所关心的,当听众边听边想"嗯,就是这样"或者"遇到这种事,如果我是他,我会怎样做",这个故事才有冲击力,才有意义,否则就是讲故事者的"自嗨"。

听众通常更愿意和他们喜欢的角色建立联结,也更容易对主人公所经历的苦难产生深深的认同感和代入感,毕竟我们大部分人都是平凡的、不完美的。所以示弱、展示失败、自嘲这些方法都很有效,容易让人产生共鸣。建立共鸣的一种好办法是放弃完美的自己,通过故事回溯自己曾经的苦难和脆弱。网飞创始人里德·哈斯廷斯说:"如果一个人公开承认自己的错误,人们会觉得他更加值得信任,这是人的本性。"[1] 总的来说,自嘲有助于建立情感联结。自嘲的主体也可以是你代表的企业。根据罗伯特·西奥迪尼在《影响力》中提到的互惠原理,展示自身弱点是一种善意的表现,往往会刺激他人自动产生回报的意愿。在传播中,这种回报经常表现为信任,原因是亏欠感让人觉得不舒服,人们认为表达善意理应得到善意的回复。

主人公从平凡走向不平凡,才是对听众来说有用和有吸引力的。如果故事讲得太深奥,脱离人们的日常生活,听众就很难被吸引。现实中,讲自己的亲身经历往往最容易让人产生共鸣,这是我从复旦大学哲学学院王德峰教授的课堂上学来的技巧。王教授能把哲学讲得生动易懂,后来我琢磨其中技巧,发现他很喜欢讲自己的亲身经历。抛出一个难懂的哲学概念后,立即讲一个精彩故事,枯燥的哲学便生动有趣起来。

---

[1] 里德·哈斯廷斯,艾琳·迈耶. 不拘一格:网飞的自由与责任工作法[M]. 杨占,译. 北京:中信出版集团,2021:148.

大众通常误以为"共鸣"只与生活故事有关，商业叙事就是板起面孔说事实，其实不然。听商业故事的还是人，没有情绪，没有共鸣，就很难达到传播效果。当然，商业叙事以事实、逻辑和数字为主，怎样把情感共鸣带进去呢？我有个技巧供你参考，那就是代入自己。

商业叙事是一种非虚构的事实描述，我们容易从一种超然的客观角度去描述，这就会让听众感到冷冰冰的。如果我的身份是董秘这类企业内部人员，我就会用我个人的视角和体验来描述这些客观事件，例如前面讲的凌志软件盈利的故事，我就是从个人疑惑的角度出发，把自己带入，自然也就把听众带入了我讲述的场景中，他们感同身受，就会产生共鸣。又或者我是个研究者，在讲我的研究成果时，我可以描述研究过程中自己的心路历程，把事实与自己的感受一并呈现——我当时的兴趣点或疑问在哪里，我怎样论证，遇到了什么困难，后来觉察到了什么。这样就给观众提供了一个主观感受视角，相当于带着他们一起做研究，而非冰冷地呈现研究成果。通过代入自己，你就可以将观众带进故事，让他们与你的情绪同步，与你的感受共鸣。除了代入自己，在商业故事中加入人物也是代入情感的一种办法。商业叙事容易只讲事情不讲人物，缺点就是会让人感到冷冰冰的，无法产生情绪共鸣。解决方法是把人物放进去，从人物的视角来说明事情经过，特别是用对话，场景感一下子就有了，代入感随之而来。

你的故事有情，能让人产生共鸣；你的故事有义，也能让人产生共鸣。让人产生共鸣的另外一种方式是让你的故事包含人类普遍追求的正面价值。罗伯特·麦基指出，人们对生活中的正面价值有一种情感需要，这些正面价值包括正义、力量、生存、爱、真理、勇气等，人对自己认知的负面价值有一种本能的排斥，而对正面价值却会强烈趋从。随着故事的开始，受众会自觉或本能地考察负载着价值的世界和人物的全貌，力求分清善恶、是非，以及有价值的事物和无价值的事物。他们会力图找寻善之中心。一旦找到了这一中心，情感便会倾向它。之所以会去找寻善之中心，是因为每个人都相信自己是善良的或正确的，并想要认同这些正面价值。从内心深处而言，我们知道自己有错，也许错得很严重，甚至还有罪，但是我们还是会觉得，即使如此，我们的心还是归属于正确的一方。甚至最坏的人都会相信自己是善良的，例如电影《教父》中的黑手党都是作恶多端的罪犯，但是，柯里昂家族却有一个正面素质——忠诚。其他帮派都在背后捅刀子，这使他们成为坏人中的坏人；而忠诚使柯里昂们成为坏人中的好人。当我们发现这一正面素质时，我们的情感就会倾向他们，并移情于那些坏蛋。[1]

董宇辉的直播"爆红"，也是正面价值和共情的完美结合。他在直播间里对人物故事、山水田园的诗和远方娓娓道来，真情实意的美好感悟打动了人们的心，对远方稻田产生美好想象的人们买下了一年的大米，对过往的温情回忆产生共鸣的人们买下了冰淇淋。正能量的激励让无数人有了重新开启生活的勇气，谁都想在柴米油盐的压力中找到瞬间的温暖，这也恰好证明了共情和正面价值拥有打动人心的力量。

可信

商业叙事是非虚构故事，所以可信是其关键特质。建立可信度，需要有理有据、逻辑顺畅。后文我们会用很多篇幅来讨论如何让你的商业故事可信。

需要特别指出的是，让商业故事可信的关键技巧之一是展示细节。真实可信取决于"细节"。当我们使用少量精选的细节后，观众的想象会自然而然地补充其余部分，形成一个可信的整体。

举个例子。我曾在上海交通大学上海高级金融学院读工商管理博士，第一次上课，同学之间还不太熟悉。早饭的时候，我和一位同学坐在一起聊了起来。我问他是做什么的，他说他所在的是光伏行业下的一个细分行业——硅片切割。我对这个行业不熟，他就向我简单地介绍了一下："光伏行业产品的最终形态是太阳能发电组件。这些组件的生产过程是：先由硅料生产硅棒，再把硅棒切成硅

---

[1] 罗伯特·麦基. 故事：材质·结构·风格和银幕剧作的原理[M]. 周铁东，译. 天津：天津人民出版社，2014：404-407.

片，接着把硅片制作成电池片，最后组装。"他所在的就是切片环节，即将硅棒切割成硅片。他所在的企业既生产切割设备，也生产切割耗材金刚线。切割的方法是在钨钢丝上电镀金刚石，让金刚线与硅棒高速摩擦，进行切割。我在这方面一点概念都没有，就随口问道："这个技术含量高吗？"通常向外行解答这类问题的难度很大，我也就是随口一问，并没真的期望得到什么答复。不过这位同学的回答非常精彩："还是很有技术含量的。硅片比一张A4纸还薄，尺寸也不小，大约210毫米见方。我们一次切3000片以上，也就是一根硅棒有3000把刀一起切下去。哪怕有一点点偏差或抖动，硅片就报废了。所以这一行对机器的稳定性和运转效率要求很高。"我一下子就懂了。这位同学在短短的解释中提供了足够多的细节，让人理解和信服。

本章小结

- 人们通过故事来理解这个世界，讲故事的能力与听故事的渴望存在于我们的基因里。
- 好的商业叙事＝理性要素＋精彩故事。
- 在商业传播中，理性分析和逻辑推断非常重要，但是并不足够，听众要做出选择，还需要获得情绪感知。根据大脑双系统理论，情绪产生是直觉系统（S1）的自动反应，而S1的自动反应是场景驱动的，只要我们营造场景，就能直接触动S1。讲故事是沟通中营造场景的好方法，因而在理顺逻辑的同时，如果能够讲个小故事，就可以直接触动S1，引导听众产生情绪，辅助他们感知并做出选择。
- 好商业故事的四个特质是清晰、好奇、共鸣、可信。

第二章　商业故事与企业价值传播

本章导读：

讲述商业故事的目的有很多，其中最重要的一个就是企业价值传播。市值管理是企业价值传播的重要场景。市值管理来自价值创造和价值实现。价值创造是企业内部的工作，价值创造出来后，还需企业外部利益相关者的认可，最终形成企业价值的货币衡量——市值。价值传播是价值实现的重要工作。本章，我用一句话和三个关键词来定义企业价值传播，并会阐释价值与价格之间的关系，让大家了解利益相关者定理和好企业的标准。

第一节　一句话定义企业价值传播

市值管理是商业故事的重要应用场景。市值来自两个方面，价值创造和价值实现。价值创造是企业内部的工作，通过企业战略的制定和实施来实现。价值实现则从企业内部延伸到外部。企业创造的价值要变成社会认可的价值，表现为用货币度量的市值，需要企业外部对企业价值的认可。这一认可过程就是企业价值传播的过程。从这个角度来看，企业价值传播是从价值创造到价值实现的核心工具之一。

本书的"企业价值传播"相关内容来源于我担任董秘时做路演的经验和以此为题的课程。除了我写的内容，在网上能搜索到的"企业价值传播"的大部分内容，说的都是整合营销或者企业文化宣传方面的事情。所以首先要定义一下，在本书场景中，什么是企业价值传播。

从狭义上讲，企业价值传播是企业通过与投资者沟通，让投资者认可企业的（投资）价值，这是董秘或者承担董秘角色的企业员工的工作内容。这些企业价值传播往往是在上市（公众）公司投资者关系场景中及私人公司寻求投资融资的场景中发生，专业术语叫路演。其表现形式多种多样，可以是一对多的会议，例如业绩说明会，也可以是一对一的沟通，例如商业计划书路演；可以是口头演讲，也可以是介绍性的文章、商业计划书、新闻稿等书面沟通方式。

用一句话概括企业价值传播：让利益相关者认识到你的企业是一家好企业。

这句话有三个关键词和一个核心，构成了一个价值三角形（见图2-1）。

```
            目的：好企业
                △
               价值
    谁：利益相关者        怎样：认识
```

图 2-1　企业价值传播的价值三角形

"利益相关者"是对象——你传播和沟通的对象，你想说服的对象。

"好企业"是目的——你传播和沟通的目的，是让对象认识到你的企业是一家具有价值的好企业。

"认识"是方式——通过认识，让利益相关者在心中认为你的企业是一家好企业，也就是说，让利益相关者在你传播和沟通的过程中认可你的目的，认可企业的价值。

从广义上讲，传播企业价值是每一个人的必备技能。在生活的不同场景中，可以对上述三个关键词进行代换。

- 求职面试场景：让面试官认识到你是他们最好的候选人；
- 教育孩子场景：让孩子认识到你是他最好的朋友；
- 领导团队场景：让团队成员认识到你是最好的领导；
- ……

究其本质，人类是社会化的物种。智人在生物特性上并无优势，跑得不如羚羊快，嗅觉不如狗灵敏，凶猛不如狮子。但智人凭借社会合作创造了文化，弥补了生物特性的不足。社会合作就是一起干同一件事情，而这建立在沟通的基础上。沟通就是将一个人的想法告诉另一个人，希望对方能认可自己的想法，并因此采取自己希望的行动。由此，企业价值传播就是在特定场景下，通过口头或书面的交流，让对方理解、认可、赞同：我的企业是一家好企业，具有商业上的价值。而在广义的场景下，一切有目的的沟通和交流，都可以被视为企业价值传播的衍生版本。

第二节 什么是价值

企业价值传播的核心是传播价值。那么价值是什么？

百度百科是这样定义的：价值，泛指客体对于主体表现出来的积极意义和有用性，可视为是能够公正且适当反映商品、服务或金钱等值的总额。

在《行为经济学讲义：演化论的视角》中，汪丁丁老师最推崇约翰·斯图尔特·密尔（也译作约翰·斯图亚特·穆勒，又称小密尔）[1] 的价值定义。

小密尔说："价值就是被感受到的重要性。"

无论对人还是对事，人们常以"价值"衡量它们。"性价比"是人们日常生活中使用频率非常高的词——"这个东西买得值"，或者"不划算，这东西根本不值这个价"；淘宝有个频道叫"聚划算"；人人都讲过或者听过"价值"这个词。在这里，与价值对应的是价格。那么，价值与价格又是什么关系？下面我用一个例子来谈谈资本市场中的价值与价格。

董事长的困惑

我的一位董事长同学在短短9个月时间里发出了两次"市场太不理性"的感慨，而这两次我正好都在边上围观，实录如下。

第一次是在2022年6月13日。在课堂上，他向金融学教授发出感慨："A股市场太不理性了！"教授只知道企业家发出这种感慨往往是因为企业价值被市场低估了，并不了解企业的情况，所以安慰他："是的，很多时候，市场并不能理解企业的真实价值，导致企业被低估。"全班同学哄堂大笑，插嘴说："不是

---

[1] 约翰·斯图尔特·密尔是19世纪英国著名哲学家、政治经济学家，曾担任国会议员。经济学家张五常评价小密尔是经济学家中的天才。小密尔有传奇般的天才经历，3岁学希腊文，8岁学拉丁文，12岁研读逻辑，13岁随老密尔研习政治经济学，传世名著有《论自由》等。

低估。"董事长补充道："是的，搞不懂我企业的股价为什么一直涨，我们的情况我们自己最清楚。"董事长的困惑在于，企业过往的业绩似乎并不能支持股价这样疯狂上涨。

9个月后，我们一起到无锡参访另一个同学的企业。董事长再一次和我说："教授（这是我的外号），这市场太不理性了。"这次，董事长并不是抱怨股价非理性暴涨，而是抱怨企业业绩暴增而市场选择视而不见。从图2-2和图2-3，我们就能理解董事长的困惑。

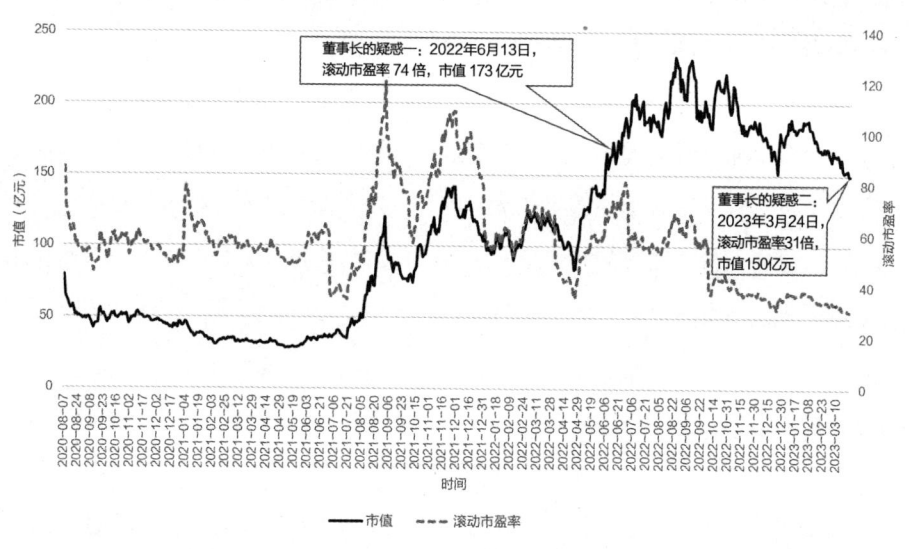

图2-2 企业2020年8月至2023年3月滚动市盈率（TTM）与总市值

董事长第一次疑惑是在2022年6月13日，当时企业滚动市盈率是74倍，市值173亿元。9个月后的2023年3月24日董事长第二次疑惑时，企业滚动市盈率是31倍，市值150亿元，市盈率跌去近60%。按照市盈率＝市值÷利润，市盈率大降60%而市值仅微微降低13%，我们可以猜到，企业盈利和净利润都有大幅增长。

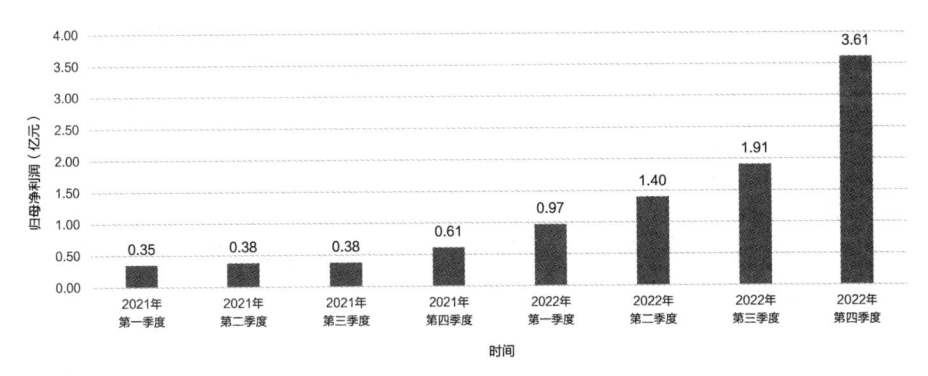

图 2-3　2021 年第一季度至 2022 年第四季度企业归母净利润

滚动市盈率是用过去 4 个季度的归母净利润计算的。在董事长两次感慨的时间点上，分别观察到过去 4 个季度的合计归母净利润分别为 2.34 亿元和 7.89 亿元，增加至 3.37 倍，所以董事长预期市值应当比 9 个月前有大幅提升，但现实市值（均价）反而比之前更低，这让他觉得市场太不理性了。

价值与价格

董事长心中对自己企业到底值多少钱是有个估计的；同时，市场对企业也有价值判断。根据不同交易者的价值判断，有人买，有人卖，由此形成交易价格。董事长的困惑在于他心中的企业价值与市场价格（市值）之间为什么有差异。

我们无法直接观察价值，这是常识。我们对企业价值的唯一观察渠道是市场，我们唯一能观察到的是交易形成的价格。通常，有朴素信仰（这也是价值投资者的信仰）的人认为企业具有内在的价值，企业基本面决定企业价值，价值决定价格。价格由交易活动呈现，价格围绕价值中枢波动。

2013 年诺贝尔经济学奖颁给了三位知名学者，其中两位是尤金·法玛和罗伯特·J. 席勒。我的博士生导师、上海交通大学上海高级金融学院的胡捷教授指出，虽然这两人同一天获得诺贝尔经济学奖，有趣的是两人的观点其实完全相反。尤金·法玛最著名的贡献是有效市场假说，这是现代金融理论的基石之一，而席勒教授的泡沫预言和名著《非理性繁荣》也举世闻名。

有效市场假说包括两个部分：第一，交易价格中已经包含了形成价格的信息，我们无法跑赢大盘，即没有免费的午餐，通俗而言就是基金经理精心选出的股票组合无法跑赢黑猩猩随机选出的组合。这个理论催生了指数基金的投资方法。第二，价格是"合理的"，市场是有效的，股票的价格只和它的基本面相关，只与未来现金流相关，与市场行为无关。

有效市场假说暗示价格已经包含了形成价格的信息，根据包含的信息不同，可以分为完全（强）有效市场、半强有效市场和弱有效市场。根据完全（强）有效市场的假设，价格包含了形成价格的全部信息，此时试图通过分析信息获得超过市场平均收益的超额收益是不可能的。换句话说，完全（强）有效市场中，所有试图基于信息分析战胜市场的努力都是徒劳的。以此类推，通常认为弱有效市场中基于历史交易信息的技术分析将无效，而在半强有效市场，基于历史信息的基本面分析将失效。通常实证研究认为，证券市场处于半强与弱有效市场之间。

有效市场假说的基础是市场参与个体是理性人，他们的行为模式可以通过理性预期理论预测。在经济学经典中，基于理性人的自利之心，无数交换得以运行，看不见的手犹如上帝一般运作着一切。

关于价格中是否包含全部信息，通常投资圈有个术语叫"price in"，指的是信息已经被价格反映。有效市场假说的本质是将公开信息纳入证券价格的一种见解，或者说是理解金融世界的一种模型。根据常识，我们知道价格反映信息有一个过程，因而完全有效的、即时性的 price in 是不存在的。

与尤金·法玛观点完全相反，席勒认为完全有效市场是一种极端特例。在这种特殊情况下，价格与市场面无关，它完全取决于由企业基本面决定的现金流，此时，价格＝价值。但在大多数时候，价格受多种因素影响，其中包括价值，而价值本身的主观性，导致价值本身受人的行为影响。除了基本面，市场心理情绪也会对价格产生复杂的影响，甚至在短期，我们通常会发现市场面和心理面对价格的影响远大于基本面。

理性人假设提供了一种关于人的行为的思维框架，同时我们也认识到，模型并不等于现实世界本身。由于不完全的信息、有限的资源和脑力，普通人并不总能做到完全理性决策。理性人是一种特例而非常态。认识到这一点对理解理性人假设、提升决策水平非常有帮助。

在智人组成的市场中，价值是一种核心要素，价格长期向价值回归。而在这个长期过程中，价格总是不理性的。除了基本面，还需要考虑人类心理和人们之间的互动。股价是交易的结果，需要有交易双方，而双方看法一定不一样，否则不可能成交。他们的观点不一致可能在于对价值的不同看法，也可能是受市场中其他人看法的影响。

回到前面董事长的例子。从长期来看，企业基本面改善、利润大增、未来看好，必然会提升企业价值，最终提升价格中枢，但在短期内，例如董事长观察的 9 个月内，市场价格的决定因素是多种多样的。在这个例子中，主要决定因素可能是市场对行业未来的理解发生了变化，预期发生改变，因而影响了企业估值乃至市值。

换一个角度来看，价值是从个体角度的观察，市值则是市场参与者全体对价值认识的合成，是一种共识。凯恩斯认为，投资者玩的是一种类似"选美比赛"的游戏。你的任务不是选出自己心目中最美的人——个体观察视角下的价值，而是要猜谁会成为冠军。冠军属于得票最多的美女，她是所有参与者的共识。你自己的一票并不重要，重要的是大家怎么选。对于投资者而言，他需要考虑的并不是自己觉得哪个候选人最"美"——"美"是基本面，而是要考虑哪个候选人能够得到最多的选票，即市场对基本面达成的共识。对于一个聪明的投资者来说，他需要考虑到这个问题的第二层、第三层甚至更高的层级。他需要考虑的是：如果每个人都在考虑同一问题，那么最后他们最有可能选择谁。凯恩斯认为，一些人会进行第四层、第五层甚至更高阶的推测。

第三节　企业价值传播三要素

利益相关者

企业价值传播用一句话可以表述为：让利益相关者认识到你的企业是一家好企业。利益相关者、认识和好企业这三个关键词，构成了企业价值传播的核心要素。

狭义的利益相关者指的是股东、债权人等可能对公司未来现金流有要求权的人。管理学意义上的利益相关者则指组织内外部环境中受组织决策和行动影响的任何相关者。

在企业价值传播语境中，利益相关者就是你要进行价值传播的对象。

思考一个问题：你的传播对象是一样的吗？想必大家都同意他们是不一样的。什么是决定他们不一样的关键要素？立场。思考利益相关者这个价值传播的要素时，我们要牢记**利益相关者定理：屁股决定脑袋**。

讲两个故事以理解这条定理。

故事一：投资者要什么？

几年前，有家新三板公司想要做一轮股权融资，于是请我做顾问。它的主业是重型卡车配货和服务，收入稳定，每年有几百万元的利润，现金流也挺好；它是当地物流行业龙头企业，已经占据了当地绝大部分市场份额，未来增长空间有限。

当地政府要建设铁路物流园区，就找到了这家企业。建设园区需要资金，除了银行借款，企业还想通过股权融资，因为银行虽然愿意放款给它，但有企业负债率指标限制。当时新三板正火爆，但他们与投资者初步接触后觉着融资方案不理想，主要是价钱谈不拢：企业一年净利润500万元，但投资者估值只有0.75亿元，而企业需要大约1亿元融资。按这个价，融资后企业控制权都会出现问题。资本市场估值往往会出现这种情况，对传统行业，当时投资者能给15倍市盈率已经不错了。

聊了半天，我也提不出更好的建议，董事长就请我到园区看看，一边走一边聊他做生意的经历。原来他当年还做过钢铁贸易，后来在郊区拿了一块地经营物流园区，现在园区已经处于黄金地段了。听下来，董事长在当地相当有声望。我很好奇：像他这种情况，当地应该有很多人愿意把钱借给他啊？董事长也同意，说："是啊，他们都想借钱给我，让我搞铁路物流园区，不过股权融资的估值实在不高，所以这不还请了你这个资本行家来。"董事长的话语中不乏调侃，但是我一下子有了主意。我说："董事长，这块地大约值多少钱？""现在大约2个亿。"我建议道："不是有很多人想借给你钱吗？你可以搞一个明股实债[1]，估值不妨高一点，例如3个亿。你可以说有2亿元的土地价值没体现在财务报表上，物流业务值0.75亿。不过这都不重要，就是个说法。因为人们并不是冲着未来企业能上市、能资本运作、能股权增值来投资的，而是由于信任你。只要能获得比较好的投资收益，他们大概就会愿意投资。你再和投资者约定一个在一定期限内以固定利息回购的协议，这样，他们并不是比较一项股权投资是否合算，而是在比较一个理财产品是否合算。"吃饭的时候董事长出去了一会儿，回来告诉我："这方法行，钱有着落了。"

不同投资者的立场和诉求不一样。资本市场参与者的诉求是横向比较，除了传统行业项目，还可以看高科技；除了新三板，还可以看创业

---

[1] 明股实债，是指投资回报不与被投资企业的经营业绩挂钩，不是根据企业的投资收益或者亏损进行分配，而是向投资者提供保本保收益承诺，根据约定定期向投资者支付固定收益，并在满足特定条件后由被投资企业赎回股权或者偿还本息的投资方式，常见形式包括回购、第三方收购、对赌、定期分红等。

板。在这样的视野下，投资者能给这家企业 15 倍市盈率就已经是很高了。反观董事长在当地的富人朋友，他们的目的并不是进行证券投资，而是基于对董事长的信任，认为这是一个低风险产品，对标的自然是他们能接触到的理财产品。他们对董事长的信任决定了只要形式合规、回报可观，就不失为一个好的投资项目。所以说，投资者是不一样的，而这种不同取决于他们的立场。

故事二：审计师是独立的吗？

"风险投资 1 个亿已经敲定了，来我这里，我们一起大展宏图如何，老同学？"老王越说越兴奋，眼里放着光，好像宏图大业已经展开。老王原本在央企做领导做得好好的，几年前却突然辞职"下海"创业。听说他的企业业务不错，就是一直资金紧张。这回拿到 1 个亿的风险投资，说不定真有戏。老钱心动了。

说干就干，老钱辞职去老王公司做了 CFO。但上任没几天，老钱就感到不妙了。老王的公司摊子铺得太大，资金不是一般的紧张。如果说别的企业 1 口锅有 8 个盖儿，那老王的企业 10 口锅只有 3 个盖儿，全凭"乾坤大挪移"和脸皮厚撑着，要是没有马上能拿到 1 个亿的风险投资的念想，企业估计早散架了。而老王说的风险投资敲定，原来只是签了框架协议，尽职调查还没做完，1 个亿能不能拿到还真不好说。为今之计，就是赶紧把这笔钱拿来救命。

老钱立即联系了负责企业项目的投资经理小赵，想把这家风险投资公司的路数摸清楚。项目要获得批准，得经过投资决策委员会的同意。幸运的是，这个项目已经被风险投资的老大看好，其他人唯老大马首是瞻，只是流程还得走。流程中有一项是投资经理撰写的投资建议书，由小赵搞定；一项是律师出具的法律意见书，律师已经看过觉得问题不大；还有一项是会计师的审计报告。律师和会计师都是投资经理小赵指定的。不久,小赵找来一家会计师事务所的合伙人张总和现场项目经理小郭。老钱才来没几天,还没摸清楚财务状况,就把财务经理叫上一起开会。会前,老王当着老钱的面交代财务经理:实话实说,如实汇报。得了指令,财务经理竹筒倒豆子一般把公司在她接手时的财务状况和这两年的财务状况讲了。老钱一听,发现有很多不规范的地方。此时,投资经理小赵笑着打起了哈哈,讲了他对这个项目的看法,中心意思就一个:领导非常看好,决定要干;他同时强调,民营企业创业初期有些不规范,他们都理解,瑕不掩瑜。这个调子一定,会议气氛顿时轻松了起来。张总交代现场项目经理小郭要尽快按风险投资要求把报告拿出来,特别强调,这是一个财务尽职调查,不是审计。半个月后,投资经理拿着尽职调查报告回去,顺利走完流程;老王拿到了1个亿,暂时渡过了眼前的难关。皆大欢喜。

事后,老钱才回过味来。会计师事务所合伙人张总是个老江湖,这个项目不具备审计条件,要是按正规流程,就得按审计规则做。这样对方给的多半会是个无法发表意见的审计报告,而这样的报告,风险投资公司拿到是没用的。如果风险投资公司认可出一个财务尽职调查报告,就不需要符合审计规则,只要满足风险投资要求即可,所以他反复交代现场项目经理小郭,这是一个财务尽职调查报告,还说了好几遍。回想起来,姜还是老的辣啊。[1]

社会对审计师有一种幻想,认为审计师可以完全公正独立地做出判断,履行社会职责。但是他们忘了一件事:审计师受雇于业主。我的老师、已故的香港中文大学会计学教授吴毓武曾一针见血地指出:"审计是个生意。"因此,"拿人钱财,给人消灾"的生意与公正独立的社会责任之间的冲突不可避免。在前面的

---

1 饶钢,金源.这就是会计:资本市场的会计逻辑[M].北京:法律出版社,2019:136.

故事中，会计师张总采用了迂回的平衡方法，投资经理小赵默认用尽职调查取代审计报告，都是他们的立场使然。

研究显示，当专家被要求做出公平判断时，他们的判断很可能在无意识中极大地受自我利益的影响而产生偏差。期望受客户雇用的审计人员做出客观判断是不现实的，因为人是不完全信息加工者，向个体呈现同样的信息时，个体会根据自己在情境中扮演的角色，以极为不同的方式知觉情境。尤其是个体会先根据自身利益来确定对某一特定结果的偏好，然后通过改变影响公正特征的重要性来合理化这种基于公正的偏好。问题不在于人们会有意地做出不公正行为，而是人们不能以一种无偏差的方式解释信息，这种以自我利益为基础处理信息的偏差多数时候是无意识的。所以说，**屁股决定脑袋，立场扭曲信念，信念构建事实**。

利益相关者定律的破解之道，自然是换位思考，从利益相关者的角度来提供信息和解决方案。

讲个古代换位思考大师的故事。楚汉相争到了胶着期时，汉四年（公元前200年）八月，刘邦派遣陆贾前往项羽军中交涉议和休战，希望项羽送还被长期扣留在楚军中做人质的太公和吕雉等亲人。陆贾是楚国人，著名的辩士，刘邦手下第一说客。他能言善辩，巧于应对，常常奉命出使各诸侯国。不过因为这次使命过于艰难，陆贾交涉失败，项羽拒绝议和休战，也拒绝归还太公、吕雉等人质。就在这个时候，一位被称作侯公的人物登上了历史舞台，出色地完成了陆贾未能完成的使命。《史记·项羽本纪》说，陆贾出使失败后，"汉王复使侯公往说项王，项王乃与汉约，中分天下，割鸿沟以西者为汉，鸿沟而东者为楚。项王许之，即归汉王父母妻子。军皆呼万岁"。侯公是怎样完成这个不可能的任务的？关键就是从项王的角度出发，换位思考，帮助项王考虑自己的利益，而不是考虑刘邦的利益。李开元在《楚亡：从项羽到韩信》一书中有一段话，大意是：侯生告诉项王，你扣留太公，最大受益者是刘邦，因为刘邦就是个流氓，对家人从来不管不顾。当年刘邦兵败，被项王追赶，他为了车子能跑快点逃命，将自己的两个孩子从车上推下去，如是者三次，可见此人无情。项王扣留太公，刘邦正好借题发挥，反说项王无情无义。所以项王留着太公，正好中了刘邦的计谋。

再讲一个现代商业中换位思考创造价值的故事。硅谷著名风险投资家本·霍洛维茨早年也是创业者，是网景公司（Netscape）第四号员工。网景公司与美国在线（AOL）合并后，1999年，霍洛维茨与网景公司创始人马克·安德森一起创建了最早的云计算公司之一响云公司（Loudcloud），融资1500万美元并出任首席执行官（CEO）。响云公司于2001年上市，但在那一轮网络泡沫破灭后举步维艰，几近破产，最后很幸运地将主要云业务出售给美国电子数据系统公司（EDS），仅保留了Opsware软件业务。而这个业务的最大客户也是EDS，产生了响云公司超过90%的收入。

情况刚刚稳定几个月，坏消息来了，最大客户EDS在使用Opsware软件的过程中遇到了很多技术困难，未能达到预期效果，因而决定取消与Opsware软件的业务合同。这对于霍洛维茨和响云公司来说就是灭顶之灾。EDS是一家大公司，管理不甚透明，到底为什么对产品不满意，以及谁不满意，都不清楚。霍洛维茨和伙伴下了很大功夫，终于搞清楚了在Opsware软件这事上，最终决策者是约翰逊，他负责EDS与服务器有关的业务。约翰逊对游说他的响云公司销售说："Opsware就是一堆臭狗屎，我天天听到的都是你们的产品有多烂，我们不会再用Opsware了。最多再给你们60天时间，如果不能解决问题，你们就滚蛋。"霍洛维茨和公司必须在60天内找到让约翰逊回心转意的办法，要改进软件达到完美，显然是不可能的。他们发现，约翰逊有一个诉求没能得到满足：他一直喜欢用一款Tangram公司的专用软件，但是EDS高层与冠群公司（Computer Associates）达成协议，免费获得冠群类似软件的使用权，这样约翰逊就不能继续购买Tangram公司的产品了。约翰逊非常不喜欢甚至痛恨冠群公司的产品，但对他这样的中层来说，这事他也无可奈何。

痛点找到了。帮助约翰逊解决问题，就是响云公司的价值所在。霍洛维茨发现Tangram公司是一家市值只有600万美元的小上市公司，于是立即展开行动，以1000万美元股票和现金买下了Tangram公司。这样，EDS使用Opsware软件的同时就可以免费获得 Tangram 产品的使用权。

他们把这个消息告诉约翰逊后，他高兴坏了，也对帮助他解决了 Tangram 软件问题的霍洛维茨团队刮目相看。在 60 天整改期限结束前，约翰逊告诉霍洛维茨："这次合作之初，我曾给各位讲过一番话。这些话我也向很多卖主讲过，他们个个都满口应承，却没有一个人真正兑现过承诺。而你们却说到做到，这令我感到震惊。你们是我见过的最出色的卖主，我很高兴能和你们合作。"[1] 霍洛维茨保住了客户，也保住了公司。

好企业

好企业是价值传播的第二个关键词，让利益相关者认为一家企业是好企业是价值传播要达到的目的。它的核心在于：什么是好企业？不同利益相关者对好企业的标准自然不同，那么同一类利益相关者眼里好企业的标准一样吗？

好企业定律：真相并不必然客观存在。

我们还是通过两个故事来说明。

第一个故事：德普和赫德谁在说谎？

2023 年网飞纪录片《德普大战赫德》讲述了 2022 年好莱坞巨星约翰尼·德普控告前妻安珀·赫德诽谤案件的过程。这对明星夫妇于 2016 年离婚，2018 年，赫德在《华盛顿邮报》撰文，暗示自己遭受了严重的性暴力与虐待。她说："两年前，我成为代表家庭暴力的公众人物，我感受到了我们的文化对敢于发声的女性的愤怒和不友好。"赫德的文章一出，大众立即将矛头指向她的前夫——好莱坞巨星约翰尼·德普，两人曾有过一段为期两年的婚姻。德普为此诉讼赫德诽谤，美国弗

---

[1] 本·霍洛维茨. 创业维艰：如何完成比难更难的事[M]. 杨晓红, 钟莉婷, 译. 北京：中信出版集团, 2015：56.

吉尼亚州的法院全程直播了这桩案件的审理过程。

人们借助社交媒体观看了德普诉赫德案超过200小时的庭审。庭审中，德普与赫德双方不断举证，都试图说服法官与陪审团。德普方试图将德普描绘成家暴受害者，赫德反而是家暴施加者，是一个有精神问题的、暴力的、谎话连篇的女人；赫德的律师团队则针锋相对，力图证明德普酗酒、吸毒、暴力成性。

双方展示的证据契合了大众眼中某种典型的坏男人和坏女人形象：一个是暴君，另一个是蛇蝎美人。社交网络上对于两人的态度却是天差地别。TikTok、YouTube等平台上，人们几乎是一边倒地支持德普。在陪审团做出决定前，仅在TikTok上，"为德普讨公道"话题就有将近200亿观看量，"为赫德讨公道"却只有7750万观看量。原因也很简单，德普影迷多。最终，陪审团裁决德普胜诉，这场世纪审判也暂时落下了帷幕。

那么到底是谁在说谎？似乎并无定论。不过在支持者心目中，这并没有悬念。正如《德普大战赫德》中所言："正义的重点其实不是真相，无关对错，而是法官或陪审员相信什么。"甚至，这取决于大众相信什么。

20世纪90年代的"辛普森杀妻案"，结局与上述案件类似。在电视等大众媒介的宣传下，"辛普森杀妻案"成为美国历史上最受公众关注的刑事案件。当时，前美式橄榄球明星、演员奥伦塔尔·詹姆斯·辛普森被指控杀害前妻及餐馆侍应生。不仅这场长达9个月的马拉松式的审判全程在电视上直播，就连追捕辛普森的飙车过程都被呈现在屏幕上。据统计，有1.3亿人通过电视直播观看了"辛普森杀妻案"庭审，这一案件后来成为法律知识普及案例。为何刑事案辛普森胜诉而民事案辛普森败诉？辛普森到底有没有杀人？真相到底是什么？没人知道，各人有各人的观点，立场对什么是真相起了决定性作用，尽管大家得到的信息是一样的。据调查,当辛普森被裁决无罪释放时,美国社会里七成黑人相信他无罪,而七成白人却相信他是杀人凶手。

第二个故事:为什么你说就行?

当年,我在一家船业公司做 CFO。公司有两块业务:航运和造船。造船板块中,有一部分造的船是公司自己用的。但船舶建造投资大,如果自用而不融资,船厂现金流就会有问题。所以,通常公司的安排是先将船出售给财务投资型船东,再回租给自己使用。还有一种模式是由租赁公司把船买下来,再租给公司使用。有一次,一条新船造好后,公司准备采用方案二,即找一家租赁公司。

我们找到一家地方国企背景的租赁公司,谈得很顺利。到了签约阶段,租赁公司具体负责的项目经理小王却突然告诉我,由于政策收紧,该公司的内控要求,对这条船的未来业务需求方要出个证明。当时我们所在的这个细分市场运力供应有限,处于卖方市场,不愁卖,这条船早就和一家央企谈好了合作意向,对方业务部门也出具了非正式函件,既表达未来合作意向,也是向融资租赁公司证明这条船未来具有可靠业务和还款能力。这份函件早就给租赁公司了,现在是什么意思?小王解释:"公司对民营企业客户提高了风险等级,因而这份材料需要对方加盖公章。"

我去协调此事,央企业务部门回复:"我们倒是没问题,可是盖公章需要法务总监批准,我们将此事报上去以后,法务总监问了一大堆问题,最后还是没批。"我只好请董事长出马沟通了,毕竟他就是从这家央企的业务部门领导的位置上"下海"创业的,法务总监是他前同事,应该更好沟通。结果,董事长亲自去了一趟,也没能说服法务总监。董事长说,只能去说服租赁公司了。

皮球又被踢了回来。我只能去找项目经理小王。小王说:"你把对方法务总监电话给我，我和他沟通。"

我心里觉得他沟通肯定不行，情况不都明摆着了吗？我当面说一遍，董事长当面说一遍，对方都不接受，你再重复一遍，还只是打个电话，能管用？将信将疑中，我把电话号码给了小王。小王当即拨通了法务总监电话。几分钟后，小王就结束了通话，不多久，央企那边就把盖好公章的资料传真了过来。

我问小王怎么搞定的。他说："我只是把事情重复了一遍。不过，一样的事情从我嘴里讲和从你们嘴里讲，对方的理解是不一样的。我来讲，他就理解了这个材料只是租赁公司内部流程需要，他所在的公司并不会因此产生对此事的潜在合同义务。而你们去讲，对方很难相信没有其他潜在风险，哪怕是老同事，也无法排除可能性。"

这个故事给了我很大的启发。我以前总是工程师思维，认为存在统一的客观事实，在客观事实面前，所有人的认知都应该是一样的。实际上并非如此，即使面对相同的事实，每个人也会各自重新解读。**事实可能是客观的，但对事实的解读并不是。**

认识

前文提到，企业价值传播就是让利益相关者认识到你的企业是一家好企业。

利益相关者是企业传播的对象。不同的利益相关者立场不同，看事情的出发点和对事物的认识也不同。在股民眼里，最重要的是赚钱，因而能为他赚钱的才是好企业；在监管部门眼里，好企业是那些遵守规则的企业；在员工眼里，"事少钱多离家近"才是"王道"。

好企业并没有放诸四海而皆准的客观标准。面对相同的事实，不同的人得出的认知可能相去甚远。

讲个故事。

2023年10月31日，某上市公司公告收到证监会厦门监管局下发的《行政处罚决定书》，证监会认定其2020—2021年通过提前确认销售收入的方式进行财务数据造假，其中虚增2020年营业收入2.14亿元，占当期披露金额的34.65%；虚增2020年利润总额1.46亿元，占当期披露金额的81.21%。证监会根据《中华人民共和国证券法》第一百九十七条第二款，对该公司给予警告并罚款400万元，对相关责任人罚款50万~300万元。

在我的概念里，财务造假在监管部门出具决定性意见后就获得了确证，是一个事实。财务造假是严重的公司治理失败——财务数据都是假的了，投资者可以严重怀疑管理层的诚信，公司价值根本没法评估。同时，从过往财务数据看，×××的生意模式也很糟糕，这样的公司自然会被我归入"烂公司、烂生意"的行列。为此，我还专门写了一篇文章，叫作《烂生意的味道，×××财务造假案例》。

正在写这篇文章的时候，一个投资大咖朋友来和我讨论他们拟投的一个项目，业务模式有点和×××类似。于是，我在评论该项目的时候顺便用×××做例子。结果这位朋友说：×××只是收入确认时间点不合理，业务都是真的，不能算财务造假。

你看，对同一个行政处罚事实，我们两个人的认知却有很大差别。我认为，既然造假被确证，就是公司治理和管理层诚信问题；朋友却认为，业务都是真的，只不过提前一点确认收入，没有什么要紧。后来我想了想，这种认知差别的形成有两个原因：第一个是立场，朋友可能投了这类企业，或者深度研究过这类企业，所以立场让他对事实有了不同认识；第二个是标准，我认为厨房里只要有一只蟑螂就可能还有其他的，所以这样的公司管理层是不可信任的，而他认为这事性质并不严重，不需要上升到诚信问题。两个原因综合起来，我们在面对同样的事实时，得出的结论大相径庭。这是由我们各自的立场、经验和判断标准决定的。

通过上述讨论，我们发现利益相关者、认识和好企业在价值传播这个议题上，本质是一回事，都是人类的认知问题。利益相关者是认知的主体，决定了认知的立场；好企业是认知的客体，即认知的对象；最终，我们理解企业价值传播的底层逻辑，做好价值传播的关键，就在于理解人类认知。我会在第二部分重点讨论人类的认知问题。

本章小结

- 市值管理来自两个方面：价值创造和价值实现。价值创造是企业内部工作，价值实现则从企业内部延伸到外部。企业创造的价值要变成由货币度量的市值，需要企业外部对企业价值的认可。这一认可过程就是企业价值传播的过程。

- 小密尔说："价值就是被感受到的重要性。"价值是人的主观认识。价值是价格形成的重要因素之一，此外，人们的情绪和市场环境也对价格形成产生重要影响。

- 用一句话概括企业价值传播：让利益相关者认识到你的企业是一家好企业。三个关键词：利益相关者、认识、好企业。

- 屁股决定脑袋，立场扭曲信念，信念构建事实。

- 好企业定律：真相并不必然客观存在。真相来自对事实证据的解读，解读必然受到解读人各自立场的影响。事实可能是客观的，但是对事实的解读并不是。事实与意见之间存在区别，事实是一样的，但是在不同人眼里，得出的意见可能相差甚远。

- 利益相关者、认识和好企业在价值传播这个议题上，本质是一回事，都是人类的认知问题。

第三章　商业故事的基本构成

本章导读：

好故事都有规律可循。其中，结构、要素和原型是商业故事的基本构成。掌握这些基本构成，有助于我们建构好故事。本章将讨论商业故事的两种基本结构、必备的五个核心要素以及商业故事的原型。掌握了这三种故事的基本构成，精彩故事的大门将向你敞开。

第一节　商业故事的结构

亚里士多德在他的《诗学》里说：一个整体就是拥有开头、中间和结尾。最基本的故事结构是三幕剧结构，包括开始、发展和结局。简单理解，三幕剧结构就是从抛出问题到解决问题的过程。这个过程大致分成三个阶段，每一个阶段都会发生核心事件，所有的事件相互关联。故事情节必须让每个场景引出下一件事情，环环相扣，因果相连。

图 3-1 是一个三幕剧结构故事的经典安排，大多数故事可以借鉴这一安排。

第一幕是故事的开篇，主要用来设定故事的背景，交代时间、地点、人物，向观众展示故事角色、他们的生活和他们关心的东西，最重要的是交代故事角色所面临的挑战，以及他们想要克服困难的念头。克服困难的动力像燃料一样，推动故事发展。接下来需要一个诱发事件让故事真正开始。诱发事件像导火索或催化剂，引发之后的一系列事件，让主角踏上脱离日常生活路线的精彩旅程。

第二幕是冲突。故事主角的目标与阻碍目标实现的障碍产生冲突，故事冲突和张力聚集于此。随着主角一步一步行动，向着目标前进，故事情节开始升温。主角遇到更多的艰难险阻、更多的挑战，有成功也有失败，不会是一个直线上升的过程。在商业故事中，失败与挫折尤其重要。第二幕是故事的核心，在这里你可以让人物丰满起来，展示主角在压力之下的选择，展现他们的内心世界，让观众更好地理解主角和他们的敌人。敌人可以是真的人，也可以是一切阻碍主角实现目标的力量。这一幕要展现故事的核心冲突。主角有过成功，也遇到过挫折，有时还陷入迷茫。

第三幕是结局。结局是整个故事达到高潮及结束的部分。所有的故事情节最终汇聚在一起，阻碍目标实现的终极困难显现，冲突、意外、反转都安排在这里。最终，无论成功还是失败，只要冲突张力足够，这个故事就精彩。

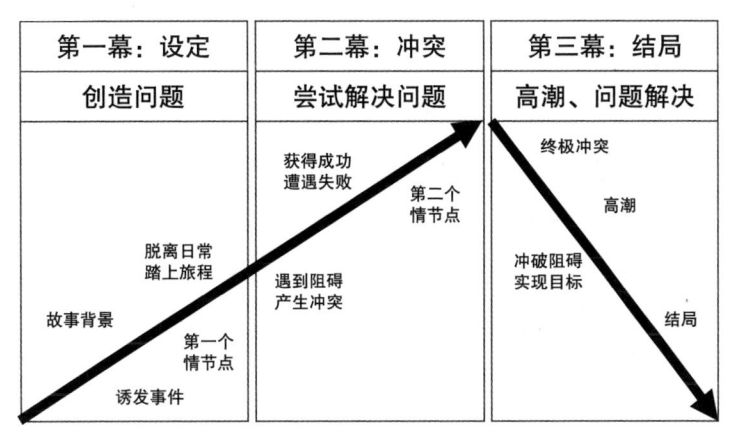

图 3-1　故事的基本结构

第一幕：设定	第二幕：冲突	第三幕：结局
创造问题	尝试解决问题	高潮、问题解决

第一幕：故事背景、脱离日常踏上旅程、第一个情节点、诱发事件

第二幕：遇到阻碍产生冲突、获得成功遭遇失败、第二个情节点

第三幕：终极冲突、高潮、冲破阻碍实现目标、结局

亚里士多德在《诗学》中总结的三幕剧结构来自他对希腊戏剧的观察——一个故事包括开始、发展和结局，推动故事发展的是其中通过因果关系而联系在一起的事件。为了使故事在观众心中产生移情和代入的效果，主角的命运应该在故事发展过程中一波三折。

在三幕剧结构的基础上，故事结构还有很多经典发展。德国剧作家古斯塔夫·弗赖塔格提出了故事结构五阶段金字塔模式：阐述或煽动阶段、复杂或上升阶段、高潮或转折点、逆转或下降阶段、结局。五个阶段故事发展呈现金字塔结构。

罗伯特·麦基在《故事：材质·结构·风格和银幕剧作的原理》一书中提出五部分故事结构。麦基是电影剧作的大师，他的五部分故事结构特别适用于长度限定的电影剧本。商业故事更像是一个电影剧本，时长有限，所以麦基的五部分故事结构也非常适合做通用商业故事模板。

麦基的五部分故事结构包括：激励事件、进展纠葛、危机、高潮、结局。

第一部分，激励事件。激励事件是导火索，是故事讲述的第一个重大事件，是一切后续情节的首要导因，它使其他四个要素开始运转起来。激励事件是一个"大钩子"，一个激发和捕捉观众好奇心的事件。由于急欲找到重大问题的答案，观众的兴趣被牢牢钩住，一直持续到高潮部分。

第二部分，进展纠葛。进展纠葛是故事的主体，从激励事件一直延伸至危机和高潮部分。纠葛是指为故事人物的生活制造磨难。当人物面对越来越强大的对抗力量时，故事中就会有越来越多的冲突，会出现一系列事件。这些事件依次发生，经过一个个无法回归的点。其中转折点起到关键作用。当期望和结果之间出现反差，事情走向出乎预料，观众就会大吃一惊。这一震惊的瞬间立时引发观众的好奇心，他们想知道"为什么""后来呢"。在进展纠葛中要铺设伏笔，将信息或知识一层一层铺垫好，引起观众闭合信息知识鸿沟的好奇心。最终在高潮部分闭合鸿沟。

第三部分，危机。"危机"一词包含两个概念：危险和机会。"危险"是因为在关键时刻，一个错误决定将会使我们永远失去想要的东西；"机会"意味着正确的选择将会使我们如愿以偿。主人公的求索之路引导他通过进展纠葛，直到他采取了能实现欲望的几乎所有行动，只剩最后一个。现在他发现自己已经到达故事主线的终点，他的下一个行动将是他的最后行动。没有明天，没有第二次机会，这是最后一搏。"危险机会"的时刻是故事中最紧张的点，因为无论主人公还是观众都感觉到"结果将会如何"这一问题的答案会由下一个行动回答。危机是故事的必备场景。从激励事件开始，观众就一直在期待这一场景，越来越热切地期盼主人公与他生活中最强大、最集中的对抗力量进行面对面的斗争。

第四部分，高潮。所有前面的铺垫都在这里了结，所有观众的好奇都在这里得到满足，高潮之后，结局到来。

我们用埃隆·马斯克创办 SpaceX 的早期经历，简要演示五部分故事结构。

激励事件：马斯克在卖掉 PayPal 成为亿万富翁后，成立了两家公司，其中一家是发射火箭的 SpaceX。那时，发射火箭是举国之力的国家战略，即使在美国，民间航天公司也只是卑微的小配角。但马斯克相信他可以改变这一切。他投入数千万美元启动 SpaceX，准备自己造火箭，征服太空，飞向火星，使人类文明成为跨越行星的文明。

进展纠葛：早期，SpaceX 发展非常不顺利，缺人、缺钱、缺技术。即使在如此困难的情况下，马斯克还是号召其拥趸，拼拼凑凑造出了第一枚火箭猎鹰1号。

危机：火箭成不成功，发射说了算。第一次发射因火箭助推器分离故障而失败，第二次发射时爆炸了，第三次又失败。此时，马斯克与 SpaceX 都到了山穷水尽的地步，他已经在 SpaceX 投入了数千万美元，加上对特斯拉的投入，他自己已经濒临破产了。2008 年的金融风暴让公司情况雪上加霜。最后，他在朋友的资助下，用仅剩的零件组装了第四枚火箭。

高潮：2008 年 9 月 28 日，第四枚火箭试射，全体 SpaceX 员工都很紧张，这是他们最后一次机会。马斯克也很紧张，因为这也是他的最后一搏。火箭成功点火，助推器成功分离，终于，火箭将载荷送入预定轨道。马斯克跳了起来，冲出控制室，他成功了。

结局：猎鹰 1 号创造了历史，成为第一枚私人制造、从地面进入预定轨道的火箭。马斯克和 SpaceX 仅仅用 500 名员工和不到 1 亿美元预算，就实现了美国航空航天局（NASA）需要 5 万人、上百亿美元投入才能实现的目标，SpaceX 制造火箭的成本远远低于历史上所有火箭。美国政府意识到，SpaceX 将会是民用航天的未来，NASA 在其第四次发射成功 2 个月后，就给了 SpaceX 价值 16 亿美元的大合同。SpaceX 起死回生，马斯克和 SpaceX 成功了，人类航天时代进入新篇章。

此外，谈到故事创作，我们无法避开约瑟夫·坎贝尔在《千面英雄》一书中展示的人类神话中普遍存在的故事结构：一场始于卑微、终于伟大的英雄之旅。例如，《荷马史诗》中的《奥德赛》、乔治·卢卡斯导演的《星球大战》，以及乔布斯的故事，都是这种英雄之旅的故事结构。

2005 年，乔布斯在斯坦福大学毕业典礼上的演讲，完美诠释了英雄之旅的经典结构。

开场：

斯坦福是世界上最好的大学之一，今天能参加各位的毕业典礼，我备感荣幸。我从来没有从大学毕业，说句实话，此时算是我离大学毕业最近的一刻。今天，我想告诉你们我生命中的三个故事，并非什么了不得的大事件，只是三个小故事而已。

下面是三个故事中的第二个，讲述了爱与失落。

第一幕：背景。

我是幸运的，在年轻的时候就知道了自己爱做什么。在我20岁的时候，就和沃兹在我父母的车库里开创了苹果电脑公司。我们勤奋工作，只用了10年的时间，苹果电脑就从车库里的两个小伙子扩展成拥有4000名员工，价值达到20亿美元的企业。而在此之前的一年，我们刚推出了我们最好的产品麦金塔电脑（Macintosh），当时我刚过而立之年。

第二幕：冲突。

然后，我就被炒了鱿鱼。一个人怎么可以被他所创立的公司解雇呢？这么说吧，随着苹果的成长，我们请了一个原本以为很能干的家伙和我一起管理这家公司，在头一年左右，他干得还不错，但后来，我们对公司未来的前景出现了分歧，于是我们之间出现了矛盾。由于公司的董事会站在他那一边，所以在我30岁的时候，就被踢出了局。我失去了一直贯穿在我整个成年生活的重心，打击是毁灭性的。

第三幕：高潮和结局。

我当时没有看出来，但事实证明，我被苹果开掉是我这一生所经历过的最棒的事情。成功的沉重被凤凰涅槃的轻盈所代替，每件事情都不再那么确定，我以自由之躯进入了我整个生命当中最有创意的时期。

在接下来的 5 年里，我开创了一家叫作 NeXT 的公司，接着是一家名叫 Pixar 的公司，并且结识了后来成为我妻子的曼妙女郎。Pixar 制作了世界上第一部全电脑动画电影《玩具总动员》，现在这家公司是世界上最成功的动画制作公司之一。后来经历一系列的事件，苹果买下了 NeXT，于是我又回到了苹果，我们在 NeXT 研发出的技术成为推动苹果复兴的核心动力。我和劳伦斯也拥有了美满的家庭。

我非常肯定，如果没有被苹果炒掉，这一切都不可能在我身上发生。

生活有时候就像一块板砖拍向你的脑袋，但不要丧失信心。热爱我所从事的工作，是一直支持我不断前进的唯一理由。你得找出你的最爱，对工作如此，对爱人亦是如此。工作将占据你生命中相当大的一部分，从事你认为具有非凡意义的工作，方能给你带来真正的满足感。而从事一份伟大工作的唯一方法，就是去热爱这份工作。如果你到现在还没有找到这样一份工作，那么就继续找。不要安于现状，当万事了然于心的时候，你就会知道何时能找到。如同任何伟大的浪漫关系一样，伟大的工作只会在岁月的酝酿中越陈越香。所以，在你终有所获之前，不要停下你寻觅的脚步。不要停下。

第二节　商业故事的5个核心要素

冲突是主线

故事千变万化，但最核心的部分是一条主线——冲突，以及两个要素——情节和人物。情节是生命，人物是灵魂。没有情节，故事就没有生命；没有人物，故事就没有灵魂。

无冲突，就无故事。没有冲突，就不会有情节。没有意外和反转，故事也就不能吸引人的注意力。吴晓波老师说："什么是新闻？我的老师告诉我们的答案很简洁：'狗咬人不是新闻，人咬狗才是新闻。'……值得关注和记录的事件都应该是反常的，而非正常的。要通过训练，敏锐地嗅出一个貌似正常事件内在的反常因素。"所谓反常就是意外，意外的背后是冲突。为什么会有冲突？因为资源匮乏。这个世界上的一切东西都不充足，钱不够，人不够，资源不够，正义不够，时间不够……所谓企业，就是在资源不足的情况下创造客户，实现企业目标。因而企业目标与资源约束之间发生冲突，是商业的必然逻辑。

除了资源匮乏，冲突还源自主观期望与客观现实之间的鸿沟。我们会觉得日常生活平淡，是因为大多数情况下按照我们的主观期望采取行动，通常会达到我们的预期，也就没有冲突或意外，这也是生活的常态。例如，工作日早上开车出门，一路顺利，按时到公司，这是生活常态，没有冲突，也就没有故事。如果有一天你在路上遇到阻碍，例如发生了剐蹭事故要处理，无法按照计划到达公司，这就是冲突和意外。所谓故事，就是要剔除那些平淡无奇的日常，将有冲突的事件提炼出来。那个冲突的瞬间，就是我们为故事捕捉的期望与现实之间的鸿沟。

当主观期望与客观现实碰撞，冲突就产生了。冲突可以分为三个层次：内心冲突、个人关系冲突和社会关系冲突。一旦现实中裂开鸿沟，故事主角的使命便产生了——他必须奋力越过鸿沟。主人公可以是人，也可以是动物，甚至任何拟人的事物，例如公司。故事的本质是展示主人公面对鸿沟所做的斗争，并通过移情让观众感同身受。我们讲一个雷军和小米的故事。

成立于2010年的小米，在雷军带领下高歌猛进，2014年就销售手机6112万台。但是2015年，小米却出现严重危机，供应链是重灾区。三星半导体突然宣布不再给小米供应AMOLED（主动矩阵有机发光二极体）屏幕，而这正是小米更新换代的关键所在。事情的起因很奇特：三星半导体中国区一位高层带着团队与小米供应链团队见面，在现场PPT演说过程中，小米方态度不好，三星方也很强势，双方在现场发生了激烈争执，这位三星高层直接拍桌子，站起来离开了。在愤怒中，他把整个过程写成一封电子邮件，并发往三星总部所有高管电子邮箱。这封邮件导致的结果就是三星决定不再向小米供应本来产能就极为有限的AMOLED屏幕，这意味着小米一下子被甩在了竞争对手后面。这对小米来说无异于是一场重大事故。早期小米供应链是雷军自己建的，他对此很熟悉。后来小米邀请了原摩托罗拉的周博士率领团队加入，周博士对小米这些年的高速发展功不可没，但是其负责的供应链团队存在很严重的问题，例如对供应商不尊重。周博士自身也居功自傲，与雷军冲突不断。有一次，小米内部开会讨论手机供应链存在的问题，雷军问为什么OPPO和vivo在供应链方面能做好，小米就不行，周博士赌气回了一句："那你去找OPPO和vivo的人吧！"场面十分尴尬。

为了挽回局面，雷军专程飞到深圳去给三星赔罪。早上10点，雷军见到了这位合作多年的伙伴。在中午的饭局上喝光了5瓶红酒之后，这位三星高管情绪激动地重述了当时受辱的场景，还原了所有对话，雷军听完后非常难过。他拍着对方的肩膀连连表示："我们做得不对，我们做得不对，这样的态度不能代表小米。"与此同时，雷军内心也发出了这样的感叹："自己怎么把公司管成了这样？"多年来，他第一次感到如此愤怒。这只是手机部门众多问题中的一个。因为供应链的问题，小米5整个2015年迟迟未能发布，一直拖到2016年2月。这在很大程度上导致小米在2015年没有完成既定的8000万台手机销量目标。小米5发布以后，再次遭遇产能危机。一位小米联合创始人谈及当时的情景说，小米5发布后用户评价很好，但是两三个月买不到货，自己急得直跳脚，但是能去哪里喊冤？手机部门已经成了阻碍小米发展的绊脚石。雷军经过深度思考，决定换掉手机部门的负责人。但是情况并不像我们想象的那么简单，毕竟周博士是联合创始人，他自己的团队有点独立王国的味道。雷军甚至想到，这样调整，团队会不会"哗变"？人心大乱后，公司业务会不会翻船？

2016年5月15日星期日，雷军召开创始人内部会议，大家投票表决，一致通过了撤换手机部门负责人的决定。第二天，公司召开了一个紧急董事会议，在这个不平凡的上午，小米董事们一致同意了这个对小米的未来发展无比重要的决议。在会上，大家还做了周密准备和详细分工，比如用什么形式和当事人进行正式交流，如何进行流程上的准备，如何面对可能的舆情风险。董事们甚至提议准备一辆救护车，以防意外发生。

2016年5月16日下午2点，和这位重要联合创始人的谈话在北京马奈草地的会所开始了。首先，雷军作为董事长和周博士单独会面，告诉他董事会的这个最终决定。随后，董事会代表刘芹和小米公司代表祁燕与之进行会谈，这场谈话持续了8个小时之久，到晚上10点才结束。总体来说，这个过程没有想象中的那样充满惊涛骇浪，也没有出现各种夸张的剧情。当事人最终平静地接受了这个决议，在草地之中、繁星之下，结束了自己相对成功的小米生涯。平心而论，周博士带来的在摩托罗拉时代累积的经验、精英团队，以及团队之间固有的默契，为小米前

5年的辉煌打下了坚实的基础。但是当时的乱局当中，必须有人看清楚目前的局势，将优秀的东西薪火相传，将故步自封的东西打破。艰难的人事调整，是一家企业在发展中的必修课，而小米终于完成了这一课。从这一刻开始，小米从一家创业公司成长为一家更为成熟的公司。[1]

情节是生命

情节是指构建和设计故事的、内在连贯一致且互相关联并在时间序列中运行的事件模式。通常，故事情节围绕一个主人公构建：主人公为了实现自己的目标，在一段连续时间内，在一个连贯而具有因果关系的叙事现实中，与主要来自外界的对抗力量进行抗争，直到迎来一个不可逆转的闭合式结局。

在商业路演中，我经常看到罗伯特·麦基口中的"由一堆积累起来的信息串成的叙述体"。如果仅仅将事件按时间序列不加设计地展开，听众听起来就如喝白开水，平淡无味，传播目的自然不能实现。商业叙事不能虚构是底线，但是真实事件也可以通过情节设计，变成精彩的故事。

我的博士生导师沈伟教授在他的全球企业战略课上讲过一个故事，令我印象深刻。

> 20世纪60年代，日本本田摩托进军美国市场，在短短6年时间里，年销售量从0到近300万辆，占美国摩托车市场份额60%以上。这也被称为"本田奇迹"。本田为什么能在短短几年间，在销量和市场份额上取得如此巨大的成功？企业战略在其中扮演了什么角色？
>
> 1975年，著名的波士顿咨询公司在一篇报告中把"本田奇迹"归

---

[1] 范海涛. 一往无前[M]. 北京：中信出版集团，2020：216-217.

功于"近乎完美的战略设计"。在进入美国市场前，本田仔细分析了它在美国市场面临的几个重要战略问题：

（1）产品：重型摩托（250cc或以上）还是轻型摩托（50cc）？

（2）目标人群：小众（现有市场）还是大众（开发新市场）？

（3）定位："狂野"还是"友好善良"？

（4）销售：建立以经销商为主的传统渠道，还是以利用广大现有零售商为主的新型渠道？

当时，美国市场摩托车消费是以哈雷为代表的狂野硬汉形象的小众市场。本田经过深思熟虑，制定了如下战略：利用自身在轻型摩托上的成本优势，锁定对价格最为敏感的大众人群，通过低于成本的价格来吸引消费者产生大量需求，从而进一步降低成本，并利用广大现有零售商为主要渠道，降低销售成本。企业内部对此达成一致并有效地执行了以上战略，因此大获成功。

事情真的是这样吗？本田的成功真的是建立在英明、有远见的战略和有效执行上的？后来的研究解释了波士顿咨询公司的报告不过是典型的"后见之明"。研究揭示了本田摩托进军美国市场的真实过程。

事实上，本田的最初战略刚好与上述相反，通过市场研究，本田发现自家擅长的小型摩托车在美国没有市场，为此专门为北美市场开发了功率更大、速度更快的重型摩托（250cc和350cc）。既然美国市场就是重型机车市场，本田拿来进军美国市场的产品也是重型摩托。本田最初的目标是达到美国进口市场（6万辆）10%的份额，也就是年销售6000辆。不过与本田预想的不同，本田的重型摩托很快出现了在日本从未出现过的质量问题，例如漏油、离合器失灵等，这是由于美国与日本使用重型摩托的场景不同。在日本，只有少数发烧友短距离使用重型摩托，而在美国，人们经常用它跑长途。不同环境导致在日本性能质量不错的产品在美国问题频发，这些问题车又不得不被送回日本检修，导致本田的重型摩托在美国口碑很差，根本打不开市场。

这个时候，一位美国零售商看到了本田技术人员带来美国自用的轻型摩托，觉着这才是市场的未来。对此，本田一开始是拒绝的，最后在零售商再三要求下，它才勉强同意尝试，并且想继续保留重型摩托市场。事实证明，本田的轻型摩托创造出了一个原来并不存在的家用轻型摩托市场，并大获成功。甚至最终市场定位及营销口号"你骑着本田摩托，遇见了最美好的人"（You meet the nicest people on a Honda）也并非由本田主动提出，而是购买了一位商学院学生的作业。用本田美国第一任总裁的话来说，本田的成功主要应归结于"随机应变与机缘"。

沈伟教授通过上述故事让同学们思考，本田在进入美国市场的时候到底有没有一个清晰的战略？这个最初的战略对本田的成功做出了多大的贡献？它在美国市场的战略转型是如何实现的？是否可以复制？

情节结构是对一系列事件的选择，这种选择将事件组合成一个具有意义的序列，以激发特定具体的情感并表达具体特定的价值和意义。事件意味着变化。如果你上班时街道是干的，但是下班时发现它湿了，你就可以假设一个事件发生，这个事件叫下雨。然而，仅仅从天气的变化中，你不可能构建出一个故事。把一堆不相干的事件用一个因果关系连起来，才是故事。比方说，有人在地上扔一块香蕉皮，这不是故事，另外一个人滑倒了，这也不是故事，但把这两件事连起来，就是故事了。例如，"国王死了，随后王后也死了"只是事实陈述，不是故事，如果改成"国王死了，王后因悲痛过度，不久也去世了"，这就有了故事的味道——故事需要意义。企业故事不是业绩的变化，因为变化本身没有意义和价值。怎样将变化表达为意义和价值，就是情节设计的任务。

人物是灵魂

文学艺术作品都是围绕人物展开的。观众一旦"移情"于故事人物,他们的命运、抗争、成功或者失败就和观众建立了情感联系。移情是指"像我",观众发现主人公内心深处有某种"我也一样"的人性共通点。人物和观众不可能在所有方面都相像,但只要在一个方面相像,就足以拨动观众的心弦。金庸小说《天龙八部》中南海鳄神对段誉说:"你很像我。"一个玉树临风的翩翩公子,一个满脸横肉的狰狞凶汉,哪里会像?南海鳄神说:"你瞧,我这后脑骨,不是跟你一般么?"当即就要收段誉为徒。在认同的瞬间,观众本能地希望主人公得到他欲求的一切,主人公的悲欢与观众相通了。

根据研究,人类移情和共情具有生物基因属性,是人类这种社会化动物的基因中内嵌的。有研究发现,在医院婴儿房里,刚出生的婴儿摆放在一起,只要有一个哭,就会引起其他婴儿哭,所以婴儿房内哭声此起彼伏。不过,研究者将婴儿的哭声录下来放给他自己听,婴儿就无动于衷了。研究者因此认为,我们人类天生就具有关注同类喜怒哀乐的共情和移情能力。

商业故事往往偏重叙事,但是人物一样重要,有人物才能移情和共情。在商业故事中加入人物,有几种类型。第一,主人公的故事本身就很精彩。明星企业家的故事就是企业的故事,例如乔布斯、马斯克、宗庆后、雷军等。第二,情节中的小人物。企业故事中,每个情节实际都是由具体个人来操作的,只要去找,总能发现一些故事人物。第三,讲述者自己。讲述者可以是企业内部人,也可以是外部观察者。第四,团队拟人。讲述"我们"怎样冲破险阻,怎样成功与失败。

在塑造人物的时候有两个基本技巧。

第一个是表现人物在压力下的两难选择。只有在压力下的行动,才能表现人物的真实性格和人性,这是观众移情和共情的关键。

皮克斯电影《玩具总动员2》是迪士尼定制的。按照迪士尼的"合家欢"风格，即使你不看电影，也能猜到主角玩具兵胡迪最终将回到小主人安迪身边，这样的故事非常乏味。皮克斯的故事高手为胡迪设计了一个精巧的两难选择：他可以选择和他爱的小主人安迪待在一起，但是随着小主人的长大，他终究难逃被抛弃的命运；他也可以投入一个永远受宠的世界，但必须放弃自己真正想要得到的那份爱。这让观众对胡迪面临的选择感同身受。最终，胡迪还是选择了安迪，但他下决心的时候，也明白将来的悲伤无法避免。他告诉朋友："我不能阻止安迪长大，但我无论如何也不能错过他的成长。"这种选择充分展现了人性的光芒，拨动了观众的心弦。

第二个技巧是通过人物对话来表现情节。旁观者叙事，不如故事中人物之间的对话有场景感和代入感。讲个我于20世纪90年代在《新民晚报》上看来的故事。那时，大家上下班多是骑自行车，晚高峰时一个少妇和一个中年男人碰上，不知怎的就吵了起来。少妇落了下风，吵不过，打肯定也是不行的。周围围了不少看热闹的人，于是少妇急中生智，从兜里掏出一张百元大钞在空中挥舞，喊道："谁帮我请他吃一记耳光，这就给谁。"说时迟那时快，人群中闪出一位大伯，一步上前劈手接过大钞，反手给了那个中年男人一个耳光。看热闹的群众这下鼓噪起来：有好戏看啦。那个中年男人捂着脸愣在那里。只见这位大伯从兜里掏出一张50元钞票塞到中年男人的外衣口袋里，平静地说道："一人50，好伐（好吗）？"说完，他转身走了。被打的男人摸了摸脸，一声不响地转身离去。留下少妇和围观群众在晚风中凌乱。

精彩人物往往是一个精彩商业故事的内核。人物塑造的内容包含一个人可以被观察到的一切特点，例如年龄、智商、性别、性格、教育程度、职业、个性气质等。但是这些仅仅是人物塑造的组成部分，而非人物本身。我们需要在冲突中观察人物在压力特别是两难的压力下的选择，观察人物内心深层次的真相。这些东西才能打动人，才能让人产生真实的情感共鸣。

冲突是主线，情节是生命，人物是灵魂，这是所有故事的三个核心要素。商业故事是故事中的非虚构类分支，除了冲突、情节和人物，还需要两个要素——事实和数字。在商业故事中，事实是基础，数字是旗帜。

事实是基础

商业故事中，事实是故事的基础，也是情节的构件。商业故事的底线是不说假话，不虚构、不歪曲事实。事实不能是假的，但是事实的排列组合和叙述方式可以选择。这就是情节设计。同时，商业故事中的事实陈述不是学术论文，不是研究报告，在商业故事中，事实需要按照传播目的进行设计，包括三个层次：事实选择、方式选择和顺序选择。——陈述全部事实，既无可能，也无必要。根据传播的目的，选择受众易于理解的部分事实，构成因果关系即可。我们可以像学术报告一样平铺直叙，但这样做往往效果不佳。推荐采用不同叙事方式，特别是用人物来展现事实，例如主人公回忆、人物对话、内心活动、第三人话语等。这样既展现了事实，又带入了人物和场景。在商业路演中，按时间顺序来陈述事实最常见，但效果一般。改善的方法是选择关键时间点切入，在具体时间和场景中回溯之前的事实。

我们通过一段文字来体会一下。这段文字是网飞创始人里德·哈斯廷斯在《不拘一格：网飞的自由与责任工作法》一书的自序的开头部分，括号里是我读的时候学到的故事技巧，供你参考。

2000年初，我和马克·伦道夫来到位于得克萨斯州达拉斯的文艺复兴大厦，走进27楼一间巨大的会议室。这里是百视达公司的总部。（第一时间点，回忆重塑场景，回到现场，人物）我悄声对马克说："百视达的规模是我们的1000倍。"（对话中陈述事实）百视达是一家拥有60亿美元资产的大公司，主要从事家庭影视娱乐业务，在世界各地拥有近9000家租赁门店。（背景信息）

百视达的首席执行官约翰·安蒂奥科被誉为资深的战略分析师。他认为，如今无处不在且发展迅猛的互联网将会颠覆整个影视租赁行业。这位首席执行官蓄着山羊胡子，穿着一身名贵的西服，面带微笑地接见了我们，表情看上去十分轻松。（人物，细节）

相比之下，我就显得很紧张了。我和马克一起经营着一家成立才两年的小公司，通过公司网站出租DVD光碟。我们有100名员工，订阅量只有30万，而且发展还很不平稳，仅仅去年一年就亏损了5700万美元。（主人公内心话语传递背景信息）

所以，我们很希望与百视达达成合作协议。几个月的努力，就是为了得到安蒂奥科先生给予我们的肯定答复。（期望与目标）

我们围着一张巨大的玻璃桌子坐了下来。闲聊几分钟后，我和马克就开始介绍我们的合作提议。我们提出让百视达收购网飞，然后由我们来开发和运营Blockbuster.com网站，从事在线视频业务。安蒂奥科仔细地听着，频频点头。接下来他问道："如果百视达收购网飞，需要多少费用呢？"我们回答说5000万美元。听到这个价格，他断然拒绝了。我和马克只得失望地离开了百视达。（冲突，现实与期望的鸿沟，细节，对话）

那天晚上，我躺在床上闭着双眼，脑海里闪现出这样一幅景象：整个百视达6万名员工都认为我们的这个提议十分荒谬，对我们嘲笑不已。当然，安蒂奥科也不为我们的提议所动。像百视达这样的家庭影视巨头、行业领军品牌，拥有上百万的客户和巨额的营业收入，还有一位才华横溢的首席执行官，为什么要对像网飞这样刚刚起步、发展也不稳定的小公司感兴趣呢？如果我们自己都做不好，他们又能起什么作用呢？（重建场景，内心独白，冲突，细节，通过自设疑问引发好奇）

世界在不断地改变，我们的公司也慢慢站稳了脚跟，而且得到发展和壮大。2002年，距那次会面又过去了两年，网飞上市了。虽然我们取得了长足发展，但百视达当时的规模依然是我们的 100 倍，它的市值为 50 亿美元，我们仅为 5000 万美元。此外，百视达归维亚康姆（Viacom）所有，而维亚康姆是当时世界上最具价值的媒体公司。（第二个时间点，背景信息）

然而沧海桑田，时移世易，2010 年，百视达宣布破产，到 2019 年，仅在俄勒冈州的本德市还有最后一家影视租赁门店。百视达从 DVD 租赁到流媒体的转型失败了。但对于网飞，2019 年却是可圈可点的一年。我们的电影《罗马》（Roma）获得了奥斯卡最佳影片提名，并获得了三项奥斯卡大奖，这是导演阿方索·卡隆一项了不起的成就，同时也凸显了网飞向成熟娱乐公司的转变。十多年来，我们不仅成功实现了从 DVD 邮递业务到互联网流媒体的转型，在 190 个国家拥有了超过 1.67 亿的订阅量，还跻身全球性大型媒体公司行列，有实力制作自己的电视节目和电影。我们有幸能与全球最有才华的创作者合作，其中就包括了珊达·瑞姆斯、科恩兄弟、以及马丁·斯科塞斯。网飞把握住了时机，实现了突破，为观众带来了精彩的节目和影视欣赏的全新体验，让人们的生活得到了极大丰富。（第三时间点，意外反转，事实胜于雄辩）

经常有人问我："这一切是怎么做到的呢？为什么网飞能不断适应发展，而百视达却不能呢？"我们去达拉斯的时候，百视达还占据着绝对优势。他们拥有自己的品牌，影响力巨大，资源丰富，前途无可限量，他们完全不费吹灰之力就可以碾轧我们。（对话，引发好奇，为什么）

当时甚至连我自己都没有意识到，我们有一点是百视达所不具备的，那就是**人才重于流程、创新高于效率、自由多于管控的企业文化**。我们的文化强调以人才密度实现最高绩效，对员工实行情景管理而不是控制。这使得我们能够不断地成长，并随着整个世界、随着客户需求的变化而变化。如果一定要说网飞有什么不同之处，那就是它不拘泥于规则。（提供答案满足读者好奇心，引出全书主题）

上面的情节设计很精彩，让人有读下去的欲望。一位知名剧作家曾经说过："一个段落的目的是什么？是让读者想要读下一个段落。"里德·哈斯廷斯企业办得好，故事也讲得漂亮。对想学习讲商业故事的读者，我推荐看看这本书。在自序的开头部分，里德的目的是引出网飞的核心驱动力或业务大获成功的因果关系，以及网飞的企业文化。事实包括网飞原来是多么弱小，后来又是多么成功。首先，在事实选择上，里德选择了 3 个关键时刻：2000 年、2002 年和 2019 年。通过重建 3 个具体场景来讲故事，这种方法效果非常好，我将之称为"回到现场"。其次，在方式选择上，里德没有采用冷冰冰的客观视角，而是以个人主观视角，通过人物对话和内心独白来展现事实。这样更有人情味，更能传递情感。例如，他说自己很紧张，还有失败后躺在床上想……这些都非常有代入感，容易让读者产生共情。再次，里德用了很多细节描述，例如，"这位首席执行官蓄着山羊胡子，穿着一身名贵的西服，面带微笑地接见了我们，表情看上去十分轻松。""相比之下，我就显得很紧张了"。这些细节对于读者在脑中构建场景都非常有帮助。最后，在顺序选择上，里德没有平铺直叙，也没有完全按时间顺序叙述，而是在 3 个其选择的时间点上采用回溯的叙述手法。

所以，在商业故事讲述中，事实都是真的，但是要按照你的情节设计来精心安排。

数字是旗帜

在《故事与估值》一书中，估值专家阿斯沃斯·达摩达兰说："没有故事的数字没有灵魂。"同时他也强调两者不可偏废。我将其总结为"没有数字的故事就如断线的风筝"。数字可以理解为特定形式的事实，按是否以货币为单位，可以分为财务数字与非财务数字。在商业故事中，数字是非常重要的。例如在前面哈斯廷斯写的自序中，他也用了不少数字，例如"百视达的规模是我们的 1000 倍"，有"9000 家租赁门店"和"6 万名员工"，而网飞只有"100 名员工"，

"一年就亏损了 5700 万美元"，2002 年网飞上市时市值也只有"5000 万美元"，而百视达市值则有"50 亿美元"，之后网飞"在 190 个国家拥有了超过 1.67 亿的订阅量"。哈斯廷斯在这本书里讲的是网飞的企业文化，如果是企业价值传播的场景，加上一些市值和财务数据就更有说服力了。例如，2019 年网飞营业收入高达 202 亿美元，净利润 19 亿美元，市值高达 1420 亿美元，17 年间，网飞的市值增长了 2840 倍！如果在路演中以曲线等图形的方式展示这些数字，会更加直接。

实际上，很多数字如统计数据，都有类似权威的效果，特别是以曲线等图形展示的数据，往往会给人很真实、很权威的感觉，但是观众又不太明白。于是，一种信任悄悄植入观众心中。此时若再加上一个故事，传递出的信息在观众心中的可信度就会大大上升。一张图，再加一个图背后的故事，这个技巧要用好。

第三节　商业故事中的原型

故事原型

从认识论的角度看，人脑在认识事物的过程中，会逐渐形成关于世界的模型。人的主观认知并不一定从一开始就符合现实规律，而是在实践中不断比较根据模型获得的预期结果与实际结果，修正主观认识，以减少模型预测与实际之间的差异。这种调整机制可以使人脑中关于世界的模型更接近真实。实际上，每一种科学都是一种从不同角度认识世界的模型。比如，理解宏观物理学，我们有牛顿物理学模型；理解物种演化，我们有达尔文进化论；理解经济周期，我们有康波理论……这些是科学方面的模型。我们也有生活常识方面的模型，例如没有失败哪来的成功，物极必反，因果报应，相生相克，等等。这些模型往往是人们从不同角度对世界观察的总结，就像《盲人摸象》这则寓言所说，有人摸到尾巴，大象对他而言就像绳子；有人摸到象腿，大象对他而言就像根柱子……在金融领域也是如此，我们在观察企业的时候，脑中也不是一张白纸，而是将企业的情况与我们脑中的认识模型结合，从各种角度去观察。如果企业情况适合我们脑中的某种认识模型，我们就能更好地理解企业的过去和未来。

个人的体验具有普遍性，这意味着你的故事可能是独特的，但其内在具有共同性的东西才能让不同背景的人理解。这种具有共同性的东西就是故事的原型。一旦人们在你的故事中识别出原型，自然会产生与故事原型匹配的理解和期望。

常见的文艺故事原型有8种，包括①英雄之旅：主角从平凡世界出发，经历各种挑战和困难，最终成为英雄，常见于神话、童话、冒险小说等。②重生和转变：主角经历某种重大变故如失忆等，从而获得新的生活或身份，常见于奇幻小说、科幻小说等。③爱情：最古老的故事原型，常见于浪漫小说及电影等。④寻找：主角为了寻找某样东西或者某个人，经历了一系列的冒险和挑战，常见于冒险小说、侦探小说等。⑤复仇：主角因为受到某人或某事的伤害而进行复仇，常见于犯罪小说、武侠小说等。⑥成长：主角在经历了一系列的挑战和困难后，最终成长为一个更强大的人，常见于成长小说、励志小说等。⑦灾难：主角所在的世界遭遇某种灾难，主角必须设法拯救大家，常见于灾难电影、科幻小说等。⑧喜剧：主角通过一系列的误会和混乱，最终达到了一个意想不到的结果，常见于喜剧电影、电视剧等。

常见的文艺故事都是围绕主人公展开情节的。以企业家为故事核心的商业故事可以使用这些故事原型，只是将环境和情景局限在商业活动中。英雄之旅是最受欢迎的故事原型之一。任何时代、任何社会的人都向往不平凡的生活，但多数人为陈规旧习束缚，碌碌无为地耗尽一生。正因此，那些卓尔不群、勇于创新、敢于冲破既有秩序、追求精神自由和人身自由的英雄豪杰，总是令人神往的。在商业世界，企业家就是时代的英雄，他们是对未来下注的人，他们敢于冒险，勇于突破，他们成功或失败的经历成为商业时代跌宕起伏的英雄故事。常见的企业家故事原型有白手起家、二次创业、坚毅性格、独具慧眼、人格魅力、特殊机缘等。这些企业家个体的故事往往与企业整体的故事穿插在一起，让商业故事更具有情感特质。

人类学家认为，巫术千奇百怪，但实际上都遵循着两个基本原理——相似律和接触律。这也是人类宗教的两个共同特点。其中，相似律的意思是同类相生或同果同因。例如，人们相信仅仅通过模仿就能够实现任何他们想实现的目标，人们都企图通过破坏敌人的偶像来伤害或消灭他的敌人，人们相信相同的现象应当有相似的结果。相似律是故事原型的底层逻辑，也是人类理解世界的底层逻辑——相似的现象将导致相似的结果。如果人们在某个故事中捕捉到熟知的故事原型，一来可以帮助理解，二来可以对故事发展产生期待，三来可以通过识别原型让故事更可信。因为原型本来就是世界运转的图景，符合图景让人产生安全感。

在商业故事中，故事原型尤为重要。商业故事与文艺故事相比，最重要的就是可信。如果你的商业故事符合某种公认的商业故事原型，那就更容易让人理解，可信度也更高。

投资故事原型

梁宇峰博士在《估值的力量》一书中总结了 10 种常见的投资故事。

第一种故事是龙头老大，强者恒强。

这类故事的主角通常在自身行业拥有相当大的市场占有率，是行业的领军者。在故事中，主角企业通常能够在渠道、技术、成本控制、品牌影响力等方面领先同行，从而维持收入和利润的持续增长。例如 2023 年，在人工智能（AI）热潮下，美股"七巨头"总市值飙至 11 万亿美元，几乎是德国国内生产总值（GDP）的 3 倍。"七巨头"分别是苹果、微软、谷歌、亚马逊、Meta、英伟达和特斯拉，它们在各自细分领域都处于绝对龙头地位，并且市场认为它们将继续强者恒强。

第二种故事是老二、老三"逆袭"。

这类故事的主角通常属于行业第二梯队，市场份额与行业龙头有一定的差距。但是随着时间推移，由于市场、技术变迁和不同的战略选择，老大和老二的位置发生变化。例如，隆基绿能科技股份有限公司押注单晶硅路线，在 2015 年后超越当时采用多晶硅路线的老大保利协鑫能源控股有限公司，成为当时光伏行业的龙头企业。再如"白电双雄"珠海格力电器股份有限公司和美的集团。2011 年之前，格力电器是绝对老大，但由于格力多元化尝试屡屡失败，而美的在小家电、机器人领域及海外运营上相当成功，逐步扭转格局，最终，美的无论在收入、利润还是市值上都超过格力，成为白电新龙头。

第三种故事是时间的朋友。

时间的朋友是价值投资者最喜欢的故事。公司的价值随着时间而增长，越久越有价值。茅台、片仔癀等以品牌传承制胜的企业故事，是这类故事的典型。只要企业的竞争优势是随着时间增强而非削弱的，都可以称为时间的朋友。

第四种故事是时代浪潮。

"时代浪潮"和"时间的朋友"相反，这类公司的崛起往往伴随着特定的时代背景，当时代的浪潮过去，它们的"高光时刻"也会随之结束。例如过去20年，房地产在时代浪潮的推动下迅速发展，但是现在我们都意识到，与房地产增量相关行业的黄金岁月已经过去。社会潮流的风向也是时代的浪潮，例如过去10年间运动服饰公司的崛起。国家政策的变化也起着类似潮流的作用，例如我国医保控费和药品集中采购制度的实施，让仿制药行业回归化学制造，让创新药面临更加不确定的未来。地缘政治的影响，使得自主可控成为重点方向，以前在全球一体化模式下不具备经济可行性的行业，又焕发了新生。

第五种故事是发现未被满足的需求。

这类故事中，公司发现了市场中尚未被满足的需求，并且想出了满足这种需求的方法，从而获得成功。扰动酒店行业的爱彼迎（Airbnb）就是通过发现未被满足的需求而取得成功的公司。共享行业的优步（Uber）、滴滴和各类共享单车也属于这个类型。德鲁克将这种创新机遇称为"程序需要"——它使得一个业已存在的程序趋于完善，或用新的知识重新设计既有的旧程序，或者提供某个欠缺的环节让未被满足的需求可能得到满足。

第六种故事是创造新需求。

在这类故事中，需求不是被发现的，而是由产品本身创造出来的。苹果手机算是一个典型的例子。在以苹果为代表的智能手机出现之前，手机仅仅是一台用于通信的无线设备，用户使用的场景主要是打电话、发短信等。然而在苹果手机出现之后，一切都改变了。手机不仅仅是一台通信设备，更是一个集娱乐、交友、工作、消费、理财等于一体的"日常生活用品"。苹果通过对产品的创新创造出了新的需求，同时带动了移动互联网产业的快速发展。乔布斯曾说："人们不知道想要什么，直到你把它摆在他们面前。"

第七种故事是颠覆式创新。

颠覆式创新有两个方向：商业模式和技术。

在对商业模式的颠覆式创新中，公司没有改变产品的形态，却改变了行业原来提供产品或服务的方式，用一种更高效或更新颖的方式取代了原有的方式。例如，集装箱的发明对货运方式就是一种颠覆式创新。过去10多年基于互联网的各种创新，也是这类故事的典型代表，比如阿里巴巴通过"互联网+零售"，节省了零售中间环节的成本，对传统的线下购物模式造成冲击；而拼多多、抖音、直播电商等又通过新的模式创新，对传统货架电商发起冲击。

技术突破的颠覆式创新，则通过在某个领域实现关键技术的突破，颠覆原本的产品形态，甚至创造出全新的领域。人类历史的进步，在一定程度上就是技术进步。从蒸汽机、内燃机、电、互联网、移动互联网，到现在的人工智能、自动驾驶、人形机器人、新能源等，都是从技术突破的颠覆式创新开始的。

第八种故事是中国复制。

中国复制，英文为"Copy to China"，即中国企业通过复制国外成功公司的商业模式取得成功，甚至在国内市场击败被其复制的公司。很多中国科技企业，尤其是互联网企业，都通过这种方式取得了成功。比如，腾讯的OICQ一开始复制的就是国外的ICQ，微博则复制了国外的推特等。这些公司在复制国外公司的商业模式基础上，又对其进行"本土化改造"，让其更加适应本土市场的特征，从而使自己的产品和服务在国内市场得到广泛的应用。

第九种故事是隐形冠军。

找到利基市场，在某个细分市场取得优势龙头地位，是中小型企业取得持续竞争优势的重要途径。由于市场空间较小，巨头往往不会进入，如此一来，竞争对手弱小，细分市场内的竞争格局良好。这些公司呈现小而美的特征。例如江苏亚星锚链股份有限公司是船用锚链的全球龙头企业，不过由于市场整体不大，因而亚星锚链股份有限公司虽然具有竞争优势，但是市场天花板较低。沃尔玛在成为全球巨头之前的很长时间里都聚焦美国中西部小镇，这些小镇人口不多、市场狭小，通常容纳不了两家折扣零售商。结果就是沃尔玛在当地形成事实垄断，成为当时美国零售业的隐形冠军。

第十种故事是乌鸡变凤凰。

"乌鸡变凤凰"讲的是从辉煌到失败到再次崛起的故事。2021年，新东方教育科技集团有限公司因为政策限制一度陷入困境，业务萎缩、亏损，8万人被裁员，旗下上市公司新东方在线市值暴跌。在传统教育业务崩溃之时，新东方在线转型直播电商。恰逢李佳琦等头部主播停播的空档期，新东方靠着抖音正要进军直播电商而对其大力扶持异军突起，诞生了董宇辉这样的现象级主播。企业迅速扭亏为盈，改名东方甄选，涅槃重生。

商业故事原型的内在逻辑

商业故事既可以讲成功，也可以讲失败。对受众来说，从商业故事中可以学习和理解投资价值，对企业来说，商业故事的核心目的是帮助受众理解企业价值。商业世界的成功和失败自有其规律，研究这些规律的学问包括经济学、管理学等。如果你的商业故事能将具体的故事与公认的商业规律相联系，故事的可理解性与可信度就会更高。从企业价值传播的角度看，如果你的故事中能体现商业成功的内在规律，则效果事半功倍。

在商业故事中构建商业规律原型，有两个办法，实际上就是回答两个问题。第一个，像谁？第二个，成功来自哪里？

先来看第一个问题：像谁？

我们对世界最重要的理解方式是类比。故事就是生活的比喻，所以我们爱听故事，爱讲故事。商业故事要让人理解、让人相信，最简单的方法就是类比：这家公司是×行业里的腾讯——这是从商业模式和竞争优势的角度类比；这家公司的商业模式，在美国是有成功先例的——这是用成功故事类比。根据人类认知的特点，我们相信成功必然有其内在规律，只要能观察到与过去成功者类似的现象，我们就倾向认定会出现同样成功的结果。因而，只要能把你的故事主角与社会认知原型[1]联系起来，很多话就尽在不言中了。

沃伦·巴菲特通过重仓投资华盛顿邮报公司，11年获得14倍投资收益，并与该公司老板凯瑟琳·格雷厄姆成为好友。凯瑟琳当年被誉为美国新闻界最有权势的女人，是华盛顿乃至全美国精英圈的社交中心，而巴菲特只是一个默默无闻的美国中西部地区的商人。通过她的引荐，巴菲特成功进入美国精英圈。华盛顿邮报公司是家族企业，刚上市不久巴菲特就大举买入股票，引起了凯瑟琳和公司董事会的不安与警惕，认为巴菲特不怀好意。为此，巴菲特写了一封信给凯瑟琳。这封信盛赞了华盛顿邮报公司，并承诺不会影响格雷厄姆家族对公司的控制权。这封信开启了巴菲特与凯瑟琳之后数十年的亲密关系，后来被凯瑟琳收录于她的自传《我的一生略小于美国现代史：凯瑟琳·格雷厄姆自传》。这封信的开篇是这样的：

> 此次购买行为表明了我们大规模的投入——显然也量化了我们对身为商业公司的《邮报》和身为首席执行官的您的赞誉。开具支票的行为将信念和空谈区隔了开来。我认可《邮报》由格雷厄姆家族掌控和管理。这一点合乎我的意愿。
>
> 几年前，我管理的一家合伙企业大笔购入华特迪士尼的股票。相对于其盈利、资产价值和管理能力来看，这家公司的股票便宜得有些荒谬。单单是这一点就足以令我心跳加速，打开钱包，不过这笔投资还有额外的考量。在自己的领域里，迪士尼绝对是最出类拔萃的——胜利来得易如反掌。任何不能展现自身最大努力的事情——任何可能让消费者感到缺斤少两的事情——都是华特·迪士尼所无法接受的。他将充满活力的创造力融入了与盈利相关的纪律性之中，在娱乐业取得了独树一帜

---

[1] 社会上多数人对某种事物的认知范式或共识。例如，下文巴菲特在信中用迪士尼来类比《华盛顿邮报》，而迪士尼在当时人们的认知中是一家具有特殊竞争优势的好公司。

的成就。

我对华盛顿邮报公司也有同感。相较于其所拥有的财产的内在价值，它的股价被严重低估了，尽管这在今天的证券市场是司空见惯之事。不过，这种低估的双重吸引力在于，华盛顿邮报公司已经成为高质量新闻报道的代名词。看到投入邮报公司的资金逐年递增比拥有某家园艺公司的股份更让人感到满足，园艺公司的股票尽管便宜，却不具备任何崇高的使命……[1]

沃伦·巴菲特在这封重要信件的一开篇就采用类比手法，将华盛顿邮报公司类比为迪士尼，那时，迪士尼已经成为明星企业，这样的类比体现了巴菲特对华盛顿邮报公司的赞誉，让人非常受用。在自传中，凯瑟琳说她对买下公司一大部分股权的男人一无所知。那时沃伦还只是个小投资者，没有什么名气。在收到沃伦的信之后，凯瑟琳打电话给周围认识沃伦的人，他们都给了正面的评价。凯瑟琳回信告诉他，感谢他对邮报公司的信任，还说期望邮报公司能够无愧于他将它与迪士尼公司相提并论的溢美之词。他们会面时，沃伦执意将迪士尼与邮报公司类比，因为当时似乎没有人关注邮报公司。他告诉凯瑟琳，不只是华尔街没有看到邮报公司的价值，甚至连她和《邮报》的同事们都没有意识到邮报公司的真实实力。他说总有一天，市场会认清邮报公司的价值，尽管没有人可以预测具体的时间。[2]

除了公司类比，在商业故事中，对业务细节也经常用到类比策略。我曾经拜访一家地理信息行业的公司，其间谈到他们正在和国内卫星测绘方面的院士合作开展一项新业务，业务基于院士的卫星新技术应用。我很感兴趣，希望了解这项

---

[1] 凯瑟琳·格雷厄姆. 我的一生略小于美国现代史：凯瑟琳·格雷厄姆自传[M]. 萧达, 译. 北京：民主与建设出版社，2018：554.

[2] 凯瑟琳·格雷厄姆. 我的一生略小于美国现代史：凯瑟琳·格雷厄姆自传[M]. 萧达, 译. 北京：民主与建设出版社，2018：555.

新技术为何新，解决了什么问题，为什么客户需要这项业务。他们管业务的老总这样解释："这是卫星领域的边缘计算。"这是一个很不错的类比。边缘计算我是懂的。原本数据都要发回中央处理单元计算后再发回执行单元，但随着技术发展，很多计算可以在执行单元直接处理，这样可以提升效率和响应时效。这个概念在计算机领域并不陌生。他直接将这项技术称为卫星领域的边缘计算，是因为传统卫星测绘运作需要将信息完整地发回地面，地面计算机收到全部数据后进行解析。问题是，很多现场需要时效性，因而在卫星上部署边缘计算直接解析运算，只将关键信息发回地面，就能很好地解决时效性问题。例如，拍到一张海上军舰发射导弹的照片，发回地面计算，等意识到问题的严重性，可能已经过去很久，失去了响应的时机。星端计算则会直接解析照片并将这个关键信息发回，让及时响应成为可能。

再来看第二个问题，成功来自哪里？

经济学家和商学院会总结很多企业成功或者失败的规律。例如，我们从竞争优势看，根据波特的竞争理论，企业战略可以分为三大类：差异化、成本竞争和聚焦。我记得我第一天到凌志软件上班时，董事长郑重其事地对我讲："我们是一家对日软件外包公司，我们开展的是成本竞争，取得成本优势是我们公司成功的关键。"后来，我将凌志软件的竞争策略总结成一句话：以中等水平的软件开发团队完成高等级的项目开发。潜台词是：我们以中等水平的成本满足要求较高的客户需求，从而取得丰厚的盈利。

布鲁斯·格林沃尔德教授在《竞争优势：透视企业护城河》一书中优化和发展了波特的竞争理论。首先，我们需要判断企业是否拥有进入壁垒[1]，例如占领用户心智的品牌或者排他性的经济商誉。进入壁垒是最高等级的竞争优势，例如巴菲特反复赞扬的喜诗糖果，每年提价，每年销售量依然上升。茅台的核心竞争力也在于此。拥有进入壁垒，行业竞争格局就好，企业往往还有定价权。其次，

---

[1] 《竞争优势：透视企业护城河》中的"进入壁垒"一词的含义基本等同于"护城河"。

如果没有进入壁垒，则企业获得竞争优势的本质是在比拼运营效率，例如你的成本比别人有系统性优势。例如立讯精密工业股份有限公司（以下简称"立讯精密"）通过大规模高效生产组织、作业流程优化和制造工艺创新，提高了业务效率，构建了成本优势，后来它进入了苹果供应链，成为苹果零部件和组装的核心供应商，业绩多年高速增长，为股东创造了巨大价值。彼得·德鲁克指出：除了垄断，低成本是持续获得高利润的唯一手段。

观察企业"护城河"是识别竞争优势的另外一个视角，也是识别商业故事原型的思路。"护城河"是巴菲特提出的竞争优势概念，信奉价值投资理念的朋友对此耳熟能详。如果你能在故事中介绍企业拥有某种"护城河"，你的故事就具备了故事原型特质。

帕特·多尔西在《巴菲特的护城河》一书中总结了"护城河"的几种类型，包括无形资产、客户转换成本、网络经济和成本优势。

（1）无形资产：包括品牌、专利或法定许可等，能让该企业出售竞争对手无法效仿的产品或服务。拥有无形资产往往能让企业取得垄断性的优势和定价权，例如茅台的品牌；也可能是在特殊区域、特殊行业、特定时期的垄断优势，例如在互联网时代之前，美国地方报纸具有相当的区域垄断优势。

（2）客户转换成本：企业出售的产品或服务让客户难以割舍，这就让企业拥有了定价权，例如苹果手机等。例如，立讯精密作为代工厂没有品牌，但是由于苹果对供应链的稳定有要求，因而立讯精密对于苹果而言存在较高的转换成本。

（3）网络优势：有些幸运的公司还可以受益于网络效应，这是一种非常强大的经济"护城河"，它可以把竞争对手长期地拒之门外。抖音、微信、微软Office都是这个类型。除了锁定用户，网络效应往往还具有边际效益递增的特点。网络效应往往能在行业竞争中产生赢家通吃的效果。

（4）成本优势：有些企业通过流程、地理位置、经营规模、商业模式或特有资产，形成成本优势，这就让它们能以低于竞争对手的价格出售产品或服务。例如，汽车企业的核心是规模效应，由于初始固定资产投资规模大，一旦产量超过产量临界点，企业盈利能力就会大增。又比如亚马逊的飞轮理论模型是通过客户规模与供应商规模的飞轮互动，让供应商实现规模经济，以更低的成本为客户提供更低的产品价格。客户对低价的追求让飞轮转动，带来进一步的规模成本价格传导，形成竞争优势。亚马逊的飞轮理论模型并不新鲜，其本质是现代工业规模经济在互联网环境中的复现。最典型的如 20 世纪初福特 T 型车的价格下降带来销量上升，需求上升带来更大规模的产量，导致成本继续下降，下降的成本继续驱动价格下降并进一步刺激需求，良性循环由此建立起来。

当然，成功企业构筑的"护城河"可能是多种维度的，可以是上述 4 种"护城河"的组合，也可以是进入壁垒和效率优势的混合体。例如 2023 年年初，特斯拉率先发动价格战，底气就在于其成本优势。特斯拉的成本优势本质上是规模化生产带来的单车边际成本下降，即规模效应。为实现规模效应，特斯拉在产品技术创新、制造流程创新和商业模式上都做出了颠覆性的突破。传统上，汽车产业链末端的整车企业在产品技术创新方面依赖一级系统供应商，而特斯拉打破了这种传统，让整车企业成为研发创新的主体，这与科技企业类似而与传统汽车产业不同。特斯拉主导了产品设计和技术创新，开创了软件定义汽车的新模式，甚至在工艺流程环节主导了新的制造技术和制造设备。特斯拉实际上重构了汽车产业链的样态，这也导致了特斯拉汽车成本的突破性降低，而这种成本优势是在短时期内较难复制的。同时，特斯拉采用直销模式而非传统汽车产业的代理经销模式，这个举措让用户变成了客户，直接与特斯拉品牌和特斯拉的服务产生互动，这种互动的结果是让特斯拉品牌逐步建立了市场影响力，形成了无形资产的"护城河"。特斯拉的智能驾驶功能也让客户形成依赖，从而提升了客户的转换成本。因而，特斯拉的"护城河"是以成本优势为核心的复合型"护城河"。

SpaceX 的成功令人瞩目，2023 年全年，SpaceX 发射的入轨载荷占全球入轨载荷的 80%，而 NASA、俄罗斯、欧洲、中国等的入轨载荷加起来只占全球入轨载荷的 20%。马斯克预计，这一占比在 2024 年将达到 90%。那么，SpaceX 的成功要素是什么？是颠覆式的技术创新吗？毕竟，我们想到火箭就会想到高科技。当然，技术在 SpaceX 很重要，但并不是最关键的。SpaceX 的成功符合商业成功的古老原则——成本优势。一旦将每千克入轨载荷的发射成本大幅降低，企业就将获得巨大的竞争优势，并为很多原来不可行的商业模式打开通途。SpaceX 的低成本来自两个方面：降低制造成本和重复使用。SpaceX 抛弃传统航天业高精尖定制化的制造模式，代以工业流水线标准品的思路。最终，一枚全新的猎鹰 9 号火箭的成本大约能降到 5000 万美元，比市场同类型产品的造价低 30%~50%。另一个降低成本的方法来源于古老的商业原型——重复使用。打个比方，2024 年年初我们买一张从上海到美国洛杉矶的经济舱机票不过 5000 元人民币，而一架波音 777 飞机的售价在 3.1 亿美元左右。如果这架波音 777 从上海到洛杉矶只能飞一次，那么 3.1 亿美元的造价就要摊到每个乘客头上。即使不考虑燃油、飞行员、乘务组等运营成本，机票价格也将超过 500 万元人民币。5000 元与 500 万元的差距，就在于一个原因：飞机是可以重复使用的。在 SpaceX 之前，入轨载荷火箭都是一次性的，所以发射成本一直非常高。SpaceX 的本质突破就在于火箭的重复使用，这一举措大大降低了发射成本。同时，由于低成本优势让 SpaceX 吸引了更多的客户，规模效应的威力也得到体现。

布鲁斯·格林沃尔德教授指出，竞争性市场经济始终面临商业周期。生命周期理论和第二曲线模型也是商学院喜爱的工具。生命周期理论将企业的生命周期比喻为生物的生命周期，我们都是人，因而特别能体会人的生命周期——出生、成长、成熟、衰老、死亡。任何企业和单一的业务都会经历跟人一样的生命周期。本杰明·格雷厄姆在著名的《证券分析》第一版的扉页上引用了贺拉斯的诗句："现在备受青睐者，将来却可能日渐衰朽。"因而企业要基业长青，需要发展第二曲线、第三曲线。例如"白电双雄"格力和美的，10 多年前都以生产空调为主，收入上千亿，格力在收入和利润方面都领先美的。10 多年过去，格力和美的的空调规模相差不大，美的略超格力。但是美的的第二曲线消费电器发展迅猛，收入量级堪比空调，等于再造了一个美的；第三曲线智能制造在收购德国机器人领先企业库卡后，经历几年的整合阵痛，也正逐步发力。反观格力电器，仍然主打空调，第二曲线曾经尝试手机、锂电池、智能制造等，但无一形成规模，因而10多年后，美的的市值已经是格力的2倍左右。

经济周期理论是常用的故事原型，也是人们理解经济发展的经典模型，例如我们耳熟能详的周金涛名言"人生就是一场康波"。"康波"是俄国经济学家康德拉季耶夫提出的经济周期理论，他认为经济以50~60年为一个长波周期，不断循环，反复经历繁荣、衰退、萧条和复苏。周期理论或模型的实质，是人类对经济活动的一种认知，大体可以总结为：经济有规律，周期是客观的，可以被我们认识；我们要做的是判断我们在周期的哪一个位置上，从这个位置往过去看可以验证理论，往未来看可以预测未来或做好迎接未来的准备。在资本市场谈论周期，我推荐瑞·达利欧的《原则：应对变化中的世界秩序》和霍华德·马克斯的《周期》，两位投资大咖从不同视角，用不同方法阐述了他们眼中的周期模型，两者都是非常好用的周期故事原型。

从微观视角来看，在资本市场，有些行业被归类为周期性行业，例如有色金属、生猪养殖等。这些行业处于供需失衡的周期性震荡中。例如生猪养殖，猪肉价格随着供求关系的变化，会出现周期性波动。2023年供大于求，过剩产能尚未出清，所有养殖户都在赔本，直到有人坚持不下去，破产退出，产能减少到与市场需求平衡甚至大大低于市场需求。此时供需反转，需大于供，价格上涨，生猪养殖进入盈利阶段，可能还会大赚特赚。于是市场外的"玩家"纷纷入场，增加产能，直到供需再次失衡，进入周期下一阶段。从供需周期的角度可以观察很多行业和企业的兴衰。例如2023年下半年，光伏行业出现严重产能过剩，价格战频发，开工率下降到50%左右，出现类似生猪养殖产能过剩时的情况，要出清过剩产能才能恢复供需平衡，进入周期下一阶段。但是生猪需求大体固定，而光伏是新能源，是未来，需求增长是可以预期的，技术进步会淘汰落后产能，同时过剩产能也是可以被新需求逐步消化的，这是光伏行业周期与生猪养殖周期存在的本质差异。

另一个常用的故事原型是创新与企业家精神。成功企业家是对未来下注的人，他们看到了别人看不到的东西，并充分利用了自己的洞察。风险不确定性在创新中是不可能被完全消除的，只能逐步转为确定性。创新是商业故事永恒的主题，商业世界就是在创新中进步发展的。企业家是创新的主体，其作用在于创造性地破坏市场平衡，将资源从生产力和产出较低的领域转移到较高的领域。

讲一个马斯克与压铸机的故事。2018年年底，马斯克坐在特斯拉工程总部的办公桌前，把玩着Model S的玩具模型，发现整个车底被压铸成了一整块金属。在当天的工程会议上，马斯克拿出这辆玩具车问："为什么我们不能这样做？"一位工程师指出了一个显而易见的问题：真车的底盘太大了，地球上没有压铸机可以压这么大的东西。马斯克对这个答案并不满意："不就是搞一台更大的压铸机吗？"马斯克和特斯拉的高管们给全球最好的6家压铸机公司打电话说了自己的主意，其中5家拒绝了。一位知情人士称，一些压铸机公司没信心造这么大的机器，且认为马斯克肯定会失败。只有意德拉集团接受了挑战，同意打造几款非常大的机器，为Model Y生产整个底盘。这些机器将熔化的铝注入冷铸模具，在短短80秒内就能直接将整个底盘"和盘托出"，而过去生产一个底盘，需要将100多个零部件焊接、铆接或者粘合在一起，带来的问题就是容易出现缝隙、响声和泄漏。马斯克说："工艺流程的变革让底盘从非常棘手的一个大麻烦，变成了一个铸造过程极其便宜、简单、快速的东西。"[1]

---

1 沃尔特·艾萨克森. 埃隆·马斯克传[M]. 孙思远，刘家琦，译. 北京：中信出版集团，2023：321.

本章小结

- 最基本的故事结构是三幕剧结构,包括开始、发展和结局。五部分故事结构包括:激励事件、进展纠葛、危机、高潮、结局。

- 商业故事有五个核心要素:冲突是主线,情节是生命,人物是灵魂,事实是基础,数字是旗帜。

- 在商业故事中要加入原型要素。一旦人们在你的故事中识别出原型,自然会产生与故事原型匹配的理解和期望。原型代表着规律,它来自商业经验、经济学和管理学,实际上是回答两个问题。第一个,像谁?第二个,成功来自哪里?

02
从逻辑到方法：如何构建一个好的商业故事

第四章 让你舌灿莲花的底层逻辑

本章导读：

故事好不好，听众说了算。例如在企业价值传播的场景中，好的故事能让听众认可传播的价值。价值来自听众内心的感受，企业价值传播就是要在听众心中播下种子，浇水灌溉，最后让听众认识到企业的价值，而这一切只能通过人的认知来实现。所以，理解人类认知的规律是成功的企业价值传播的底层逻辑。本章我将把我在价值传播实践中领悟到的认知规律呈现给你。理解人类认知的金钥匙，是人类思维的双系统理论。我总结的认知定律有三条：第一，认知框架决定认知内容；第二，先有结论再来证实；第三，寻求简单因果关系。认知定律是本书最重要的部分，其他内容都是思维双系统理论及人类三条认知定律的发展和应用。

第一节 认知框架决定认知内容

彼得·德鲁克说:"当认知发生变化时,事实本身并没有发生改变,但它们的意义已经改变了。"[1]

认知第一定律有三个层次:

第一层:认知结构主导认知内容。外界信息是怎样变成我们的主观认知的?答案是通过我们的认知工具——大脑。大脑的运作特点主导了我们的认知内容。人类思维双系统理论是理解大脑运作的金钥匙。

第二层:主体经历决定认知内容。不同的认知主体、个人成长和教育经历,会形成不同的认知框架,这些认知框架决定了外界信息会在我们脑中形成什么样的观点。我们的经历搭建了事实与观点之间的桥梁。

第三层:信息展现形式影响认知内容。由于人类认知特点,内容的展现形式会对我们形成观点产生微妙的影响。

认知结构主导认知内容

我们先讲三个小故事。

第一个故事是"洞穴之喻"。

柏拉图的《理想国》里有一个这样的故事,后世称为洞穴之喻。

苏格拉底给学生讲了一个寓言故事:有一个地方,有一群人一出生,头、手、脚就被固定在一个洞穴里的矮墙前,动弹不得,终生只能看着前面的洞壁。洞口生着一团火,火光将矮墙后面发生事情的影子影

---

[1] 彼得·德鲁克. 创新与企业家精神[M]. 蔡文燕,译. 北京:机械工业出版社,2018:124.

影绰绰地投射在洞壁上。这些人也就只能看见这些影子。矮墙后面有一些人，举着些器物走过，这些器物的影子就映在了洞壁上。

苏格拉底问学生：如果是这样，你说这些可怜的人，是不是只能看到这些影子。学生答：是的老师，故事就是这样。苏格拉底又问：那这些人是不是就会认为世界就是如此这般。学生答：自然是的，老师，他们只能看到这些影子，这就是他们的全部世界。至于这些影子背后还有什么，他们是不会知道的。苏格拉底又说：后来这些可怜的人中有个人挣脱了束缚，跑到了洞外，发现外面别有洞天，原来他们看见的影子并不是真实的世界。这个人回到洞穴里，告诉其他人，真相不是他们看见的这样。你说其他人会有什么反应，会相信他吗？学生回答：老师，他们肯定不会相信他，他们只看到了影子，他们认为影子才是真实的世界，至于那个人，不是疯子就是骗子。

"洞穴之喻"说的是人类认知的真相。我们只能看到洞壁上的影子，而真实的世界隐藏于后。我们的认知不是像一面镜子直接原样反射这个世界，而是通过我们的认知系统，包括知觉系统和思维系统，将外界杂乱的信号与刺激整理成为我们眼前熟悉的世界。

第二个故事是"缸中之脑"。

"缸中之脑"是一个著名思想实验，由哲学家希拉里·普特南在《理性、真理与历史》一书中提出。

思想实验假设：人所体验到的一切，包括我们看到的、听到的、闻到的、尝到的、触摸到的，最终都需要转化成一种生物电信号传输到大脑。通过这些生物电信号，我们才能意识到外界的一切。

现在假设有一个疯子将一个人的大脑从人体中取出，放入一个装有营养液的缸里维持着它的生理活性。超级计算机通过神经末梢向大脑传递和原来一样的各种神经电信号，并对大脑发出的信号给予和平时一样的信号反馈。大脑体验到的世界其实是计算机制造的一种虚拟现实。此时，大脑能否意识到自己生活在虚拟现实之中？

这个思想实验向我们揭示：我们体验到的世界，实际上是世界给予大脑信号刺激，再由我们的大脑将外部刺激转换成我们对世界的认知。

第三个故事是"心与物"。

> 王阳明先生和朋友来到一处山谷中。朋友指着山谷中盛开的花说："守仁兄，你不是说心外无物吗？你看咱们两个没来这里之前，这花不也好好地在这里盛开吗？难道这也能说是你的心让它开花了？"王阳明笑道："你不看此花时，此花与你同归于寂；你来看此花时，此花颜色就一时明亮起来。"

王阳明先生的这个有关认知的故事蕴含着独特的中国智慧：**客观世界并不独立于我们存在，反而是因我们而存在的**。这是因为我们所知觉的、认识的外部世界，是我们的心与外部世界的结合。如果没有我们的心，也就不存在我们认知意义上的外部世界，所谓心物一元。孟子曰："万物皆备于我矣，反身而诚，乐莫大焉。"

上面三个小故事是中西智慧对认知的理解的交汇。核心在于一点：外部世界并不会像镜子般反射进入我们的认知，而是要通过我们认知体系的加工建构，才能变成我们所认识的世界。

我们认识世界的唯一工具，从生理上讲是大脑，因而大脑这一工具的特点也就成为我们认识世界的特点。

要理解大脑这一认知工具的特点，最有用的理论是大脑双系统理论。这一理论认为人类大脑有两套同时并存的运作机制：直觉系统（S1，也称感性系统、快系统）与理性系统（S2，也称慢系统）。

从一个小故事讲起。

一年春暖花开，我应邀给一个培训班讲课，地点安排在一个风景区的酒店，周围群山环抱，风景如画，很适合散步。不过主办方告诫我不要往山上树林深处走，有蛇。我从小就怕蛇，听着心惊，也就没敢走远，绕着酒店马路走了一圈就回房间了。我打开房门，正准备插卡取电，余光猛然注意到地板上有个长条形的物体，似乎还在蠕动。我一下子跳到门外，心跳到了嗓子眼儿，就差大喊了。定了定神，借着走廊的灯光再看一眼，原来是我的领带掉在了地上。

在意识到这是蛇之前，我的身体就已经行动起来，肾上腺素加速分泌，心脏加速跳动，将血液送往各处肌肉，准备战斗或者逃跑。这一切都在我意识到这是蛇之前发生。蛇是哺乳动物的天敌，在人类大脑底层早已封装了应对这种天敌的自动反应系统。随后，我的意识——我引以为傲的理性思维，才慢慢启动，做出进一步查看是不是危险的行动。

双系统理论由心理学家基思·斯坦诺维奇和理查德·韦斯特在1999年提出，随后大批心理学家投入研究。双系统理论认为，大脑在运作时存在两种不同的认知，它们拥有不同功能，具备不同的优势和劣势。据统计，不同学者对双系统有23种不同的表述方式。[1] 认知心理学家丹尼尔·卡尼曼在畅销书《思考，快与慢》中普及了"快系统"和"慢系统"的双系统概念。

快系统（S1）就是自动反应的直觉系统。这个系统一直自动地、默默地发挥作用，不需要意识调动。也就是说，被动、无意识，是我们直觉思维的默认选项。这些默认的自动反应，大部分是先天的、内嵌在基因中的，也有少量是后天

---

1 基思·斯坦诺维奇.机器人叛乱：在达尔文时代找到意义[M].吴宝沛，译.北京：机械工业出版社，2015：37.

训练习得的。自动反应并不会出现在我们的意识中，而是以身体和情绪反应的形式出现。例如我看到酒店地板上带状物体的直觉反应，既有身体的反应，如心跳加快、冒冷汗、跳开，也有情绪的反应，如紧张、惊慌、恐惧。

慢系统（S2） 是理性思维系统，是我们思维主动、有意识与理性的部分，所有出现在我们意识中的都是S2。S2不是默认选项，需要我们主动调动，消耗更多的能量才能发挥作用。在现实中，S1首先反应，始终在线；S2反应缓慢，有时启动，负责对S1的确认、解释、纠偏。

大脑双系统并不是说我们大脑中装着两块中央处理器（CPU），而是说我们的思维有两种不同的运作机制同时在发挥作用。脑科学研究显示，这两种机制具有生理学基础，自动处理起源于大脑进化较早的部分，包括脑干、小脑、基底神经节和杏仁核等，理性思维则运作于后期进化出来的前额皮层。

麻省理工学院教授迈克斯·泰格马克在《生命3.0》中指出，"心理学家早就知道人类可以无意识地执行各种各样的任务和行为，从眨眼反射到呼吸、伸手、抓住物体和保持平衡。通常情况下，你能意识到你做了什么，但不知道你是如何做到的。然而，涉及陌生环境、自我控制、复杂逻辑规则、抽象推理或语言操纵的行为则往往是有意识的。它们被称为'意识的行为关联'（behavioral correlates of consciousness），与心理学家所谓的'系统2'密切相关。人们还知道，你可以通过大量的练习，将许多例行公事转化为无意识的行为，例如步行、游泳、骑自行车、开车、打字、刮胡子、绑鞋带、玩电脑游戏和弹钢琴。事实上，众所周知，当某个领域的专家处于'心流'状态时，他们就能更好地完成自己擅长的事情。此时，他们只会意识到高层级的事情，而对低层级的细节毫无意识。"[1]

简单地说，自动反应包括两部分：一部分是基因决定的，也就是先天的，例如怕蛇；另外一部分靠后天养成或者训练，例如学会游泳以后，形成自动肌肉反

---

[1] 迈克斯·泰格马克. 生命3.0[M]. 汪婕舒, 译. 杭州：浙江教育出版社，2018：386.

应，不再需要我们的意识主动关照。

要区分 S1 还是 S2 很简单，我们先来看图 4-1：

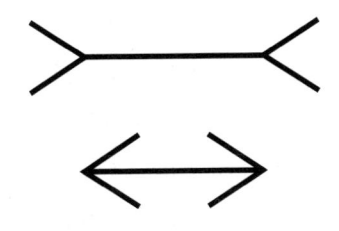

图 4-1　缪勒 - 莱耶错觉

这是著名的缪勒 - 莱耶错觉，需要我们比较中间的两条线段长度是否一样，我们肉眼观察，会觉着上面的线段比较长，但实际两条线段是一样长的。我们觉得两者不一样长，是 S1 自动发挥了作用，这种认知并不会因为我们拿尺子量了以后发现一样长这个 S2 信息而改变。在缪勒 - 莱耶错觉案例中，视觉系统会存储两条线段长度不一的信息。同样，如果我告诉你这些线段长度相同，那么在你脑中又会有以自然语言形式存储的信息。它们存储在不同的地方，由 S1 和 S2 分别使用，所以我们就会在"一样长"和"不一样长"之间来回切换。

科学家指出，我们的 S1 总是反应很快，总是会给出一个它自以为正确的答案，不过偶尔也会出错。因为 S1 是在漫长的遗传环境中形成的。在那个环境中，"总是很快但偶尔犯错"的策略要比"总是很慢但几乎是对的"要好，更具有演化适应性，具有这种特征的祖先活了下来。这种自动处理模式成了我们的演化优势。与 S1 相反，S2 并不自动，也不迅速，它处于意识中，需要时间去形成。科学家同时指出，有一些东西是无法使用 S1 处理的。

我很喜欢陈晓卿导演的《风味人间》。有次我和老婆一起看《圆桌派》，陈晓卿讲到一个好吃的东西，他用他特有的低沉柔和、富有磁性的嗓音描述着这种食物。突然，我老婆叫道："你看，陈晓卿在咽口水。"是的，尽管那种食物的美味在他的语言中还没有描述完，他的 S1 已经自动反应了，然后，我发现我也在咽口水。

《人类简史：从动物到上帝》的作者尤瓦尔·赫拉利指出，智人创造出了灿烂文化，但这并不代表智人从此就不再遵守生物法则。我们仍然是动物，我们的身体、情感和认知能力仍然由脱氧核糖核酸（DNA）所形塑。

过去几百年来，人们普遍认为人类行为主要依靠理性思维，因为我们的文化、道德、宗教都来自S2。但现代心理学和脑科学的研究指出，人类行为通常由S1和S2共同作用，而S1的作用远远超过之前的估计。

迈克斯·泰格马克教授指出："无意识的信息处理不仅是可能的，而且是一种常规现象。有证据表明，每秒从人的感觉器官进入大脑的信息大约为107比特，其中只有很小的一部分可以被我们意识到，估计只有10~50比特。这表明，有意识的信息处理过程只是大脑的冰山一角。"[1]对此，迈克尔·加扎尼加认为："事实上，我们的意识就好像是一个大公司的首席执行官在外上高尔夫球课，而其他下属正在工作。它偶尔听点儿唠叨，做个决定，然后就去晒太阳了。"[2]

我们通常会认为，企业价值传播的核心方法是说理。但是在人类行为中，S1的作用远远超出了我们的想象。S1以自动化的模式运作，遇到一些情景就会触发。S1具有心理学家所称的系统性偏差。这些偏差只要是人都具备，而且可以被预见。

举个例子，一位心理学家讲过一个他买房子的故事。由于生活环境的变化，他决定买一所新房子。买房子要考虑的因素很多，要照顾全家人的各种需求，例如上班上学的距离、房间的多少、社区环境等，还有一个很重要的因素是预算。那是一个寒冷的冬天，在他的印象中特别冷，经过一个多月令人筋疲力尽的搜索和对比，他和妻子走进了一户人家看房子，房主很贴心地给他们倒了一杯热茶。不知道怎么回事，夫妻俩很快就决定买下这所从各方面看都不是特别好而且超过他们预算的房子。后来这位心理学家回忆道："也许是那一杯热茶，触动了我们

---

[1] 迈克斯·泰格马克.生命3.0[M].汪婕舒,译.杭州：浙江教育出版社,2018：386.

[2] 迈克尔·加扎尼加.人类的荣耀：是什么让我们独一无二[M].彭雅伦,译.北京：北京联合出版公司,2016：141.

心里的什么。"

研究显示，即使在以理性思维为主的商业领域，由于管理事务纷乱繁杂，而且时间又紧张，经理人也常常依靠 S1 来管理事务。但就算最聪明的人也时常会判断错误。与 S2 相比，这些错误或者偏差更可能发生在使用 S1 时。同时，S2 将使用 S1 的信号作为输入。事实上，两个系统总是频繁交错工作，S1 起初快速的反应会被 S2 更深入的思考所修正，然而理性思维的修正并不总是有效。例如，人们明显不愿意吃盛在标签为"氰化物"的容器里的糖，即使他们亲眼看到糖被倒入容器里，并亲手写下"氰化物"标签。S1 错误地让人们避免尝试吃这种糖，甚至在经过 S2 思考后，被试者仍将试图规避自己在逻辑上了解和承认的绝对安全的事物。正是由于这种大脑思维双系统的存在，偏差会影响所有的决策。[1]

基于此，在企业价值传播中，我们强调说理的同时，还要抓住人类的直觉系统，充分利用直觉系统可以被预见的系统性偏差。后文我们将讨论创造好故事的 8 个招数。事实上，这 8 招都是人类认知的系统性偏差在企业价值传播实战中的应用。

主体经历决定认知内容

在上文中我们了解到，认知世界需要通过我们的认知工具——大脑。大脑运作自有它的规律，双系统理论是我们把握认知规律的金钥匙。

第二层，主体经历决定认知内容，是指具体个人的认知结构，受到他的人生经历和环境的限制。在《思考，快与慢》中，丹尼尔·卡尼曼举了一个例子：

> 如今，杰克和吉尔每个人都有 500 万美元财富。
>
> 而从前，杰克有 100 万美元，而吉尔有 900 万美元。

---

[1] 马克斯·巴泽曼. 管理决策中的判断[M]. 6版. 杜伟宇，李同吉，译. 北京：人民邮电出版社，2007：7.

他们如今是不是一样的高兴？（他们的财富效用相同吗？）

显然，即使没有学过心理学，我们也可以判断杰克非常高兴，而吉尔非常沮丧。其实我们知道，即使杰克现在只有200万美元，而吉尔仍有500万美元，杰克还是会比吉尔更高兴。他们过去的经历决定了他们对财富状态变化的态度。

丹尼尔·卡尼曼指出，杰克和吉尔体验到的快乐是由他们的财富变化决定的，而不是由他们现在拥有的财富数量决定的。而这个变化，是与每个人各自的参照点对比产生的，且这个参照点不是固定不变的。

根据美国心理学家阿莫斯·特沃斯基和丹尼尔·卡尼曼的研究，在日常生活中，很多种因素可以当作参照点。参照点通常是人们已经适应了的状态，有时候由社会规范和期望决定，有时候体现一定的期望水平，这个期望可以是现实的，也可以是不现实的。

在心理学中，除了现状，最常见的参照点是抱负水平，这个点为很多人界定了成功，特别是那些成就需求很高的人。[1]

参照点的存在使每个人对幸福的认知随着参照点的变化而变化。比如，小明努力工作一年，业绩比去年高了不少，老板对他赞赏有加。小明去年的年终奖是10万元，盘算着今年怎么也要有个十五六万元，打开奖金单子，里面写着有20万元奖金。小明很是高兴。回到办公室，他看到隔壁老王坐在座位上对着奖金单子发呆。小明心想老王去年做得不好，比自己差远了，看来年终奖也不咋样。这时有人喊老王，老王把单子丢在桌上就走了。小明忍不住凑过去一看，居然是25万元。这张单子犹如晴天霹雳，让他瘫坐在椅子上气得半天说不出话。小明开始的参照点是去年奖金10万元，预期参照点是十五六万元，结果拿了20万元，自然开心。可是发现业绩不如自己的老王却拿了25万元，他的参照点一下子就变成了25万元。客观事实没有变化，但小明的心情却像是坐了过山车。

---

[1] 雷德·海斯蒂，罗宾·道斯. 不确定世界的理性选择——判断与决策心理学[M]. 2版. 谢晓非，李纾，等译. 北京：人民邮电出版社，2013：279.

人生经历和社会圈层就像一副有色眼镜，决定了你看待事物的方式。每个人的认知都是通过这副眼镜观察世界得来的。

当年我做风险投资经理的时候接触过一个项目，CEO介绍完情况后，胸有成竹地告诉我们，某著名机构已经来看过了，他们会投。恰好这家机构里有我认识的朋友，我就给朋友打了个电话，问这个项目。朋友说："对，我们去看过，但不会投。"他回答得干脆利索，倒是让我有点困惑。朋友解释说，这个类型的项目他们机构之前投过，结果很失败，这么惨痛的回忆让这类项目根本不可能得到投委会的批准。

人的经历决定了他们看待世界的方式，或者说，这是他们理解世界的"范式"。

所以，我们在做企业价值传播之时一定要牢记：认知具有个人特质，主体经历决定认知内容。每个人的背景、经历不同，对同样的事实也可能会有不同的观点。所谓屁股决定大脑，这个"屁股"除了指现实立场，很多时候还指个人经历和社会认知，因此，不要寄希望于存在唯一的客观事实，而是要灵活根据对方情况选择输出内容和方式。

信息展现形式影响认知内容

企业价值传播的核心是讲商业逻辑，其特点是理性思考、内容为王、说理为主。承认内容重要性的同时，我们不能忽视内容的呈现形式。心理学家认为，对相同的内容，如果用不同的方式来展示，接收者的认知是不同的，这也被称为"框架效应"。

最著名的"框架效应"例子是"亚洲疾病案例"。

> 心理学家卡尼曼和特沃斯基做了这样一个心理学实验。实验对象被告知假想情景，假设美国正为一场来自亚洲的异常疾病做准备，这场疾

病估计会夺去600人的性命。战胜这一疾病有两种方案，假设对方案结果的准确科学估测如下，请实验对象选择最佳方案。

方案A：200人会获救。

方案B：有1/3的可能是有600人获救，有2/3的可能是一个人也救不了。

实验中，大多数人选择了方案A。

两位心理学家招募了另一批被试，假想情景一样，但对方案的说法不同：

方案C：有400人会死。

方案D：有1/3的可能是没人会死，而有2/3的可能是600人都会死。

实验中，大多数人选择了方案D。

有意思的是，方案A和C、B和D实际上是一样的，只是改变了表述方式。

理性假设下，人们做出选择是基于这个世界的现实，他们不会受陈述形式的影响，也就是内容为王。但是"亚洲疾病案例"显示，即使基于相同事实——生存和死亡人数一致，但是我们在面对不同叙事方式时，就发生了偏好逆转。

卡尼曼和特沃斯基的实验揭示了人类的一种系统性思维偏差，也就是直觉系统S1的系统性偏差——损失厌恶。当结果是正面的时候，决策者更愿意选择确定的事（他们是风险规避者）；当结果是负面的时候，他们更愿意拒绝确定的事（损失），选择赌一把（他们会冒险）。在"亚洲疾病案例"中，人们的表现就是如此。

再举个例子，从数学的角度而言，"杯子是半满的"和"杯子是半空的"这两句话没有什么差别。但是，这两种表述方式所包含的意义却完全不同。在企业创新中，杯子从"半满"转变为"半空"，可能孕育着重大的创新机遇。彼得·德鲁克在《创新与企业家精神》中讲了一个认知改变的创新故事。20世纪50年代初，美国很多人在不考虑收入或职业的情况下，认为自己是"中产阶级"，显然，这表示美国人对自己社会地位的认知已经有所改变。但是这个变化意味着什么？后来成为康涅狄格州参议员的商人威廉·本顿走出自己的办公室进行了调查。他发现，与"劳动阶级"相比，"中产阶级"意味着家长相信自己的孩子能够通过学校的学习而有所成就。于是，本顿买下了大英百科全书公司，并依靠高中老师，向那些第一代有孩子读到高中的家庭兜售百科全书。"如果你想成为中产阶级，"推销员是这样说的，"你的孩子就必须拥有一套大英百科全书，这样他才会在学校取得好成绩。"三年之内，本顿使一个濒临倒闭的公司起死回生。彼得·德鲁克指出："当认知发生变化时，事实本身并没有发生改变，但它们的意义已经改变了。决定杯子是'半满'还是'半空'的是人的心态而非事实。"

在企业价值传播中，内容（事实）很重要，但展现内容的形式也很重要，形式在很大程度上决定了人们的心态和认知，任何时候都要牢记这一点。

最后，我们用一个案例进一步加深对认知第一定律的理解。

2020年8月29日晚，已上市的乐歌人体工学科技股份有限公司（简称"乐歌"）董事长项总，在微博等多个社交渠道发文，称乐歌不欢迎平安资产管理有限责任公司（简称"平安资管"）的基金经理投资，称"年轻人功课不做，老三老四"。老三老四是宁波话，意思是自以为是。接着，平安资管的基金经理张总在社交媒体上公开回应，隔空叫阵。一时间"董事长不高兴了，怒怼投资方"的八卦消息满天飞，乐歌股价暴跌。

根据媒体报道，事情经过大概是这样：2020年8月29日，由券商分析师牵头组织了一场企业路演活动，企业方是乐歌董事长和董秘，投资方是平安资管的投资团队，负责人是基金经理张总，形式是线上视频会议。路演流程如下：乐歌由董秘开场，然后乐歌董事长介绍公司情况，最后平安资管方面提问。但董事长听到平安资管方面的问题时非常生气，认为对方的提问没有准备，不尊重人，当场摔门而去。董事长回去后越想越生气，晚上就在个人微博上发出了不欢迎平安资管的基金经理投资的信息，引起轩然大波。

从后来双方多次发言中可以还原出现场的情况可能是这样的：当时，平安资管没开视频，而乐歌开了，乐歌董事长感到不被尊重。董事长讲完以后，对方问了几个问题，董事长认为问出这样的问题是对公司没研究、没准备，而且相关情况他已经讲过了，对方根本没听，故而很生气。

这是一个非常典型的企业价值传播场景：上市公司经常要与市场主流投资机构沟通交流，帮助市场理解企业价值。但是显然，乐歌这次企业价值传播工作非常失败。问题出在哪里？

我们用认知第一定律来解读一下。

董事长当场闹情绪的原因有两个：第一，对方没开视频；第二，他辛苦介绍以后，又被问了他已经讲过的问题。

遇到这样的情况，董事长必然会产生不良情绪。这是大脑直觉系统的自动反应。

我做董秘时，在路演中经常遇到类似的情况。我面对的往往是几个人，极端情况只有一个人。我卖力演讲，讲得唾沫横飞，而对方摆弄电脑、看手机，可能根本没在听。更有甚者，我辛苦讲了一个小时，对方根本没听，等我讲完又来问我已经讲过的事情。这时，情绪一下子上来是人之常情。

早年我以为是自己修养不到位，实际上，这是认知第一定律的第一层决定的。你看到对方漫不经心的态度，S1 自动运作，触发了情绪。理解这一点之后，我会在路演开始之前做好预案：如果对方注意听，我会看着对方眼睛讲，这样有情感交流，效率高；如果对方没有听，在看电脑或者玩手机，我就扭头不看他，看着我的 PPT 自己讲。这样，对方的态度就不会传导到我的 S1。

认知第一定律的第三层是信息展现形式影响认知内容。回到乐歌案例，在一个视频会议里，我开着视频而对方没开，这种不被尊重的感觉是很强烈的。所以，在安排视频会议的时候一定要先商量好，是所有人都开视频还是都不开；或者我们想象一下，如果这是现场会议，也许冲突就不会发生了。所以，形式很重要，不能忽略。

乐歌董事长不高兴的另一个原因是觉着对方问了他讲过的问题。这涉及认知第一定律的第二层，主体经历决定认知内容。我们可以设想，同样的情况，如果是董秘来交流，通常就不会产生误解。因为董秘的人设和社会认知决定了其在机构投资者面前会主动保持一个较低的姿态。在这种预期下，对方的问题即便不够尊重，董秘通常也能控制住情绪。企业老板的经历和认知与董秘的不一样，于是就容易出问题。所以我常说，董秘的很多工作是要管理好董事长，路演时董事长最好不要出席；如果一定要出席，董事长最好不发言或者少发言，由董秘全程介绍和回答问题。

第二节　先有结论再来证实

潜意识

在上一节里，我们了解了双系统思维理论是理解人类认知工具——大脑——的金钥匙。

传统上，我们认为对世界的认知大多数来自理性思维，但现代心理学研究显示，S1 的作用远远超出了我们的想象。大多数判断和认知首先产生于 S1，人们只是在之后才通过 S2 来意识到这些，并在不经意间对这些 S1 判断进行解释和论证。

从大脑运作机制上，这一现象很好理解。S1 速度快、场景触发、自动反应；S2 速度慢，在 S1 已经得出结论后，S2 才慢慢启动。所以大多数情况下，S1 先得出结论，S2 再来解释、证实或者修正。但是直觉在我们的意识范围之外，所以 S1 的结论并不会出现在意识里，仅仅以生理方式例如情绪来表达，因而我们通常会错误理解两者关系。

英国曼彻斯特大学心理学系进行过一个有趣的实验。心理学系有一个茶水间，放有咖啡机、茶水和茶点。这些不是免费提供的，但没有人收费，也并没有张贴收费标准。教职工和学生都可以来茶水间享用咖啡和茶水、茶点，根据消费情况将自己认为合理的费用放入一个收费箱。行政人员定期补充饮品、食物，每周定期清空收费箱。这是一种自助方式，并不罕见。奇特的是，咖啡机后面挂着一张海报。海报的内容有两种，一种是花卉，另一种是人像，每周交替更换。

实验结果非常有趣：海报有人像的那一周里，收费箱收到的钱明显增加，而有花卉的那一周里收到的钱明显减少，呈现交替变化的情况。

丹尼尔·卡尼曼指出："人们完全不知情，没有人知道海报意味着什么。海报上是人的眼睛，这些眼睛就是符号，代表有人在看着你，因此产生了效应，人们支付了更多的费用。"[1] 现在你已经认识了自己身体中的那个陌生人，它也许在很多事情上都会为你做主，尽管你几乎从未察觉到它的存在。S1 带给你的各种印象经常会变成你的信念，成为你做出选择、展开行动的源泉。[2] 但是这一切都在意识之外。有意识的 S2 不了解 S1，因为 S1 是潜意识。很多时候潜意识收到了外界信号，唤醒了相应的 S1，我们随之改变行为或者观点，但是我们自己也就是有意识的 S2 并没有意识到这一点。又或者，潜意识有一种主张或者倾向，我们的意识思维并不了解这一点，甚至认为自己没有这种倾向。

模块化的大脑

我曾经徒手打苍蝇，根本打不着。有人解释，苍蝇之所以反应比你快，是因为它个头比你小，信息在它的眼睛、神经和肌肉之间传递的时间比你的短很多。按这种逻辑，我们想象一下体型巨大的腕龙，腕龙的大脑到尾巴有十几米，按照神经传导速度计算，如果我们把它的尾巴尖砍下来，等信号传导至腕龙大脑，它意识到并回过头来看，已经过了几十秒，我们早已跑远了。但如果真的穿越回侏罗纪，我可不建议你这么干。因为生物的神经系统并不是这样运作的。上面那种解释把生物的活动想象成所有信号先回到 CPU 处理，再传输回肢体采取动作。相反，生物神经系统更像一个分布式网络，大脑只处理极少部分信息，绝大部分由网络的其他部分自行处理。例如我去砍腕龙的尾巴时，可能在几毫秒间，腕龙尾巴一甩就把我打飞了。就如同我们徒手打不到的苍蝇突然冲向我们的眼睛时，我们会在千钧一发之际闭上眼睛。这一过程不需要大脑指挥我们的眼睑，即这个

---

[1] 约翰·布罗克曼.思维：关于决策、问题解决与预测的新科学[M].李慧中，祝锦杰，译.杭州：浙江人民出版社，2018：87.

[2] 丹尼尔·卡尼曼.思考，快与慢[M].胡晓姣，李爱民，何梦莹，译.北京：中信出版集团，2012：42.

动作并不需要我们有意识的思维。

科学家发现，大型、复杂而行动缓慢的生物的大脑，通常会将信息处理过程组织成等级化的模块，以此来解决神经传导迟缓造成的问题。正如我眨眼的反射速度非常快，只需通过一个很小、很简单的回路来实现，并不涉及大脑的大部分区域。

科学家认为，我们的大脑本身也是一个去中心化的模块网络。认知神经科学之父迈克尔·加扎尼加在《谁说了算？：自由意志的心理学解读》一书中指出，人类大脑是去中心化的大个头，因为连接密度低，逼得大脑进行专业分工，创建局部回路，实现自动化。局部回路可以比喻为功能模块。最终，大脑有了数以千计的模块，每个模块都有特定功能。我们有意识知觉的部分，仅仅是无意识处理这座庞大冰山上的一个小角。在知觉水平面之下，是极为繁忙的无意识大脑在辛苦工作。不难想象，大脑要持续进行内务管理工作，才能维持自我平衡机制（比如心脏跳动、肺部呼吸、体温）的正常运行。

但是，这和我们的直觉很不一样。我们没有感受到这些模块，而是觉得"我"是一个整体——我就是我。一方面，我们都知道（有意识地）我们大部分的处理过程都是无意识、自动化进行的；另一方面，如此多的复杂系统在潜意识底下以多样化、分散化的方式运作，我们为什么仍然感觉身心合一？如果说有很多模块在一起工作，我们应该会感到众声喧哗才对。人们想到的最简单的解释是：有个"中央处理器"在指挥一切。

"我"的诞生

科学家发现，人类左半脑有一个模块，负责吸收所有输入大脑的信息并建构叙述，我们称之为"解释模块"。这个模块主导了我们的有意识思维。

最早揭示大脑这一特性的是关于裂脑病人的研究。大脑生理结构显示，大脑分为左半球和右半球两个独立的组织，左右两个大脑半球之间由一个名为胼胝

（pián zhī）体的组织相连。胼胝体约由 2 亿神经纤维组成，胼胝体以每秒 40 亿个神经脉冲的速度在两半球之间传递信息，保证左右两个大脑半球在功能上的统一。有一些病人由于后天疾病或者外伤导致胼胝体中断，也有一些为了治疗癫痫而通过手术切断了胼胝体，这样的病人被称为裂脑人。

脑科学研究显示，大脑不同部位具备不同的功能，例如语言中枢在左脑，同时左脑控制着右眼输入的视觉信号和右半部躯体的活动；右脑没有语言中枢，但是控制着左眼输入的视觉信号和左半部躯体的活动。大脑两半球由胼胝体负责沟通，裂脑患者的胼胝体中断，左右脑无法联系，也就不能知道对方在干什么，这就为研究大脑认知打开了一扇窗户。最早开展裂脑病人研究的是 1981 年诺贝尔生理学或医学奖获得者罗杰·斯佩里。迈克尔·加扎尼加曾经是斯佩里的学生。

加扎尼加有一个非常著名的实验，我把它称为"鸡爪实验"，几乎所有涉及认知科学的书都会讲到这个实验。一位代号 P.S 的病人为治疗癫痫接受了胼胝体断开手术，成为裂脑人，加扎尼加和他的研究伙伴向 P.S 的左右视野分别展示不同的图片，让他在另一堆图片中找出与看到的图片匹配的图，并解释原因。首先，他们向 P.S 的左视野也就是大脑右半球呈现一幅雪景。右半球管左手，P.S 的左手在备选图片中选择了一张铁锹的图。接着，他们向 P.S 的右视野也就是大脑左半球呈现一幅鸡的图片。左半球管右手，P.S 的右手选择了一张鸡爪的图。此时加扎尼加问 P.S 为何做出这两个选择。P.S 说，鸡和鸡爪相关，接着，他注意到自己的左手选择了铁锹，就接着解释，需要一把铁锹来清理鸡舍的鸡粪。没错！右半球因为雪景选择了铁锹，而由于胼胝体断开，左半球并不知道右边的"兄弟"为何选择铁锹，但它没有说"不知道"，而是根据自己掌握的信息——鸡、鸡爪，编了一个解释：鸡舍有鸡粪，所以需要铁锹来清理。由此我们知道，位于左脑的"解释器"并不了解其他模块的一些信息，或者不完全了解，但是它自己并不知道这一点。它仅仅综合已知的信息，给出一个它认为合理的解释。这个解释赋予我们行为和生活的意义，使我们保持自我叙述的连续性和完整性。由此，"我"诞生了。

人类意识的建构性质

科学家认为，负责寻找事件发生模式的神经处理过程位于大脑的左半球。人类喜欢从混乱中寻找秩序，把所有事情都编成故事，放进背景当中，这全是左半脑在起作用。即便看到了全无模式存在的证据，左半脑也有着强大的动力对世界的结构做出假设。为什么我们会拥有这样一套有损准确性的系统？答案是进化所得。外部世界的模式大多数时候是可识别的，有确定的成因，找到了因果就能带给我们优势，因而假设因果模式的存在具有进化适应优势。

左半脑的"解释器"竭力推断因果，不断地利用当前的认知状态得到输入，并从周围环境得到线索来解释世界。"解释器"也会编造事件。科学家发现，事实很重要，但并非必需。只要第一个合乎情理的解释能说明问题，人们就会采纳它。信息处理过程类似向左半脑的"解释器"展现一团乱麻一般的信息，"解释器"则力争从中创造出秩序。通过左半脑的解释过程，我们接受输入，将之整合成一个合理的故事，再将它输出。

既然我们的大脑是由无数个模块构成的，为什么我们又总有一种"完整而统一"的感觉？我们不曾听见自己身体里有上千个声音同时吵闹，相反，我们的体验是统一的。意识流轻松自然地从这一刻涌向下一刻，并有着独立、统一而连贯的叙述。我们的体验统一来自"解释器"，它对我们的感觉、记忆、行动及其之间的关系构建解释，把我们意识体验的不同方面整合成有机的整体，从混乱中创造出秩序。"解释器"为人类所独有，而且专属左半脑。左半脑不断解释突然出现在意识中的信息片段，这是一种事后合理化的过程。可见，大脑的"解释器"机制非常重要，它帮助我们理解人类的认知特点。

心理学家罗伯特·扎荣茨教授指出，偏好无须推断。也就是说，情绪的唤醒以及基于情绪的选择通常无可避免地先于任何有意识的分析。

心理学家准备了5双丝袜，并排摆放，请实验对象在5双丝袜中选择一双自己最喜欢的。被试选择以后，会被问"为何选择这一双？"被试通常会回答因为颜色、质地、材质、光泽等，他们以丝袜的物理特质作为他们选择的理由。实际上这5双丝袜是完全一样的，肉眼根本无法分辨差别。有意思的是，实验对象通常会选择最右边的一双。

"丝袜实验"中，被试实际无法解释其行动，因为解释模块没有获得相关信息，但它根据现有信息编了一个解释。换句话说，大脑中负责解释的模块并不了解全部或者全局信息，这个解释模块并不是所有信息的交会处，它只是众多专业功能模块中的一个，它的专业功能是解释意义和语言表达。虽然负责解释的模块对很多信息并不了解，但是它仍然要根据现有的信息对"我"的行为做出解释、给出意义，维持完整的叙事自我，类似"鸡爪实验"中左脑并不知道右脑看到了雪景，但仍然要为右脑选择铁锹做出解释。从这个角度来看，"解释器"很像是我们的新闻发言人，它只是一个公关代表而不是中央处理器，它仅仅根据获得的有限信息阐释我们行为的意义。

心理学家指出，我们对某些人、某些情景或者某些商品会有一种简单的"本能反应"，但是我们无法对其进行有意识、审慎的解释，也许有时还会抗拒解释。就像当你被问及一本书或者一部电影时，你能立即反应过来自己是否喜欢它，却很难回忆起其中的任何特定情节来解释自己对它的评价。

道德认知

道德认知是理性成分多还是感性成分多？直觉上，我总是认为道德是一种理性思考。但是心理学家乔纳森·海特认为道德实际上也根植于S1的道德直觉。他有两本著名的书——《象与骑象人：幸福的假设》和《正义之心：为什么人们总是坚持"我对你错"》，其中大部分讲的就是这个问题。

《正义之心：为什么人们总是坚持"我对你错"》中提到了一个心理学实验。

情景：茱莉和马克是一对姐弟，他们在大学暑假期间一起去法国旅行。一天晚上，两个人单独待在海边的一间小屋里，觉得尝试做爱会很有趣，至少对两人来说都是全新的体验。茱莉已经服用过避孕药，但为保险起见，马克还是使用了安全套。他们都很享受，不过决定以后不再尝试。他们将那一晚作为两人之间特殊的秘密，这让他们觉得彼此之间更亲密了。

问题：他们发生性关系是错误的吗？几乎全部受访对象都回答：这是错的。这与直觉相符，兄妹乱伦，现代人理应都反对。不过这一步不是实验，实验目的是确认这个认知是怎么来的，是理性思考还是感性直觉。

下面是一个典型调查对话：

实验人：你对此怎么看的，茱莉和马克发生性关系是错的吗？

受访对象：对，我觉得大错特错。你知道，我有严肃的宗教信仰，觉得乱伦无论如何都是错的。但是，我不知道。

实验人：你是说，不知道乱伦到底错在哪里，是吗？

受访对象：呃，这整个观念，这个，我听说——我甚至不知道这是不是真的。但在这件事里，如果女孩怀孕了，孩子会是畸形儿，多数情况下都会如此。

实验人：但他们用了安全套，吃了避孕药……

受访对象：哦，对。对哦，你确实说过这个。

实验人：所以他们不可能有孩子。

受访对象：呃，我想最保险的避孕方式还是禁欲，但是，嗯，呃……嗯，我不知道，我就是觉得那是错的。我不知道，你问我什么？

实验人：他们发生性关系错了吗？

受访对象：对，我认为错了。

实验人：我想要知道为什么你觉得这件事是错的。

受访对象：好的，嗯……呃……等一下，让我想想。嗯……他们多大了？

　　实验人：读大学了，20岁左右。

　　受访对象：哦，哦（看起来有些失望）。我不知道，我只是感到恶心！

　　……

　　没错，感到恶心，这是判断的关键，这是一种情绪。人天生有5种最主要的情绪：恐惧、愤怒、悲伤、快乐和厌恶。这是人类思维直觉系统自动反应的生理结果。换句话说，道德判断来自感性情感而非理性推理。我们听到乱伦故事，会感到恶心，这是S1的自动反应——人们即刻从感情上做出了道德判断。同样，看到不公平的新闻，我们立即感到愤怒，说明此时我们已经对此做出了自己的道德判断。人们做出道德判断非常迅速，道德推理几乎都是事后找理由以证明人们做出判断的合理性。在实验中，被问及为何反对时，理性思维才会启动，"解释器"开始工作，寻找证实自己判断正确的理由。

　　乔纳森·海特用大象与骑象人来比喻人类的心理可以分为两个部分：一半如同一头桀骜不驯的大象，代表着我们身上的动物本能和非理性的方面；另一半则像是一个理智的骑象人，代表着意志和理性的方面。人们常常深陷大象和骑象人的斗争旋涡不能自拔。每个人心里似乎都住着两个人，一个叫"应该"，另一个叫"想要"，这使得很多人的表现就像两个人，例如一个想要苗条身材，另一个却爱甜点。我曾经参观过一家冰箱生产企业，他们开发了一种带时间锁的冰箱，例如你可以设定晚上10点到早上6点冰箱锁住打不开，据说这种冰箱在欧美很受欢迎。其实，这就是帮助你的"应该"对付"想要"，在理智的时候锁住冰箱，因为你知道到了半夜，那个"想要"就会跑出来吃东西。又比如理性的"应该"知道所持股票企业的基本面情况，但是狂躁的市场给你一个跌停，此时，情绪化的"想要"让你斩仓出局，理性和非理性之间的交战在很大程度上决定了决策的过程和结果。我们的社会和政治判断尤其出于这种直觉，你立刻产生好感或是厌恶，然后再通过理性去寻找产生这种情绪的理由。

心理学研究显示，我们大脑存在类似照相机的曝光反应，它会把你熟悉的词汇和事物自动标识为好的、坏的、喜欢的、厌恶的。有一个心理学实验，请实验对象看一场电影，结束后赠送一瓶饮料，可以选择可乐或橘子汽水中的一种。实验对象分为两组，一组看的是正常电影，另一组将电影胶片每秒24帧画面中的1帧替换为可乐的图像。由于可乐的图像只有1帧，观看人意识不到自己看见了可乐。实验结果显示，加入可乐的图像后，选择可乐的人显著增加，说明极短时间的曝光也会对潜意识系统产生影响。而随后被问及为何选择可乐，可想而知，"解释器"又开始工作，实验对象编造出了各种选择理由。看起来，人们通常会为自己的判断找到一些看似合理的解释，并且真的认为这是他们信念的根据。从这个角度看，我们都是自己最优秀的公关，可以通过编故事给自己增添最为璀璨的光芒。

证实偏见

丹尼尔·卡尼曼指出，我们经常在判断的初期就对某个特定结论有了一种倾向性。当我们这样做时，我们让自己头脑中的快速、依赖直觉的S1思维给出结论。然后，我们要么绕过收集和整合信息的过程直接得出结论，要么转而动员S2思维进行审慎思考，找到支持我们的预判结论的论据。在这种情况下，证据就是有选择性且失真的：由于证实性偏差和期望偏差，我们倾向有选择地收集和解释证据，以支持那个我们已经相信或希望成真的结论。[1]

著名物理学家理查德·费曼指出，如果数据分析人员提前知道或者察觉到被测试的假设内容，他们的分析将更可能倾向支持这些假设。研究方法可能是客观

---

1 丹尼尔·卡尼曼，奥利维耶·西博尼，卡斯·R.桑斯坦.噪声[M].李纾，汪祚军，魏子晗，等译.杭州：浙江教育出版社，2021：204.

的，但是数据分析的具体过程很容易受到偏见的影响，这种影响甚至可能是无意识的。

讲个故事。

2012年，我参加了一次复旦校友聚餐。席间，一个小师妹问大家：你们觉着京东好还是苏宁好？小师妹正在商学院读研究生，临近毕业，在一家券商研究所实习，她的潜台词是从两家公司不同的业务模式来看未来的发展前景。当年，苏宁正如日中天，京东模式吉凶未卜，小师妹收集了大量的资料和数据，做了大量的分析，似乎两家企业各有短长。听闻此问，各位师兄师姐各抒己见。小师妹看我没说话，专门问我的意见。我笑着问："这是你老师让你做的吧？"小师妹点头。我接着问："你老师觉得京东好还是苏宁好？"小师妹说："老师觉得苏宁好，不过……"我笑了："那你就写苏宁好呗。同时，可以把你的不同意见写在最后的风险提示部分。"道理是什么？首先，这是一个工作任务，老师交代的，自然要写老师的观点；其次，这种研究报告的结论往往在浏览数据资料时在不经意间形成，本质是一种直觉判断。随后我们再根据直觉判断寻找证据，形成逻辑推理，而不是在逻辑推理中形成结论。研究报告是一个结果报告而不是推理报告，所以围绕结果组织证据是这种报告的题中之义。当然，按照正确的研究思路，证实的证据要找，证伪的证据也要找，否则就可能掉入证实偏见的陷阱。

证实偏见包括两个层次：第一层是有了主意再去收集证据证实，毕竟只要找，总能找到对你有利的证据；第二层是我们找到了证实的证据就很满意，做出"事情就是这样"的判断，而不去留意那些反面证据。

来做个题。

假设下面 3 个数字遵循某种规律排列，你的任务是分析出这一规律。

2 4 6

我看到这道题，第一反应是"偶数序列"，也就是 2n，n=1、2、3……验证一下，8、10、12 和 20、22、24 都对。但再一想，1、3、5 也对，"每次递增两个数"也就是 n+2，n=1、2、3……那么 99、101、103，5、7、9 都与 2、4、6 的规律吻合。再一想，1、2、3 也对啊。你看，证实次数再多，也没有一次证伪有用。

这个实验是心理学家 P.C. 沃森提出的，沃森事前确定的规则要宽泛许多，比如"任何 3 个递增的数字"。

"偶数序列""每次递增两个数""前两个之差等于后两个数之差"，都只是"任何 3 个递增的数字"的特例。在沃森的研究中，参与者倾向给出非常少的数字序列，而这些序列又往往与他们最终猜测的规则一致。

沃森注意到，如果参与者头脑中有了一个规律，例如"每次递增两个数"，他们就会举出证实它的例子，而不是尝试举出与他们的假设不一致的例子，他们顽固地试图证明他们编造的规律。

在《管理决策中的判断》一书中，马克斯·巴泽曼教授写道："在课堂上，我上百次地运用过这一问题，第一个自告奋勇的学生通常都会猜'每次递增两个数'，但很快就被否决掉了。第二个自告奋勇的学生通常也会很快给出一个错误答案。但是有趣的是，在这一阶段我很少能说明他们给出的序列不对。为什么？因为人们倾向寻求证实性的信息，即便证伪的信息更有效、更重要。"[1] 这被称为"证实陷阱"。

"证实陷阱"的根源在于，我们的认知模式不是并行的多方案判断模式，即

1　马克斯·巴泽曼. 管理决策中的判断[M]. 6 版. 杜伟宇，李同吉，译. 北京：人民邮电出版社，2007：41.

对一个问题或者情景，我们想出各种解决对策，然后在其中选取最优的。这是理性决策常采用的方案。在现实生活中，我们多数情况下采用的是线性判断模式。正如在一个视觉场景中，我们只能关注其中一点，在判断和评估时，我们一次只能注意到一条线索。我们从这个线索开始，找到一个较好方案深入，再根据新的信息和线索进行调整，而不是在不同方案之间比较。有了第一个结果，接下来的过程就是为这个结果找证据。而根据结果找证据时，我们往往会只看见支持的证据，忽略反面的信息。沃森实验就是这样，通常我们会先找出一个答案，然后马上找证据证实。如果证实了，就巩固了原先的结果。然而，这个证实在其他人提出的证伪面前不一定成立。

纳西姆·尼古拉斯·塔勒布指出："任何寻求证实的人都能够找到足够的证据欺骗自己和他身边的人。为了支持某一论点，大量引用已故权威的雄辩也是无知的经验主义，只要去找，你总能找到某人，他曾经说过支持你的观点的冠冕堂皇的话。"[1]

不过，这是让别人理解或者支持你的观点的重要方法。写下这些文字的时候，我也在不厌其烦地引用丹尼尔·卡尼曼、纳西姆·尼古拉斯·塔勒布、马克斯·巴泽曼的话来证明我的观点，加强可信度。因为我们都相信权威，这是我们人类的认知和理解的方式，也是偏差的一种。我们能做的就是时刻意识到我们是人，会有认知偏差。

同样，一旦你最初得到了某种认知，你就会更加注意那些与该认知相关的正面信息，忽略负面消息。人们更加注意证实信息。问题是，证实信息往往是无用的，正如我们在沃森实验中理解的：证实次数再多，作用比不上一次证伪。

最后，我们总结一下认知第二定律：先有结论再来证实。人类的大脑运作方式决定了直觉系统形成结论在前，理性系统解释在后。直觉是我们认知中最重要

---

[1] 纳西姆·尼古拉斯·塔勒布. 黑天鹅：如何应对不可预知的未来[M]. 万丹, 译. 北京：中信出版社，2008：XV.

也是最早形成的部分——我们可能一下子就有感觉了，随后理性系统会跟上，寻找证据帮助解释这种直觉判断的合理性。

从这个角度来看，企业价值传播的首要工作是营造出触动对方价值判断的情景，接着要提供合理的证据帮助对方形成完善的逻辑证实链条。

第三节　寻求简单因果关系

因果关系

在前两节，我向大家介绍了人类认知的一些特性。首先，人类认知不仅仅取决于内容，认知主体的经历和内容的展现形式都对认知起作用。其次，大脑双系统运作特点是我们理解认知的重要窗口，我们的认知大多由 S1 主导，S1 形成初步判断后，S2 自动进入理性思考求证的过程。

虽然 S1 会先于 S2 形成初步判断，但是在一些需要理性思考的场合，例如本书谈论的企业价值传播的场合，需要进一步理性思考才能做出最终判断。你通过场景触发获得对方的好感后，还需要提供一些证据，让对方能够进一步形成证实链条。问题来了，我们需要提供怎样的证据？这时我们就需要认知第三定律：寻求简单因果关系。心理学家的研究显示，人类大脑运行的方式是自动、简单的因果关系。我们求证的过程是一个自动寻找简单因果关系的过程，理解了这一点，就可以有意识地提供素材，帮助对方形成因果认知。

所谓寻求简单因果关系，可以从以下 4 个方面去理解。

第一，人类思维方式是因果律。渴望知道因果关系，是我们有别于其他生物的核心特征之一。卡尼曼指出：因果律是大脑运行的方式，它试图理解世界。获得了因果关系即获得了意义，我们据此理解世界和我们自己。只有人会不由自主地问"为什么"。好奇心的本质就是理解世界的因果关系。

第二，人类思维方式是自动因果律。大脑会自动进行选择，类似的现象发生在许多复杂行为中。大脑的自动选择造就了生物学上十分高效的感知能力。人类思维由感知系统衍生而来，因而具有感知系统的这些特性。6 个月大的婴儿就会将事件及其续发事件看作有因果关系。

第三，人类思维方式是简化因果律。就像视觉感知，在模棱两可的视觉情况下，我们感知的结果却并不模棱两可。由此，我们将世界简化了，尽管这种简化很可能是不精确的，也可能是错误的。依靠这种"近似"的感知，我们已经可以生活得很好。处理模棱两可的世界的代价太大了，这些错误反而使我们更高效。

第四，故事是表达因果律的普遍形式。因果关系是我们认知世界的方式，如果你需要将你的认知表达出来，传递给别人，最为普遍的方式是讲故事，故事本身就是以因果关系内核呈现内容的方式。

讲个关于因果关系的故事。一群大城市的学生第一次到农村，看什么都很新鲜。路边有一群牛，有的有角，有的没角。一个学生就指着一头牛问站在一旁的农民："大叔，请问为什么这头牛没有角？"农民大叔看看那头牛，又看了看学生说："牛没有角的原因很多，有的天生就没有角，有的生病角掉了，有的打架把角顶掉了。至于你指的这头牛为什么没角，那是因为它是一头驴。"

谜之因果

因果关系在人类思维中，最主要的特征是一个现象发生在前，一个现象发生在后。行为主义心理学大师伯尔赫斯·弗雷德里克·斯金纳拿鸽子做实验。喂食鸽子的方式是随机的，但是碰巧有的鸽子对着某个角落点头的时候，食物出现了。在这种情况下，鸽子很有可能会在下次重复这个动作。逐渐地，鸽子就形成了一种行为模式：向某个特定角落点头以获取食物。从斯金纳的角度看，喂食和鸽子做什么完全无关；但是鸽子将点头动作与获取食物建立了因果关系。

人有时和鸽子也差不多。多年前我和太太去埃及旅游，其中一站是红海之滨的一个度假酒店。房间在一楼，窗外有一个漂亮的花园。第二天早上我拉开窗帘，阳光洒在精心修剪过的树丛上。突然我叫了起来："快来看。"我太太赶紧跑过来问："什么什么？""你看，喜鹊，喜鹊！"我指着窗前草地上两只正在觅食的小鸟叫道。太太很失望地看了看我："喜鹊有什么好大惊小怪的。"

对于太太而言，喜鹊不过是一种长得不怎么样的鸟类，即便在埃及，它们的长相与中国的亲戚也差不多。但是喜鹊对于我而言却不一样。记得高考前几天，我复习了几个小时以后，和妈妈站在阳台上休息。那个年代，高考是人们改变命运的重要机会，我备考很辛苦，妈妈也很紧张焦虑。突然，我指着前面说："妈妈，你看，喜鹊。"顺着手指的方向看去，两只小小的喜鹊站在对面的电线上，背是深灰的，肚子是白色的，剪刀式的长尾一上一下扑棱着。妈妈拍手笑道："好兆头啊，你今年高考一定能考好。"公布分数的那一天，我又在我们家门口电线上看见了两只喜鹊。分数出来，相当不错，全家人都舒了一口气。从那以后，我一旦看到喜鹊，总是会很开心，觉着有好事要来了。

《黑天鹅：如何应对不可预知的未来》作者纳西姆·尼古拉斯·塔勒布在第一波士顿[1]做交易员时，每天早上都坐出租车上班，在位于53街的公司正门下车。有一天，他遇到一个出租车司机，对方是刚来纽约的新移民，不太听得懂英语，结果走错了路，兜了圈子，最后他只好在位于52街的公司后门下了车。那一天，由于汇率剧烈波动，塔勒布的投资组合大赚一笔。塔勒布回忆说："那是我年轻时最美好的一天。"

隔了一天，一如往常，塔勒布在家门口挥手招出租车。那个不会英语的出租车司机已经不见踪影，可是塔勒布的脑子里有个无法解释的念头：想要找到他。上车以后，塔勒布告诉司机，载他到52街的公司后门，也就是前一天下错车的地方。塔勒布说："我对自己说出这样的话惊讶不已……在公司电梯里，看着镜子里的自己，我赫然发现自己还打着昨天那条粘着咖啡污渍的领带。我体内显然有另外一个我，那个我相信，从这道门进入公司，打这条领带，以及那个不见踪影的司机，与前一天的市场走势有强烈的因果关系……一方面，我的谈吐像是具有明确的科学标准，我是一个期权方面的专家，冷静的概率计算者，理性的交易

---

[1] 第一波士顿是一家已不存在的投资银行和证券公司。它成立于1931年，总部位于纽约市。

员；另一方面，我和其他人没什么两样，依然抱着盲目的迷信不放。"[1]

不管是不是迷信，因果关系是我们人类认识、理解、解释和预测这个世界的方式。有时候真的有因果关系，例如自然科学。有的时候，只是我们对这个世界因果关系的错觉，犹如天亮的时候鸡叫了，从我们的角度来看，天亮是因，鸡叫是果，如果鸡有智慧，从它的角度来看，鸡叫才是因。鸽子点头、我的喜鹊、塔勒布的出租车司机……我们很容易意识到，这些不过是因果错觉的形式之一。

因果幻觉

寻找企业价值的因果关系，就是要找出促成企业成功的核心驱动力或者要素。换句话说，这些要素要与企业成功有因果关系。对简单的系统，我们识别因果关系是容易的。例如生活经验告诉我们，你松开握住杯子的手，杯子不会飞到天上，而是会落到地上。但是对复杂系统，因果关系就不那么容易识别了。

物理学家费曼讲过一个"草包族科学"的故事。"二战"期间，美军在南太平洋的岛上开辟机场作为对日作战的基地。岛上的土著看到飞机降落在地面上，卸下一包包好东西，其中一些还送给了他们。土著很开心。战争结束，美军离开了。土著不知道这些，但是他们仍然希望飞机能够回来继续带给他们好东西。于是他们在同样的地点铺飞机跑道，在两旁点上火，盖了间小茅屋，并且在头上绑了两块木头（假装是耳机），插了根竹子（假装是天线），就像控制塔里的领航员，坐在那里等待飞机降落。他们被称为"草包族"。费曼把这种方法称为"草包族科学"，因为他们学足了科学研究的外表，一切都十分神似，但是始终没有飞机降落。

在"草包族科学"的故事里，土著们不能理解世界的真相，他们只观察到了飞机、好东西、跑道、跑道旁的小屋子、里面的人戴着耳机等。这一切都是相关

---

[1] 纳西姆·尼古拉斯·塔勒布. 随机漫步的傻瓜[M]. 盛逢时, 译. 北京：中信出版集团, 2012：180.

的，没有跑道、天线、耳机，就没有飞机运来好东西，但我们都知道，那只是相关，而不是因果。费曼说：无论土著们怎样改进"耳机"的形状，飞机也不会来。

尽管"草包族科学"故事里的土著看起来很可笑，但是这就是人类认识世界的方式。因为我们观察到的世界总是局部的。我们观察到一个现象在前，一个现象在后，前一个现象很有可能是后一个现象（结果）的原因，那么我们就尝试复现前一个现象，试图得到同样的结果。自然科学讲究通过实验室复现，其实就是证实因果关系的过程。但是在商业世界，企业运行具有复杂性和不可实验性的特点，因而我们观察到的现象与结果之间的关系，有可能是因果关系，也有可能是相关关系。将相关因素误认成因果关系的情况，称为因果幻觉。

因果幻觉有以下6种：第一，伴生现象，例如飞机和控制人员戴的耳机；第二，将偶然当因果，一个现象发生在前，另一个现象发生在后，只是时间的偶然性，但在人类思维中很容易将其认定为因果关系，前文中我看见的喜鹊、塔勒布的领带都属于这个类型；第三，共同第三因素，相关因素由共同第三因素影响；第四，本末倒置，将因果发生顺序混淆；第五，单一因素偏见，复杂事项的因果关系可能有多种因素交织，而人类习惯归因于单一简单因素；第六，双向因果关系，如果一个因素既是因变量又是自变量，就构成了双向因果关系，金融市场中的反身性[1]就是典型的双向因果关系。

下面我们讲讲其中3种常见的因果幻觉。

首先是共同第三因素。

个人视角下的偶然性因果关系常被视为个人的小迷信，有些社会现象则具有统计学意义上的相关性，那这种相关性是因果关系吗？

我们来看一个案例。多年前在中国台湾地区，一个由社会学家和内科医生组成的大型研究团队收集了有关环境和行为变量方面的大量数据。研究者比较感兴

---

[1] 反身性是指参与者的思想和他们所参与的事态都不具有完全的独立性，二者之间不但相互作用，而且相互决定。

趣的是，哪种变量能够最准确地预测避孕工具的使用情况。数据收集上来之后，研究者发现，有一个变量和使用避孕工具的相关最强——家庭中家用电器（烤箱、风扇等）的数量。很显然，常识告诉我们这两者之间不太可能是因果关系。研究人员猜测，这种相关之所以存在，是因为"避孕工具使用"和"家庭中家用电器的数量"这两个变量通过与这两种变量都相关的其他变量联系了起来，社会经济地位可能会是中介变量之一。我们知道，社会经济地位与避孕工具的使用情况有关。当然，这个案例中的常识告诉我们，这种相关性不太可能是因果关系，但是在很多场合，常识并不能让我们识别哪些是相关关系，哪些是因果关系。[1]

再看一个例子。著名生物学家史蒂芬·杰·古尔德指出："19世纪美国被捕的醉汉数目和浸信会牧师数目之间存在紧密联系，但我们不能确定两者之间是不是存在因果联系。是酗酒人数增多使得人们更加关注社会道德问题，从而产生了对牧师的需求，还是两者都由另一个因素即人口基数的上升导致？我们只知道它们之间存在关联，但不能确定它们是否有因果关系。"[2]

基思·斯坦诺维奇教授指出，相关性证据的局限性并不容易被识别。当因果关系对我们来说显而易见时，当我们抱有根深蒂固的偏见时，或者当我们的解释被理论定式所主宰时，就会很容易把相关当作因果的证据。[3] 在商业研究中，当公司业绩已经出来，我们已经知道它是成功的或者是失败的，在光环效应之下，那些模模糊糊的具有相关性的因素，比如领导人能力、企业文化、研发实力、管理效率等，就会一下子变得显著相关，仿佛体现了因果关系。

其次是本末倒置，即将因果发生顺序混淆，把因当果，把果当因。

2006年，美国贝恩咨询公司在其官网上宣称"贝恩的客户业绩表现是股票

---

[1] 基思·斯坦诺维奇. 这才是心理学[M]. 窦东徽, 刘肖岑, 译. 北京：人民邮电出版社, 2020：77.

[2] 菲尔·罗森维. 光环效应：商业认知思维的九大陷阱[M]. 李丹丹, 译. 北京：中信出版集团, 2020：102.

[3] 基思·斯坦诺维奇. 这才是心理学[M]. 窦东徽, 刘肖岑, 译. 北京：人民邮电出版社, 2020：78.

指数的 4 倍"。网站数据显示 1980—2004 年，标准普尔 500 指数增长 5 倍，而贝恩客户的股价增长近 60 倍，是市场增长速度的 4 倍。这是否说明只要听从贝恩的建议就能业绩出色？菲尔·罗森维教授指出，这个说法有一个漏洞，贝恩的数据所展现的只是关联性，而非因果关系。即便贝恩客户每个季度的业绩都优于市场平均数，难道就能说明与贝恩合作一定能业绩优秀吗？贝恩的言下之意的确如此，这有可能是对的，但有没有可能只有盈利高的公司才能负担贝恩咨询服务的费用？这也有可能是正确的，这样一来就说明与贝恩合作并不能带来高收益。事实上，结论可能是相反的：只有盈利高的企业才能请得起贝恩。罗森维教授总结，这再次证明，简单的关联性并不能说明什么。

贝恩案例让我想起一直以来的一个谜团：好学校的学生高考成绩好，是因为学校教育得当，还是因为录取了一群好学生？在美国也一直有这样的争论，私立学校学生统考成绩高，是因为私立学校教育厉害，还是因为私立学校的生源质量高，又或者是学生的家庭条件好使得他们成绩好？

基思·斯坦诺维奇教授在《这才是心理学》中指出，从统计数据看，私立学校学生的平均成绩优于公立学校，这是事实，考试成绩与教育质量之间肯定是有相关关系的。但还有其他因素。考试成绩是有许多不同变量的函数，这些变量彼此之间又是相关的。评估公立学校和私立学校的好坏时，我们不能简单地将相关性确认为因果关系。例如，学业成就和家庭背景中的许多不同因素都有关系，如父母的教育程度、职业、社会经济地位等。简而言之，学业成就可能和学校教育质量没有任何关系。杜克大学两位学者使用复杂的统计技术，分析了一系列关于高中生教育的统计数据。他们发现，当反映学生家庭背景和一般智力能力的变量被排除后，学业成就和学校类型之间几乎就没有一点关系了。其他研究者也确认了他们的研究结果。[1]

在商业研究中，员工满意度高通常被认为是企业成功的重要原因之一。但是

---

[1] 基思·斯坦诺维奇. 这才是心理学[M]. 窦东徽，刘肖岑，译. 北京：人民邮电出版社，2020：81.

也有人质疑，虽然这两个因素显然相关，但是到底是员工满意企业才成功，还是企业成功员工才满意？马里兰大学的研究者采用一种"纵向设计"的复杂统计技术求证员工满意度和公司业绩的关系，他们的结论是，以资产回报率和每股收益为标准衡量的财务业绩对员工满意度的影响更大。由此可见，似乎身处一个成功的团队对员工满意度的影响更大，而员工满意度的高低对公司的影响则没有那么深刻。[1]

最后是单一因素偏见。

人类有一种倾向，即偏好用单一因素解释复杂现象。商业研究也不能幸免，我们来看两项严谨的研究。

第一项是亚利桑那大学的两位学者对市场定位与公司业绩之间的联系进行的研究。研究样本范围广泛，涵盖市场动荡、竞争激烈、技术波动这3种不同竞争环境中的公司，判断市场定位和公司业绩之间的关系。研究数据用统计学术语来说是十分显著，这意味着两者之间的关系并非偶然，而是切实存在的，市场定位可以解释25%公司业绩的变动。研究结果表明，无论市场是否动荡，竞争是否激烈，技术是否波动，一家公司的市场定位是其业绩表现的重要决定性因素。

第二项是特拉华大学教授关于企业社会责任对公司业绩影响的研究。根据488家公司3年的数据，发现在第一年改进企业社会责任，能提升第二年的公司销售额，从而在第三年提高利润。同样地，该影响在统计学上十分显著，公司业绩40%的变动竟然都与企业社会责任有关。

上述两项严谨的研究，单独看起来都没有问题，但是合在一起就不对劲了。菲尔·罗森维教授指出，市场定位解释25%的公司业绩表现，企业社会责任解释40%，两者一共可以解释65%的公司业绩变动。显然，这与我们的常识相悖：无数其他因素难道只占35%？问题就在于这些因素是相互独立的还是互相叠加的。如果两种因素造成的影响互相重叠，那么我们就无法断言研究一中显示的业

---

[1] 菲尔·罗森维.光环效应：商业认知思维的九大陷阱[M].李丹丹,译.北京：中信出版集团，2020：105.

绩提升只是由于市场定位，也不能确定研究二中显示的业绩提升仅仅是企业社会责任的作用，或许两者解释的是同一个问题。[1] 从这个角度看，这些研究只是过度地将公司业绩用单一因素进行归因。人们往往一次只强调一种潜在的相关因素，以突出它的影响力。但在现实生活中，同一种情况可能存在很多这样的相关因素，它们的影响各不相同。理解这些因素之间的相互作用至关重要。[2]

因果关系可能非常复杂。但是，人们倾向用单一因素和简单因果关系来理解世界。在企业价值传播中，我们一定要牢记这一点。

因果律是认识世界的方式

哲学家告诉我们，因果律并不是世界本来的规律，而是我们人类认识和理解世界的方式。归纳对世界的观察，让我们认识到很多现象在时间上前后相连，这是因果关系的关键特征之一。A发生在前，B发生在后，于是我们认为A导致了B发生，但是这种前后相连的现象并不一定是因果关系。

因果关系是人类认识世界的方式。有这样一个心理学实验：大家在图书馆排队用复印机，你要求插队，成功概率不高。不过你只要使用"因为……所以，请让我先复印吧"这样的句式，成功率就会大幅提升。原因是"因为"两个字触发了人类对因果关系的认知。

已故的"周期天王"、中信建投证券股份有限公司原首席经济学家周金涛，于2016年3月16日在一个沙龙活动中发表了主题为"人生就是一场康波"的演讲。他提到："一定要知道你的领导属相是什么，这很重要。你知道你们公司董事长、总经理属什么，就大致能判断你们公司今年行还是不行。如果行，就多干

---

[1] 菲尔·罗森维.光环效应：商业认知思维的九大陷阱[M].李丹丹，译.北京：中信出版集团，2020：107-109.

[2] 邓肯·J.瓦茨.反常识[M].吕琳媛，徐舒琪，译.成都：四川科学技术出版社，2019：37.

几年，不行就趁早跳槽。这真的是非常重要的事情。"

"周期天王"关于领导属相与公司业绩之间的说法，也是一种因果关系理解。如果我们观察到的不再是我们自己心里的小迷信，而是统计显著性，这个因果关系就靠得住了吗？纳西姆·尼古拉斯·塔勒布说："人们以为具有统计显著性之后，一定有因果关系存在，也就是说，市场中发生的事件，可以和某些原因扯上关系。有句话说：'若后者发生，必然是前者的结果。'"[1]对这个结论，纳西姆·尼古拉斯·塔勒布举了个反例："假设，统计显示医院 A 接生的婴儿有 52% 是男孩，医院 B 接生的婴儿有 48% 是男孩，难道你会说，你之所以生下男孩，是因为在医院 A 生的？"

具有统计显著性的现象还有一个陷阱，就是过度拟合。有些信号是因，但有些只是不相关的噪声。我们从信号里能找出因果关系，从噪声里也能。只是绝大多数时候，没有一个人或者没有一个全知全能的上帝能事先告诉我们，哪些是噪声，哪些是信号。拟合是指模型与过去观测结果吻合的程度。你一定会说，拟合程度越好，模型不是越好吗？这可不一定，因为拟合完美，也可能只是你把那些噪声也都囊括进你的模型里了，此时的模型还有什么价值？

在统计学中，将噪声误认为是信号的行为被称为过度拟合。换句话说，我们总能在随机序列里找到我们认为的规律——只要数据或参数足够多，我们总能在数据里找到满足统计显著性的模型。

心理学家雷德·海斯蒂指出，有些事情神秘莫测，我们大脑本身的设计似乎也不太善于对偶然性和不确定性进行系统推理。由于演化的原因，我们倾向对不确定的事件过度解释，而且，即使明白这些事件本质上就是无法预测的，我们还是会对事件的经过产生奇异的想法，其中包括很多迷信的观念。

纳西姆·尼古拉斯·塔勒布在《随机漫步的傻瓜》一书中就因果幻觉总结道："深入探讨这个问题着实令人忧虑。我们生来不会把不同的事情独立开来看

---

[1] 纳西姆·尼古拉斯·塔勒布. 随机漫步的傻瓜[M]. 盛逢时，译. 北京：中信出版集团，2012：169.

待。观察 A 和 B 两件事时，我们很难不假设是 A 造成 B、B 造成 A，或者两者彼此影响，我们的（认知）偏差会立即在其间建立因果关系。"[1]

因果律是人们认知世界的方式，因而在企业价值传播中，一定牢记认知第三定律：人们寻求简单因果关系，并以此作为理解企业价值的核心。

1　纳西姆·尼古拉斯·塔勒布. 随机漫步的傻瓜 [M]. 盛逢时，译. 北京：中信出版集团，2012：183.

本章小结

- 认知第一定律：认知框架决定认知内容。第一层：认知结构主导认知内容。大脑的运作特点主导了我们的认知内容，人类思维双系统理论是理解大脑运作的金钥匙。第二层：主体经历决定认知内容。不同的认知主体、个人成长和教育经历，会形成不同的认知框架，这些认知框架决定了外界信息会在我们脑中形成什么样的观点。我们的经历搭建了事实与观点之间的桥梁。第三层：信息展现形式影响认知内容。由于人类认知特点，内容的展现形式会对我们形成观点产生微妙的影响。

- 认知第二定律：先有结论再来证实。人类的大脑运作方式决定了直觉系统形成结论在前，理性系统解释在后。直觉是我们认知中最重要也是最早形成的部分，我们可能一下子就有感觉了，随后我们的理性系统会跟上，寻找证据帮助解释这种直觉判断的合理性。

- 认知第三定律：寻求简单因果关系。因果律是人类认识和理解世界的方式，人们倾向用单一因素和简单因果关系来理解世界。

- 企业价值传播的首要工作是营造出触动对方价值判断的情景，接着要提供合理的证据帮助对方形成完善的逻辑证实链条，帮助对方构建方便理解的简单因果关系。

第五章　谋定而动的传播策略

本章导读：

上一章我们向大家介绍了人类大脑双系统理论，总结了认知三定律。根据认知定律，我们在企业价值传播活动中的策略也就顺理成章地形成了。核心策略有4条：第一，寻找共识与借助权威；第二，先呈现，再推理；第三，选择而非说服；第四，商业也要讲故事。

第一节　寻找共识与借助权威

知识结构

企业价值传播的目的就是让利益相关者认识到你的企业是一家好企业。不同的利益相关者立场不同。利益相关者定理：屁股决定脑袋。好企业的标准也因人而异。好公司定律：真相并不必然客观存在。认知第一定律告诉我们，认知框架决定认知内容。屁股决定脑袋和真相并不必然客观存在的底层原因在于人类认知规律。个人经历和社会认知的差异，使我们对相同事实的认知和观点千差万别。

价值传播的目的就是让对方认同与相信。那么问题来了，很多场景中，我们的传播针对的不是特定对象，此时根据对方认知定制策略就不现实。那应该怎么办？我们从人类的知识结构入手。

史蒂文·斯洛曼教授在《知识的错觉》一书中指出，花几分钟、几个小时研读网络医学资料并不能代替数年学习所训练出的足以做出可靠医学诊断的专业知识。在金融网站上学习几分钟也无法让人掌握投资的奥妙。但是，当整个世界的知识就在指尖时，我们仿佛真的认为自己博学多闻。[1]

人类总是认为自己懂得很多，而且自己很难意识到这种情况。史蒂文·斯洛曼教授在《知识的错觉》中为我们构建了人类知识结构的3个核心：无知是普遍状态，知识错觉是思维习惯，人类知识以知识共同体的方式存在。

首先，无知是普遍状态。

我们自己只拥有很少一部分知识，这在专业活动中尤其明显，例如会计不懂机械加工，土木工程师不知道法律怎样运作，能够打通所有专业领域的天才并不

---

[1] 史蒂文·斯洛曼，菲利普·费恩巴赫. 知识的错觉[M]. 祝常悦，译. 北京：中信出版集团，2018：137.

存在。即使在日常生活领域，我们的无知也是令人震惊的，例如现代人每天都要使用抽水马桶，但大部分人无法说出抽水马桶的运作原理。

有孩子的成年人都经历过一件不起眼的、习以为常的事情：被孩子几个"为什么"问下来，最后的回答往往是"你长大就懂了"。实际上，我们都是这样长大的，只不过长大以后我们忘记了问题。尤瓦尔·赫拉利指出，人类个体对这世界的了解少得可怜，而且随着历史的车轮滚滚向前，这些了解越来越有限。石器时代，一个靠渔猎采集为生的人尚懂得如何制衣、生火、捉兔子及狮口脱险。如今，我们自以为知识更渊博了，但就个体层面而言，我们是越发无知。

其次，知识错觉是思维习惯。

不知道我们的无知，或者说，没有意识到我们不知道，是人的一种普遍的思维习惯。认知科学家弗兰克·凯尔开发了一种测定知识错觉的简单方法。

先来回答一个问题：

请自评你对拉链的工作原理了解多少，如果了解程度从低到高为1~7分，你会给自己打几分？

不要着急往下看，请先给自己打分。

打好分以后，回答第二个问题：

拉链是如何发挥作用的？请描述使用拉链的所有步骤，越详细越好。

好吧，我承认第一题我答5分，但第二题我根本想不出答案。

现在回答第三个问题：

请重新自评你对拉链的工作原理了解多少，了解程度依然是1~7分，你会给自己打几分？

我打 1 分，你打几分？

弗兰克·凯尔称这种现象为"解释性深度错觉"。人们在解释一个问题之前总是认为自己对这个问题是了解的，只有在要求对这个问题进行深度解释的时候，人们才愕然发现，自己并不知道。实际上，人们对第一个问题往往理解为"你对拉链了解多少"——当然了解，我们经常使用拉链。而第二个问题才是关键，它要求人们用语言，也就是理性方式解释清楚关于拉链的知识。经过这个环节，人们才意识到，我们第一次回答的并不是第二个问题。

丹尼尔·卡尼曼指出，这是一种思维的替换属性。判断一个问题时，如果没有直接的答案，我们的直觉系统会下意识地用一个简单、现成的方案对问题进行替换。当我们被问到"关于拉链的知识"时，我们会把问题替换为"你对拉链熟悉吗？"。

经过第二题的解释过程，人们才发现能说明白、讲清楚的知识确实比我们自以为的要有限。这就是"解释性深度错觉"的本质。弗兰克·凯尔说："许多受试者反馈说当他们得知自己远比原先预想的要无知时，一份实实在在的惊讶和从未有过的谦卑涌上心头。"[1]

"小世界网络[2]之父"邓肯·J.瓦茨指出："我们认为自己已经理解的事情，实际上被我们用一个看似合理的故事掩盖了。"[3] 例如古代先民面对电闪雷鸣，创造出神话，将这些吓人的现象归因为神的行为，这些易于理解的神话故事解释了这些可怕和奇怪的现象，让他们认为自己已经搞懂了世界。如此这般，祖先们缓解了焦虑和恐惧，便能够从容地生活。现在，自然科学已经替代了神话，但是我们的思维习惯仍然如此。无论世界抛给我们何种特定情况，我们脑中都会有一

---

    1 史蒂文·斯洛曼，菲利普·费恩巴赫. 知识的错觉[M]. 祝常悦，译. 北京：中信出版集团，2018：7.

    2 小世界网络是一类特殊的复杂网络结构。在这种网络中，大部分的节点彼此并不相连，但绝大部分节点之间经过少数几步就可到达。

    3 邓肯·J.瓦茨. 反常识[M]. 吕琳媛，徐舒琪，译. 成都：四川科学技术出版社，2019：21.

套常识，即我们所相信的世界运行的因果关系。这些常识会自动给我们提供现成的解释，这些解释让我们自信地生活，让我们觉着自己足够理解世界。这种思维习惯会让我们误以为自己知道的比实际知道的要多。

史蒂文·斯洛曼教授指出："我们并非认为人们是无知的。只是人们比他们认为的自己要无知得多。我们或多或少都经历着一种错觉：我们认为自己了解世间万物，而事实上我们的理解是何等微不足道"。[1]

用一句话总结就是，我们不知道我们不知道。

最后，人类知识以知识共同体的方式存在。

无知及知识的错觉只是人们在知识问题上的现象，而造成这个现象的本质是认知分工。我们的智人祖先在与南方古猿揖别后，一个重要的社会活动——合作，被智人创造出来。合作的结果是分工——男人狩猎，女人采集，狩猎也是团队协作。分工合作是人类文明的起源和基础。亚当·斯密在《国富论》中的经典研究就是一个缝衣针加工厂的财富秘密就在于分工，分工带来了效率的提升，效率的提升意味着财富的增加。

人类的知识大厦也是依靠分工合作建成的。伟大如牛顿都说："我之所以看得更远，是因为我站在巨人的肩膀上。"经过世世代代的累积，人类的知识如滚雪球般越来越大。特别是进入互联网时代，信息知识大爆炸，知识累积以指数方式增长。同时，现代科学发展越来越专门化，一个科学领域的研究成果只有这个领域里的科学家才看得懂。而对每一个个体，可以断言，除了自己精通的极少数领域，我们不可能无所不知。

知识的错觉之所以会发生，是因为我们活在一个知识共同体当中，而且我们无法区分哪些知识是内化了的，哪些则根本不在我们的脑袋里。我们自以为那些有关事物运行规则的知识是印在自己脑袋里的，而事实上，我们从周遭环境及他人身上获取的知识更多。这既是认知的特征，也是认知的死结。我们知识库的绝

---

[1] 史蒂文·斯洛曼,菲利普·费恩巴赫.知识的错觉[M].祝常悦,译.北京：中信出版集团，2018：XVI.

大部分都存储于这个世界和我们的社群里。多数人的理解力仅限于意识到知识就在那里，高级的理解力通常包括知道可以去哪里获取知识。由于我们混淆了内化的知识和可获取的"外存"知识，我们远远没有意识到自己所知的浅薄。

我小时候学习成绩不太好，很羡慕成绩好的同学，一直梦想自己能够变得过目不忘。长大以后我才了解到，真的存在那种过目不忘的人。在伊丽莎白·帕克等人发表的研究论文里，就有一位这样的记忆神人，她从11岁开始拥有这种令人难以置信的能力，可以详细说出任何一天的任何事情、任何细节。[1]

遗憾的是，这是一种叫"超忆症"的罕见疾病。"超忆症"显示人脑确实有这种全局详细记忆的潜力，但是绝大多数人不具备这种能力。而极少数存世的研究案例中，这些"超忆症"患者并不是天才，而且大多被抑郁症困扰。为什么能记住所有的事情不是一件幸事？因为我们大脑的存在不是为了记住所有细节，而是为了帮助我们更好地生活。思维关乎行动，而不是精确地记忆。

我们的大脑是自然演化的产物，演化之手并不选择最好，而是选择适应。演化塑造我们的大脑以因果推理的天赋解决特定问题，而不是死记硬背所有细节——这既不可能，也无必要。举个例子，当年阿尔法狗（AlphaGo）战胜李世石，AI的拥趸们一片欢呼，不过我们要注意一个细节，阿尔法狗耗能3万瓦[2]，却只能解决围棋这个复杂的单一游戏。而李世石的大脑和我们每个人的差别不大，只耗能30瓦左右。除了围棋，围棋大师们还可以解决无数其他问题，例如系鞋带，仅仅需要12瓦。这才是演化赋予人脑的神奇之处：以极低的能量消耗和合适的标准解决绝大部分问题，在效率、精确性和适应性上达到完美平衡。所以，人脑既不可能，也无必要像现代计算机那样进行精确存储。

史蒂文·斯洛曼教授指出，人类心智并不是一台计算机，计算机生来就是用

---

[1] 史蒂文·斯洛曼，菲利普·费恩巴赫. 知识的错觉[M]. 祝常悦，译. 北京：中信出版集团，2018：24.

[2] 杨洁春. 原来，阿尔法狗们的死穴在这里[EB/OL].（2016-03-17）[2024-05-28]. https://www.sohu.com/a/63976107_157504.

于储藏海量信息的。我们的心智经过演化，成为一个懂得灵活变通的问题解决专家，它学会了只提取最有用的信息并举一反三地将其应用于新情势，引导我们做出决定。于是，个体极少耗费大脑资源储存细枝末节的信息。从这个角度看，人类社会更像蜜蜂和蜂巢：我们的智慧是集体式的而非个体式的。[1]

人类大脑思维的这种有限记忆特征和认知分工造成的结果是：没有一个人能拥有人类的全部知识，这既不可能，也无必要。每个人都生活在知识共同体中，依赖知识共同体中的知识积累。知识共同体中的知识散布于人群中，没有哪个人能拥有这一切。因此，个体的认识必须与其他人所拥有的知识产生联系。换句话说，只要知道在这个知识共同体中有人掌握了这个知识，且我们有渠道了解或者我们自认为有渠道了解这些知识时，我们就已经对我们的知识满足了。

认知分工是人类文明的基础，我们都生活在知识共同体中。认知分工创造了人类文明的辉煌，但也有一些副作用，让人们产生了知识的错觉，很难分清楚哪些知识是自己拥有的内化的知识，哪些是知识共同体的共有知识。这些共有知识，实际上我们并不了解。

寻找共识与借助权威

研究显示，我们的绝大多数观念源于群体思考而非个人理性，这些观念又经由群体认同的加深而根深蒂固。把事实真相一股脑儿摆在人们面前，很可能会适得其反。例如，我们相信地球是圆的，并非由于我们每个人都能对这个概念给出物理学上的解释，而是因为现代科学让我们相信，地球是圆的是一个显而易见的事实。

理解了人类的知识结构，理解了我们怎样相信，我们就可以给出针对性的价值传播策略：寻找共识与借助权威。由于人类的知识分工，绝大部分知识以知识

---

[1] 史蒂文·斯洛曼，菲利普·费恩巴赫.知识的错觉[M].祝常悦，译.北京：中信出版集团，2018：XIII.

共同体的方式存在，对于大部分人而言，能彻底搞明白的事情很有限。此时，我们选择相信什么，很大程度上取决于大家相信什么，或者权威相信什么。和大家保持一致会让我们感到舒适和放松，不信你试一下：下次坐电梯时不要面朝电梯门，而是和大家的方向相反。

王小波在《花剌子模信使问题》中讲了一个故事：中亚古国花剌子模有一个古怪的风俗，凡是给君王带来好消息的信使就会得到提拔，给君王带来坏消息的人则会被送去喂老虎。

明眼人一看都会觉得，花剌子模国王的思维习惯属于反智型，只能听好的，久而久之，大家都报喜不报忧，不亡国才怪。王小波的角度是信使。那么我们换个角度，看看国王。

我们辨认一个信念或者一个消息为"真"，通常有两种办法：一个是与世界本身符合，另一个是与我们现存的信念符合。而人类知识结构的特点是基于认知分工的知识共同体，个体掌握的知识非常有限，主要依赖知识共同体。因此在多数情况下，我们难以辨别这个信念或者知识与世界本身是否相符，因为我们缺乏完整的知识。所以另外一种途径就是看看新的信息是否与我们原有的信念吻合，这也被称为"真理融贯论"。

花剌子模国王对什么信息是"真"，有一套自己的信念，例如打仗胜利这个消息是"真"，而战役失利的消息是"假"。送"假"消息的信使自然要成为老虎的食物。这话听起来很难理解，但只要我们把"真假"换成与国王的信念是否"相符"就简单了。在这里，"真假"并不是指与世界本身是否相符，而是与国王的信念是否相符。当然，与自己的信念融合和与真实世界相符并不是一回事，最后敌人打到国王面前的时候，原有的信念才被发现是错误的。

我们的信念不是凭空而来的，从小受的教育、生活环境、权威、媒体等，都是信念形成的渠道。我们这一代人主要信仰科学，这也是我们受的教育使然。

社会环境也是信念的主要来源。我们在碰到疑难问题的时候，总是会求助于我们信赖的亲朋好友，征询他们的意见。我们的信念和我们的生活环境互相影响。

讲个故事，20 世纪 70 年代后期，民间保健热潮兴起，连我父母所在的以工程技术人员为主的设计院也不能幸免。我妈有一天神秘兮兮地带回来一个玻璃瓶，说是舅舅给的，里面有些红色黏稠的液体。她清空了家里闲置的玻璃泡菜坛子，把神秘液体倒进去，加水和糖养起来，说这是红茶菌，对身体特别有益。慢慢地，红色液体里长出像水母一样的东西，每天喝一杯成了我的日常食谱。过了一阵，红茶菌不流行了，喝醋成为时尚，紧接着是甩手疗法，再后来各种流派的气功纷纷登场。时至今日，各种替代疗法依然是民间保健的主流，只不过换了各种其他名目。罗伯特·西奥迪尼在《影响力》一书中指出，社会认同是一种强大的影响力武器，在判断何为正确时，我们会根据别人的意见行事。看到别人正在做，就觉得一种行为是恰当的，因为大多数时候，很多人都在做的事，也的确是应该做的事。就如同情景喜剧现场总会安排"罐头笑声"[1]，因为我们比较习惯拿其他人的反应来判断是否好笑，听到声音就会做出反应，并不考虑实际情况。一般来说，在我们自己不确定、情况不明的时候，我们最有可能觉得别人的行为是正确的。[2]

社会认同造成的从众行为可以用一个比喻来形容。北美野牛特别容易受群体行为的误导，因为它们的眼睛长在头部两侧，所以它们总是往两边看，而它们受到惊吓跑起来的时候，脑袋是低着的，所以看不到前面的情况。于是印第安人想到，只要把牛群往悬崖边赶，一旦这种动物对身边的群体行为做出响应，又不会抬起头看前面，他们就能获得很多牛肉了。印第安人把牛群骗到悬崖边上，让它们一起跳下去。领头的牛是被后面的牛顶下去的，其余的牛则是自愿跳下去的。[3]

野牛从众，人类也是如此。以邓肯·J. 瓦茨为首的科学家团队组织了一个实

---

[1] 由于录音的笑声等播出来总是千篇一律的，就像罐头食品吃起来总是同一个味道。所以，那样的笑声被叫作"罐头笑声"。

[2] 罗伯特·西奥迪尼. 影响力 [M]. 经典版. 闾佳, 译. 沈阳: 万卷出版公司, 2010: 122-135.

[3] 罗伯特·西奥迪尼. 影响力 [M]. 经典版. 闾佳, 译. 沈阳: 万卷出版公司, 2010: 167.

验。实验的目的是研究音乐流行的起源，方法是让被试听一组尚未上市的新歌，按照自己的喜好程度排序。实验分为两轮，第一轮组织1.4万名青少年被试进入9个不同的组，其中一个是对照组，在这里，被试只需按照自己喜好选择；而其他8个实验组的被试除了听歌，还可以看到其他人的选择，有一个统计表实时显示哪些歌被听和下载了，被试实际上看到了一个"流行度"排行榜。对照组显示，尽管大家的喜好差别很大，并且有不少歌受到喜爱，但是这些歌里并没有产生一个"超级明星"。只要看不到别人的选择，大家的喜好其实差别很大。而在另外8个实验组里，每个组都很快产生了一个"超级明星"，即被试对哪首歌最为优秀，迅速达成一致。奇怪的是，组与组之间的"超级明星"却都不一样。如果我们把这8个小组看成8个平行宇宙，那么每个宇宙都发展出了极为不同的音乐品位。

第二轮试验，新的被试被引入8个实验组。这次，科学家对排行榜做了手脚，随机选择一个之前实验里并不受欢迎的歌曲，更改了下载数据，让这首歌一开始就登上榜首。奇怪的事情发生了，这首歌成了多数小组的最终"超级明星"。科学家指出，这些被试被引入这样一个世界：这个世界里有一首受大家喜欢的歌曲，被试虽然感到困惑，仍然选择跟从大家的选择，而他们的选择又进一步影响了其他被试的选择。最终，一首私底下人们都不太认可的"超级明星"诞生了。实验说明，我们的判断会受到社会上他人观点和经验的影响，我们会运用同伴的意见来评估一切事物。如果一件产品受到大家的广泛欢迎，我们就假定它的品质是上乘的；如果不受喜欢，那我们就假定它糟糕透了。艾伯特-拉斯洛·巴拉巴西教授说："声望孕育声望，就正如成功孕育成功一样。"[1]换句话说，很多初始选择是一种偶然，是人类行为的从众特性将这种偶然强化成了必然。

权威是信念的另外一个重要来源。由于知识分工，人类的知识积累在知识共同体中，个体的知识总是十分有限，需要依赖其他人提供知识。而别人提供的知

---

[1] 艾伯特-拉斯洛·巴拉巴西.巴拉巴西成功定律[M]贾韬,周涛,陈思雨,译.天津：天津科学技术出版社，2019：122.

识却有真有假，此时依靠权威来鉴别就是一个办法。

电影《百万英镑》的故事很好地诠释了权威与生活环境对信念生成的影响。

> 主角亨利·亚当斯是普通美国劳动人民。一次他驾驶小船出海时失事，万幸被一艘过路的货轮救起。货轮是开往英国的，他也就随船到了英国。他身无分文，衣食无着，走投无路之时，遇到两位富翁兄弟。他们有一张面值100万英镑的钞票，因为面值太大，根本没法兑换使用。一人主张拿着这张钞票也无用，另外一人说只要有这张钞票，即使无法使用也能在社会上畅通无阻。他们把钞票密封在一个信封里交给亨利，只告诉他里面有钱，并嘱咐他两个小时以后再打开。亨利拿着信封到一家餐馆吃饭，他衣衫褴褛的模样让餐馆老板很担心他付不出饭费。结账的时候，看到这张面值100万英镑的钞票，餐馆老板大吃一惊，先是质疑这是假的，让就餐的老顾客、一位金融家看。确认是真的后，餐馆老板立刻认为亨利只是一位喜欢恶作剧的百万富翁，钞票找不开不要紧，能有百万富翁在这里吃饭就是餐馆的卖点。亨利离开餐馆，到了一家服装店，老板同样在看到那张钞票以后态度大变，不由分说为亨利定做了几十套衣服。钞票找不开没关系，为名流做衣服可是卖点。裁缝店老板还殷勤地推荐一家由他亲戚担任经理的高级酒店，并打电话给亲戚，说这是一位有怪癖的美国百万富翁。当亨利出现在酒店大堂时，酒店经理并没有亲自查看亨利的那张百万英镑，因为他已经是一位经过社会确认的名流了。

大脑中的信念之网一旦形成，自己就有了生命力，所有新的信息必定被审视，符合的视为"真"而接纳，不符合的排斥。对新信念的形成过程，实用主义哲学大师威廉·詹姆斯有精彩的描述："一个人已经有了一套旧的意见，如果遇到新的经验就会使这些旧的意见受到压力。有的人反对那些旧的意见，或者在思考活动中发现这些旧的意见是相互矛盾的，或者他听到了与这些旧的意见不相容的事实，或者他产生了使这些旧意见满足不了的愿望。结果使他产生一种以前一直没有过的内心的困扰，为了避免这种困扰，他便试图修改他以前的许多意见。他尽可能地保留旧的意见，因为在信念这个问题上，我们大家都是极为谨慎的。因此，就试着首先改变这个意见，然后又试着改变那个意见，直到最后产生某种新的观念，他便可以把它移植到一套旧的意见上而使旧的看法受到最少的干扰，这种新的观念使一套旧的意见与新的经验相互协调，彼此能够最适当、最方便地结合。此时，新的观念被作为真的观念采用了。"[1]

生理学家 J.B.S. 霍尔丹将上述过程总结为理论被认可的 4 个阶段：

一是"毫无价值的胡说"（理论阶段）；

二是"这有点意思，不过观点是错误的"（验证阶段）；

三是"对的，但是没有什么价值"（接受阶段）；

四是"我早就说过了"（常识阶段）。

霍金在《时间简史》的开头讲了一个有趣的故事。一位著名的科学家在一次关于天文学的演讲中，描述了地球如何绕着太阳运动，以及太阳又是如何绕着我们称为星系的巨大恒星群的中心转动。演讲结束之时，一位坐在后排的老妇人站起来说道："你说的这些都是废话。这个世界实际上是一只大乌龟的背上驮着的一块平板。"科学家很有教养地微笑着答道："那么这只乌龟是站在什么上面的呢？""你很聪明，年轻人，的确很聪明，"老妇人说，"不过，这是一只驮着一只、一直驮下去的乌龟塔啊！"

人们在遇到信息的时候，总是用自己现有的观念进行鉴别。人们通常不是修正自己的观念（这一点需要高度的反省能力），而是根据自己的信念选择性地修正事实，以保护自己的观念。花剌子模国王的信念就是自己永远伟大、光荣、正

---

[1] 威廉·詹姆士. 实用主义：某些旧思想方法的新名称[M]. 李步楼, 译. 北京：商务印书馆, 2012: 35. 该译本将作者名译为"詹姆士"，但考虑通常译法和该作者其他书的中文版译名，正文中译为"詹姆斯"。

确，自然，所有与之冲突的坏消息都是假的。自己的观念哪里来？社会共识。乔纳森·海特指出，社会影响比个人反思普遍得多，他人表现出的喜欢或者不喜欢的看法，时刻影响着我们。

社会心理学家所罗门·阿希在 20 世纪 40 年代做了一项著名的探讨从众性的研究。他将 8 个人分为一组，每组被要求完成一个非常简单的任务。左侧画了 1 条线，右侧则是 3 条长度各不相同的线，只有 1 条与左侧的线长度相同。小组成员要判断哪条线与左侧的线长度相同，答案显而易见。但是实验中前 7 个人都是事先安排好的，他们一致指出右侧较短的那条线与左侧的线长度相同，显然，这与事实不符。但是结果却有部分受试者改变了自己正确的看法来配合其他成员的意见。

在企业价值传播中，"让别人相信"是我们的目标，"怎样让别人相信"是策略。根据对人类知识结构的解读，我们需要在传播内容中寻找一些与大众信念契合的东西，我把这个策略称为"寻找共识与借助权威"。

举个例子，场景是我向朋友介绍一家我最近研究的公司。

> 怡合达是一家做自动化设备非标零件的上市公司，早期由深创投集团和高瓴资本集团投资。自动化设备多数根据行业工艺定制，设备商负责设计和总装，零部件外购，主要部件例如电动机由品牌厂商供应，为标准化产品。另外还有定制的非标准零件，通常是小杂件，例如导轨丝杠等，这些零件一般需要设计并委托加工，这样制作的非标零件成本高，交货周期长，品质差。由于自动化设备行业的发展，非标零件中的一部分逐步被系列化、标准化，这样能达到一定批量，降低成本，缩短交期，满足客户的需要。本质是将没有经济批量的小订单集合成大订单，供应商获得规模效应，客户降低成本，又能保证交期和质量。怡合达就是提供自动化设备非标零件的公司，产品多达数十万种，设备厂家工程师在设计设备的时候不需要自己画图定制，而是参考怡合达的产品

目录即可选型下单。由于非标件单次采购量小，因而价格不是客户的考虑重点，品质交期才是关键，因而公司毛利较一般制造业企业高，达到40%左右。怡合达的这个模式不是自己独创的，而是借鉴了日本一家叫米思米的公司，米思米的产品多达上千万种，做成了世界巨头。怡合达可以说是摸着米思米过河，在中国复制其经营模式。这些年，由于我国消费电子、汽车、新能源等行业大发展，加上人力成本上升，自动化设备行业蓬勃发展，也带动了以怡合达为代表的非标零件供应商的高速成长。

怡合达的商业模式比较特殊，很难介绍清楚，所以在上面一段话里，我采用的策略就是寻找共识与借助权威。首先，规模经济是制造业的核心模式，这是一种共识；其次，我国经济发展，人力成本上升，自动化是潮流，这也是共识；再次，虽然大家对这个商业模式不熟悉，但是有成功典范——米思米，这就是借助权威；最后，虽然听众不一定能搞清楚怡合达的模式，但是它的投资者很有名，它们都投资了，估计错不了，这也是借助权威。

在复杂的商业决策中，由于信息复杂、专业性强，决策者更难仅靠自身就获得对事件的完整理解。通俗地说，就是决策者是在实际上搞不明白的情况下做出决策的。此时，我们借助权威的力量获得决策者的信任，效果更加显著。

2013年戴尔公司私有化退市后，在2015年决定与数据存储巨头易安信（EMC）合并。此时戴尔是一家私人公司，而EMC及其旗下的VW软件都是上市公司，市值过千亿。即使经过精巧的金融设计，戴尔仍然需要筹措超过500亿美元资金，才能完成对EMC的收购。EMC是一家典型的美国上市公司，无实际控制人，由社会贤达组成的董事会是戴尔收购的第一道坎——只有董事会同意，这件事才能进入股东大会表决。除了对合并后业务整合的忧虑，戴尔能否筹措到并购所需的庞大资金，也是董事会忧虑的关键。在EMC董事会与戴尔讨论合并的关键会议上，一位EMC董事直截了当地对迈克尔·戴尔说："你有钱吗？我们说的是很多钱。"迈克尔·戴尔在《进无止境》一书中回忆道，当时会场一下变得鸦雀无声，大家一起将目光落在他身上。尚未等他反应，作为本次合并的财务顾问，摩根大通 CEO 杰米·戴蒙抢先回答："有，他们有钱！"杰米·戴蒙是华尔街最受人尊敬的投资银行家，金融圈最具影响力的人之一，他的回答一下子就打消了 EMC 董事会的顾虑。大家大笑起来。迈克尔·戴尔回忆道："那是一个我永远也不会忘记的时刻，我将永远感谢杰米。"[1]

---

[1] 迈克尔·戴尔. 进无止境[M]. 毛大庆, 译. 杭州: 浙江教育出版社, 2023: 394-397.

第二节　先呈现，再推理

前面花了很大篇幅介绍大脑双系统理论，因为我认为这是理解人类认知的最好工具。

乔纳森·海特提出了一个传播模型"社会直觉主义模式"（见图5-1），对我有很大启发。

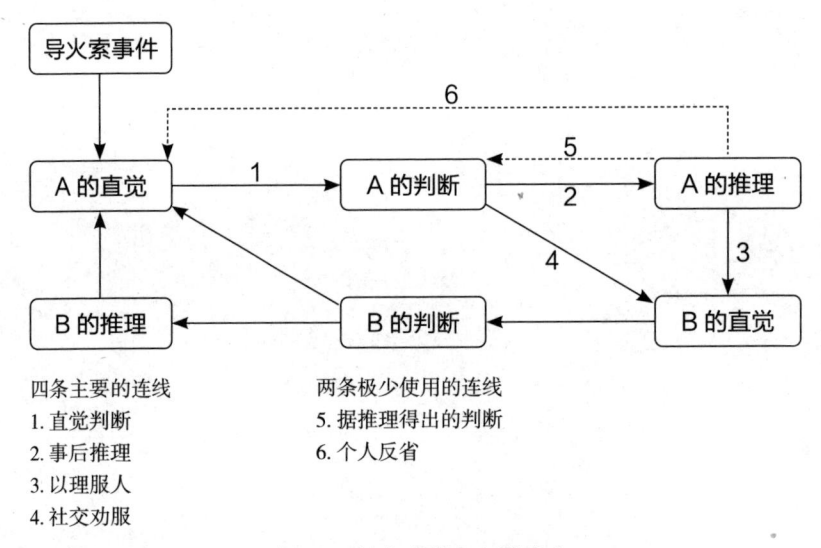

四条主要的连线
1. 直觉判断
2. 事后推理
3. 以理服人
4. 社交劝服

两条极少使用的连线
5. 据推理得出的判断
6. 个人反省

图 5-1　社会直觉主义模式 1

图5-1描述了一个典型传播机制，它分为两个阶段。

第一阶段：认知。首先，有一个导火索事件发生。导火索事件击中A的直觉系统，A形成直觉判断（实线1）；接着，A启动理性系统，试图对之前的直觉判断做出解释（实线2）。有的时候，A会通过理性思考反思直觉判断（虚线5），有时理性思维占了上风，甚至改变了直觉判断（虚线6）。乔纳森·海特

---

1 乔纳森·海特.正义之心：为什么人们总是坚持"我对你错"[M].舒明月，胡晓旭，译.杭州：浙江人民出版社，2014：47.

解释，虚线表示不常发生。这也符合常识，多数人不会进行反思，而是满足于直觉判断，或者满足于为直觉判断找到合适的理由证明它是对的，只有极少数人会通过反思改变直觉判断。

第二阶段：传播。A试图将自己的观点传播出去，传播对象是B。A有两种选择：一个是用自己理性思考总结出的内容说服B（实线3），乔纳森·海特将其称为"以理服人"；另一个，A可以选择直接进攻B的直觉系统（实线4），乔纳森·海特将其称为"社交劝服"。

上述模型中的第二阶段，即怎样说服别人赞同你的观点，就是本书的核心。乔纳森·海特提出的两种传播方案中，以理服人就是通过讲道理说服别人，但这很难。

即使在最讲道理的科学界，讲道理也不一定能说服人。讲个伽利略的故事。按照当时占据绝对统治地位的地心说观点，月球是一个表面光滑的球体。伽利略发明了人类第一架望远镜。透过望远镜望向月球，他发现月球表面竟然是崎岖不平的，有山脉，有深谷。这是非常重要的事实证据。伽利略向一位渊博的学者展示从望远镜中观察到的天文现象，这位学者看后说道："先生，您的望远镜中展示的图像真的很有说服力，如果不是因为亚里士多德曾表达过相反的意见，我一定会相信您的。"

《科学革命的结构》的作者托马斯·库恩总结：科学家也是人。虽然有些科学家，特别是那些较年长、较有经验的科学家会一直抗拒，但大部分科学家总能以这种或那种方式被打动。每一段时间都会有些人改宗，直到最后抗拒者死光，整个专业才会在一个新范式内工作。[1]

哲学家休谟早就指出，既然争辩的任何一方都非经由推理得出信条，那么，对任何一种逻辑抱以期待，希望它能够促使人们信奉更合理的原则，都将是一场空。

---

[1] 托马斯·库恩. 科学革命的结构[M]. 张卜天, 译. 北京：北京大学出版社, 2022：127.

既然以理服人行不通，乔纳森·海特的建议是社交劝服：如果你想改变人们的想法，就必须和大象交谈。你必须引出新的直觉。首要原则是直觉在先，策略性推理在后。[1]

S1 的特点是场景触发。所以我们的策略就是"先呈现，再推理"。例如在上一节恰合达的例子中，我一开始就讲了道理，尽管我采用了寻找共识和借助权威的策略，但是这些方法并不能直接触动 S1。所以，可以先呈现一些事实，例如股价增长曲线、营收图表，这些视觉效果可以直接作用于对方的 S1，形成"收入、利润好，市值也高，这是一家好公司"的直觉印象。由于人的认知规律，听众的好奇心自然就被激发了，他们需要寻找简单因果关系，此时，再推理，讲商业模式，讲为何能盈利、能成功。简而言之，摆事实在前，讲道理在后。此外，将这些数字事实隐藏在场景描述中，例如我拜访公司的细节，通过我与董事长的对话引出，营造一种场景，直接触动 S1，效果可能更佳。

所以，价值传播策略是先呈现，再推理。先把有冲击力的事实摆出来，而非上来就讲道理。先建立直觉判断，再提供因果关系的素材，帮助对方将素材用因果关系串联起来，对事实提供解释和证实。在现场交流中，所谓呈现，实际是击中对方直觉系统的暖场安排，即先寒暄交流，获得情感认知和联系，然后才是理性推理的步骤。如果路演的协调人懂得这个道理，可能就会意识到双方必须都开视频进行情感沟通，否则路演后续环节就可能会出问题。

---

[1] 乔纳森·海特. 正义之心：为什么人们总是坚持"我对你错"[M]. 舒明月, 胡晓旭, 译. 杭州：浙江人民出版社，2014：49.

第三节　选择而非说服

我有个朋友原来是投行保荐代表人，后来去了一家创业企业做董秘、CFO，负责融资。这家企业的细分赛道概念很好，但很"烧钱"，财务数据不佳。她工作了一段时间后来上海出差，约我喝咖啡聊起这事，她感慨道："在企业搞融资的董秘真不容易，特别是要说服那些看不懂企业的投资人，太难了。"

我笑了，讲了我自己的故事。当年我服务的凌志软件刚登陆新三板，经常出去做路演，很快我就发现了问题：凌志软件是一家非常传统的对日软件外包公司，这样的商业模式好处是能赚钱、风险小，缺点是不性感、没亮点。要知道，市场总喜欢符合潮流的、有亮点和爆发力的"性感"黑马，对凌志软件这样的商业模式不看好，也很正常。开始的时候，我也曾尝试说服有不同看法的投资人，但总是铩羽而归。面临这种困难的公司不少，有的公司选择过度包装，例如把很小的亮点夸大；有的干脆造假骗人，无中生有。这些方法我不赞成，一来我认为职业有底线，市场有记忆，骗得了一时，骗不了一世；二来公众公司信息披露是有规则的，什么能说、什么不能说，是有红线的。但老板对我的期望是活跃市场，提升企业价值。所以最终我设计了一个策略：选择而非说服。既然我说服不了那些不喜欢我们公司的人，那就不要浪费时间去说服。我相信市场很大，投资者也很多，不同的投资者的理解、信念和需求各不相同。我并不需要取悦所有人，只需要尽快将适合我们的投资者筛选出来。

举一个例子，有一次我参加券商组织的路演活动，当时在会场同一层同时开讲的有好几家企业。一开场，我是这样讲的："凌志软件是一家挺平淡的公司，唯一的优点是能稳稳妥妥赚钱，每年最多有 20% 的增长。如果各位朋友需要那种'性感'的、玩心跳的、惊天逆转的黑马股，出门左转右转，它们都很厉害；如果你就是想配点低风险、会挣钱的白马股，那我们挺合适，你接着听我聊。"

果不其然，后来凌志软件一直是新三板上活跃度很高的公司，交易额靠前，估值也不低。后来我们还带着1000多位股东去IPO，大部分朋友都赚到了钱。如果尝试用说服的办法，我只能添油加醋或者编故事瞎说，这样的方法不会长久。反过来，我很诚实地坦白我们的优点和缺点，就能筛选出那些与我们对路的投资者。

由此，引出企业价值传播的第三个策略：选择而非说服。

这一策略的底层逻辑，前面已经讲了：人的信念来源复杂，很多时候与其人生经历、社会圈层相关，很难改变。同时，人类认知通常建立在直觉判断上，以理服人效果不佳。我们假设市场具有差异化的特点，好的价值传播策略就是集中有限资源，尽快筛选出认同你的人，而非浪费时间在执行效果不佳的说服工作上。

大师也用这种策略。我们以巴菲特的股东大会为例。每年的某个周末，成千上万的伯克希尔·哈撒韦公司的股东会赶赴美国的奥马哈，参加股东大会。伯克希尔·哈撒韦公司的股东大会与其他沉闷无聊的股东大会形成鲜明对照，那个周末会有无数的事情发生，各种消息在奥马哈到处传播，研讨会、小组讨论、晚宴等各种活动让人目不暇接。在主会场，巴菲特和芒格会花6个小时解释过去一年的运作得失，与股东们问答互动，耐心解释股东们的问题。会场上有伯克希尔·哈撒韦公司各子公司的展台，大多数股东在参加年会之前已经认真读过巴菲特"致股东的信"。两位睿智老人与股东们的问答非常精彩。按照《信任边际：伯克希尔·哈撒韦的商业原则》作者劳伦斯·A.坎宁安的说法，这是一场智力、文化、社交的盛宴。

以前我对伯克希尔·哈撒韦公司的股东大会有点偏见，觉着这就是一场"巴菲特教"的嘉年华，信徒膜拜，教主布道。后来我深入研究了巴菲特的公司治理方式，一路从巴菲特的私人收购看到咨询式董事会，发现事情远非我想的那么简单。股东会和"致股东的信"一起，构成了伯克希尔·哈撒韦公司独特的信任文化的重要组成部分。这种信任是对巴菲特个人的信任，而这些人是被巴菲特筛选出来的。例如，巴菲特采取被动收购策略，坐等电话响起。早年伯克希尔·哈撒韦公司为了让别人知道并打来电话，还在报纸上登过收购广告。而现在，它已经不再需要广告，市场争相阅读的"致股东的信"和传播广泛的股东大会，成了巴菲特的宣传员和播种机。当然，这只是浅层次的，举行股东大会更重要的目的是选择伯克希尔·哈撒韦公司的股东。

我们知道，对于一家上市公司来说，主动选择自己的股东基本是不现实的，但对于伯克希尔·哈撒韦这样总是特立独行的公司来说，股东对公司、对管理层的理解非常重要。在一个强调分红的治理环境中，伯克希尔·哈撒韦公司从来不分红，但是股东们理解并支持；在美国非常强调外部董事会平衡公司治理的文化背景下，伯克希尔·哈撒韦公司的董事会由巴菲特的亲戚朋友组成，巴菲特独断专行的私人收购风格也得到了股东们的充分支持。

当然，这不是在一瞬间完成的。在过去的半个世纪中，巴菲特通过其特别的"致股东的信"和股东大会，详尽解释他的经营理念，与股东们坦诚讨论他的成功和失败，不断阐释他的价值观和管理方法，吸引那些赞同这些理念的投资者长期持有伯克希尔·哈撒韦公司的股票。

最终的结果是，伯克希尔·哈撒韦公司的股东大多是巴菲特价值观和管理方法的拥趸，他们信任巴菲特，甚至信仰巴菲特。所以当巴菲特独断专行地开出巨额支票收购公司时，他们不会觉着这是公司治理的黑箱。特别有意思的是，在当下美国80%是机构投资者的时代，伯克希尔·哈撒韦公司的股东80%是个人，与巴菲特一样，很多股东在资产配置上重仓伯克希尔·哈撒韦公司而且长期持有。归根结底，信任只会在人与人之间产生。巴菲特股东大会表面上是一场嘉年华，实际上却是锻造股东信任的熔炉，能将信任巴菲特模式的投资者筛选出来。

2024年，巴菲特在"致股东的信"中写道：

> 作家们都知道，写作时心中要记得目标读者是谁，因为这很有用。通常，他们会希望吸引到大量的读者。在伯克希尔，我们的目标更为有限：那些把钱财托付给伯克希尔且无意转手出售的投资人（他们在态度

上类似那些把储蓄用来购置农场或买房出租的人，而不是那些热衷于用闲钱购买彩票或"热门"股票的人）。经年累月，这样的"终身"股东及其继承人被吸引到伯克希尔，数量非同寻常。我们珍视他们的存在。

第四节　商业也要讲故事

传播的关键一步就是直接触动 S1。同时，企业价值传播不是情绪促销，它需要利益相关方在初步的直觉判断后对判断构建因果说明，从理性上证实这种判断的可靠性。根据认知第三定律"寻求简单因果关系"，此时，传播方就需要提供因果关系的证据和资料，帮助对方形成因果链条。所以，好的传播要满足两个要素：第一是能触动 S1，第二是能提供因果关系。而故事恰好可以满足这两个要素。

首先，提供因果关系的证据和资料，最佳方式就是讲故事。原因在于，故事本身就是一种因果关系的呈现方式，它也更容易被人接受，这是人类思维方式决定的。《人类简史：从动物到上帝》作者尤瓦尔·赫拉利认为，智人就是因为会讲故事、会八卦、会想象虚拟的事物，才最终统治了这个世界。因而讲故事、听故事是人类的本能。我在本书中也讲了很多故事。故事可以很短，例如美国近代著名科幻小说家弗里蒂克·布朗写的最短科幻小说，只有　句话："地球上最后一个人独自坐在房间里，这时，忽然响起了敲门声。"它让我们马上进入情境，浮想联翩。

其次，要直接触动 S1，其中的一个方法也是讲故事。因为故事可以营造一种虚拟场景，供听故事的人想象。根据大脑双系统理论，S1 是场景触发的，通过口头或者文字营造一个场景，本身就能触发对方的 S1。

最后，故事本身内嵌的因果关系又能为对方提供下一步理性思考的素材。

因而，企业价值传播的第四个策略就是"商业也要讲故事"。讲好企业故事，是企业价值传播的终极武器。

本章小结

- 价值传播策略一：寻找共识与借助权威。由于知识分工，人类的知识积累在知识共同体中，"我们不知道我们不知道"的知识错觉，导致识别可信只能依赖既有信念。社会共识和权威是信念的来源，也是可信度的来源。

- 价值传播策略二：先呈现，再推理。先把有冲击力的事实摆出来，而非上来就讲道理。先建立直觉判断，再提供因果关系的素材，帮助对方将素材用因果关系串联起来，对事实提供解释和证实。

- 价值传播策略三：选择而非说服。人类认知通常建立在直觉判断上，以理服人效果不佳。我们假设市场具有差异化的特点，好的价值传播策略就是集中有限资源，尽快筛选出认同你的人，而非浪费时间在执行效果不佳的说服工作上。

- 价值传播策略四：商业也要讲故事。讲好企业故事，是企业价值传播的终极武器。直接触动 S1 具有非常好的传播效果，S1 是场景触发的，通过口头或者文字营造一个场景，本身就能触发对方的 S1；同时，故事本身内嵌的因果关系又能为对方提供下一步理性思考的素材。

第六章　8招创造好故事

本章导读：

好故事的底层逻辑在于恰当利用人的认知模式。行为心理学告诉我们，人类认知行为存在系统性偏差，这些偏差是自动发生、普遍存在、可以预测的。好的故事本质上是利用这类认知偏差，让故事传播更有效率，少走弯路。本章将基于好故事的底层逻辑，介绍8个讲好商业故事的技巧。

第一节　创造信任：商业叙事的第一要务

创造信任的理论

商业领域的故事与生活故事或者虚构故事不同，商业故事的第一要素是可信。

记得有一次我参加一个新三板路演活动。其中一家企业的业务是我不熟悉的某种高分子材料。路演中，这家企业的董事长说他们的技术特别牛，是中国独创、世界领先、行业龙头，听着着实让人兴奋。我当即打开金融理财软件查了一下，结果发现该企业好些年的销售收入只有小几千万，利润只有小几百万，产品毛利还不到20%。蹩脚的财务数据和老板口中光辉灿烂的故事相去甚远，让故事变得十分不可信。

在商业故事中创造信任是首要任务，故事可信才有价值。在商业世界中，可信是一种判断，或者说是一种商业决策。传统上，学界对决策判断的研究都倾向理性判断，即假设人是完全理性的，能够在逻辑一致的基础上寻求最优解。但是显然，理性人的假设过于理想化，我们做出最优决策的能力受到各种因素的限制，既有环境因素，也有心理因素。诺贝尔经济学奖得主赫伯特·西蒙认为，由于情况复杂、时间紧迫及大脑计算能力不足等原因，人们往往会以更简单、更节省脑力的满意原则取代最佳原则，只能做到"有限理性"。在有限理性框架内，决策者往往缺乏完整的重要信息，时间和成本受到约束，决策者的记忆和脑力也仅能处理有限信息，这些限制都阻碍了决策者寻求最优解，导致决策者在现实环境中依赖直觉做出判断。心理学家特沃斯基与卡尼曼沿着西蒙开创的道路继续前进，形成了现代对判断的理解。研究发现，人们依靠许多简单策略和经验法则来做决策，这些法则被称为"启发式"。启发式是人类思维特有的内隐机制，用以应对人类复杂的决策环境，启发式可以用大脑双系统的 S1 来理解。对于人类而言，启发式是有益的，但也存在很多可以预见的偏差。启发式是我们用来构建商业故事可信度的重要理论基础。

我们关注 3 种普遍的启发式：第一，易得性启发式。生动的、具体的、容易想象的事件，能给人留下更深的印象，可信度更高。例如在资本市场，通常关注度高的公司股价溢价也较高，著名股票投资家彼得·林奇建议投资者选择那些名字不那么熟悉或者难以记住的股票，就是利用易得性启发式，反其道而行之。第二，代表性启发式。人们在对人或事件做判断时，倾向寻找个体可能具有的、与原先形成的刻板印象一致的特点。例如，形容一家企业时可以说"这家企业的行业地位就像宁德时代"。这都是类比技巧，类比技巧好用的根源就在于代表性启发式。代表性启发式造成的偏差主要在于用小样本或者代表性经验代替概率思维。相信权威和信任个案证据是典型的代表启发式。第三，情感启发式。根据卡尼曼 2003 年的研究，大多数判断是由情感或情绪评价引发的，这种评价甚至发生在任何认知推论之前。虽然这些情感评价通常无须意识参与，但是人们会把它们作为决策的基础，而不是将其用于更完整的分析和推论过程。S1 思维表明，在人们忙碌或者时间有限的情况下，情感启发式更可能被使用，因而能让人产生良好情绪是获得信任的有效基础。情感启发式的认知偏差下，可信往往是一种可信的直觉，一种良好的情绪。因而创造良好情绪是构建可信的有效手段。[1]

根据人类思维启发式的特点，我们总结出 5 种常用的增强可信度的技巧：（1）借助权威；（2）曝光效应；（3）细节具体；（4）情感连接；（5）符识。借助权威已在第五章中介绍，下面讲讲其余 4 种增强故事可信度的技巧。

---

[1] 马克斯·巴泽曼. 管理决策中的判断[M]. 6版. 杜伟宇，李同吉，译. 北京：人民邮电出版社，2007：7-11.

曝光效应

我经常会有这样的体验：去一个陌生的地方，步行前往的时候路似乎很长，但回程的路似乎变短了。按照理性思考，路不可能变短，时间也不可能变少，只是我的体验发生了变化。回来的路对我而言不陌生，所以我不再紧张地关注路线，轻松的心情让我感觉路近了、时间短了。

心理学家认为，人类认知始终处于"放松"与"紧张"两种状态。认知放松是事情进展顺利的标志，会带来良好的情绪和安全感；反之，认知紧张让我们警惕风险，使我们的情绪处于紧张、焦虑的状态。处于认知放松状态时，我们感到舒适、安全、心情良好，因此会喜欢此时亲眼所见的事物，相信我们亲耳听闻的消息，相信我们的直觉。安全感与我们对事物可信度的判断有着微妙的关系。所谓可信，很大程度上是人在认知放松状态下，直觉上判断没有风险。认知放松状态的形成是复杂的，丹尼尔·卡尼曼在《思考，快与慢》一书中提到，认知放松的来源主要是反复的体验、清楚的示范、预知的想法和好心情。

反复的体验可以促使认知放松，让人感到熟悉和真实，从而产生良好情绪。著名心理学家罗伯特·扎荣茨曾研究重复某种刺激和这一刺激带来的轻微情感波动之间的关系，并将其称为"曝光效应"。它是一种心理现象，指的是我们会偏好自己熟悉的事物。某个事物出现的次数越多，人对其产生的好感度越高。当然，前提是这个事物首次出现时没有给人带来厌恶感。社会心理学家又把这种效应叫作"熟悉定律"。对人际交往吸引力的研究发现，我们见到某个人的次数越多，就越觉得此人招人喜爱、令人愉快。

在研究实验中，扎荣茨反复地给参与研究的被试呈现一个不熟悉的刺激（例如汉字、土耳其字母、陌生面孔等），然后要求被试对这些刺激项目进行评价。结果发现，被试对这些项目的偏好程度随着重复次数的增多而非常稳定地上升。例如，他让一群被试观看某校的毕业纪念册，并且确定被试不认识其中任何一个人。看完毕业纪念册之后，再请他们看一些人的照片，这些人在毕业纪念册中出现的频率不同，有的二十几次，有的十几次，有的只出现了一两次。请看照片的人评价他们对照片人物的喜爱程度。结果发现，在毕业纪念册中出现次数越多的人，被喜欢的程度也越高。他们更喜欢那些看过二十几次的熟悉的人物，而不是只出现过几次的。这个实验充分验证了只要一个人不断在我们的眼前出现，我们就越有可能对这个人产生好感。

事实上，即使这些项目的呈现时间非常短暂以至于被试还没有意识到这些项目的出现，或是一段时间过后，被试忘记了看过的项目，曝光效应仍然会影响人的偏好。扎荣茨在一个实验中把20个不规则图形快速投射到一个光线暗淡的屏幕上，图形闪过的时间非常短，只有1微秒左右，相当于我们眨眼时间的1/300。在如此快的速度下，任何人都不可能看清图形，大多数人甚至无法肯定自己看到了东西。之后，扎荣茨教授再把一对图形展示给实验对象，一个是新图形，另一个则是演示过的，但这一次的放映时间是整整1秒钟，且光线也很充足。当扎荣茨教授问被试更喜欢哪个图形的时候，绝大部分人选择了先前演示过的，尽管他们根本没有意识到自己曾看到过这个图形。

扎荣茨教授在总结曝光效应时说：" 只要面对我们熟悉的事物，就会让我们感觉愉快。在重复某种经历的时候，这种经历本身就蕴含着一种令人愉快的感受。进化论表明，我们把注意力更多地集中于新鲜事物或未知事物上，如果你反复经历新的刺激，而它不能伤害到你，就说明当这个事物再次出现在面前时，你是安全的。"[1]

所以，什么样的信息让人信服？答案是：熟悉的信息。那么，如何提供熟悉的信息？丹尼尔·卡尼曼在《思考，快与慢》提供了解决方案：

> 一旦遇到不知怎样回答的问题时，我只能靠认知放松来解决。如果

---

[1] 贾森·茨威格. 格雷厄姆的理性投资学[M]. 刘寅龙，译. 广州：广东经济出版社，2015：112-113.

某个答案看起来比较熟悉，我就猜测它可能就是正确答案。如果某个答案看起来比较生僻，我便排除它。直觉系统 S1 让人产生熟悉感，理性系统 S2 依靠 S1 产生的这种熟悉感来作出正误判断。任何能使联想机制运行更轻松、更顺利的事物都会使我们心生偏见。**想让人们相信有个可靠的方法，那就是不断重复**，因为人们很难对熟悉感和真相加以区别。心理学家还发现，你不必完整地重复某件事情或某个想法，即使只说一部分，人们也可能相信你的话。要熟悉其中一个短语，就会觉得对整个陈述都很熟悉，也会因此对陈述内容信以为真。如果你记不清楚某个陈述的来源，也无法将其与自己知道的事物联系起来，这时你就别无选择，只能跟着认知放松的感觉走了。[1]

细节具体

希思兄弟在《行为设计学：让创意更有黏性》中指出："具体细节不仅能替权威讲述者增强可信度，也会给信息本身赋予可信性。"[2] 抽象语言能把事情讲清楚，但是细节才能让抽象语言表达的信息生动起来，带给我们情绪，同时让信息变得真实可信。

细节是构筑想象情景的素材，越是具体的细节越能帮助人们构筑脑中现象的图景。细节越具体、情景越真实，故事也就越可信。

《埃隆·马斯克传》的作者沃尔特·艾萨克森是处理细节的大师。在书中有一段说到 20 世纪 80 年代南非充斥着暴力活动。他是这么写的："有一次，埃隆

---

[1] 丹尼尔·卡尼曼. 思考，快与慢 [M]. 胡晓姣，李爱民，何梦莹，译. 北京：中信出版集团，2012：46.

[2] 奇普·希思，丹·希思. 行为设计学：让创意更有黏性 [M]. 姜奕晖，译. 北京：中信出版集团，2018：146.

和弟弟金博尔下了火车，要去参加一场反种族隔离音乐会，他们踩过一摊血，旁边是一具头上插着一把刀的尸体。那天晚上每走一步，糊在他们运动鞋鞋底的血都会发出黏腻的声音。"[1]

皮克斯动画工作室创始人艾德·卡特姆在《创新公司：皮克斯的启示》一书中讲过一个故事。皮克斯动画片《美食总动员》中法国高档餐厅后厨的画面，是经过皮克斯编导人员实地探访，按照真实场景精心制作的。观众里很少有去过法国高档餐厅的后厨的，但黑白瓷砖地板上主厨的木底皮鞋在他走路时发出的噼啪声，大厨们切菜时抬举胳膊的姿势，以及他们摆放厨具的方式，这些细节考究的后厨场景，却引起了观众热烈的反应。影片场景能够精确地还原现实时，观众便会产生一种"就是这样"的感觉。这些细节真的非常重要，它们像隐形的发动机，可以为观众讲述一个令人震撼而真实的故事。

我年轻时看《水浒全传》，有一个困惑。宋江怒杀阎婆惜后被发配江州，酒后在浔阳楼墙上写下反诗，通判黄文炳发现后禀告蔡知府，宋江被打入大牢。蔡知府于是写信给父亲蔡京，请示是将宋江就地正法，还是送到京师。他派神行太保戴宗去东京汴梁送信，并带去几样给父亲的礼物。戴宗在路上被梁山好汉截住。为了救出宋江，他们请来能模仿笔迹的大师萧让和刻图章一流的金大坚，伪造了蔡太师的回信，信中让蔡知府将宋江送往汴梁，梁上好汉计划趁机在路上解救宋江。没承想戴宗回去交差时，这封回信被黄文炳看出了破绽。父亲给儿子的家书怎么会用印？不合常理。蔡知府就叫来戴宗，对他进行盘问。这一段我记忆犹新。

当时把戴宗唤到厅上，蔡九知府问道："前日有劳你走了一遭，真个办事，不曾重重赏你。"戴宗答道："小人是承奉恩相差使的人，如何敢怠慢？"知府道："我正连日事忙，未曾问得你个仔细。你前日与

---

[1] 沃尔特·艾萨克森. 埃隆·马斯克传[M]. 孙思远，刘家琦，译. 北京：中信出版集团，2023：2.

我去京师，那座门入去？"戴宗道："小人到东京时，那日天色晚了，不知唤做甚么门。"知府又道："我家府里门前，谁接着你？留你在那里歇？"戴宗道："小人到府前寻见一个门子，接了书入去。少刻，门子出来，交收了信笼，着小人自去寻客店里歇了。次日早五更去府门前伺候时，只见那门子回书出来。小人怕误了日期，那里敢再问备细，慌忙一径来了。"知府再问道："你见我府里那个门子，却是多少年纪？或是黑瘦，也白净肥胖？长大，也是矮小？有须的，也是无须的？"戴宗道："小人到府里时，天色黑了。次早回时，又是五更时候，天色昏暗。不十分看得仔细，只觉不怎么长，中等身材，敢是有些髭须。"知府大怒，喝一声："拿下厅去！"旁边走过十数个狱卒牢子，将戴宗驱翻在当面。戴宗告道："小人无罪。"知府喝道："你这厮该死！我府里老门子王公已死了数年，如今只是个小王看门，如何却道他年纪大，有髭髯？况兼门子小王不能够入府堂里去，但有各处来的书信缄帖，必须经由府堂里张干办，方才去见李都管，然后达知里面才收礼物。便要回书，也须得伺候三日。我这两笼东西，如何没个心腹的人出来，问你个常便备细，就胡乱收了。我昨日一时间仓卒，被你这厮瞒过了。你如今只好好招说这封书那里得来！"[1]

我看《水浒全传》这段的时候就想，戴宗可以真的跑一趟汴梁，回来途中再把真信调包成伪造的啊，回去知府盘问时，他就可以答出送信的真实细节了。至于书信的真实内容，戴宗又不知道。

所以，谎言就像肥皂泡，一触即破；如果有一些真话夹杂进去，半真半假，那它就成了气球；能做到细节全部真实无误，它就会像皮球，并不那么容易戳破了。

---

[1] 施耐庵，罗贯中. 水浒全传[M]. 上海：上海人民出版社，1975：496-497.

讲故事之所以成为价值传播的核心工具，是因为人类思维具有双系统的特点。故事可以营造情景，直接击中直觉系统。这一过程的核心是在听众心里营造一个真实可信的场景。你想抛出的抽象观念是这个场景的骨架，具体的细节构成了场景的血肉，而只有完整的场景才有可信度。所以在抛出一个抽象观念后，最好的做法是立即讲一个有细节的故事，以增加可信度。

此外，具体的细节还能帮助记忆。根据启发式，具体事件更容易被记住。有一个这样的实验。实验进行两次：第一次，实验对象被要求在15秒内尽可能多地写下能想到的白色的东西；第二次，实验对象被要求在15秒内尽可能多地写下能想到的冰箱里的白色的东西。有意思的是，大多数人在两次中写下的东西数量居然差不多，而且大多数人都觉得第二次的任务比较容易。可以说，具体的任务更容易得到结果，因为具体让我们的大脑更专注。因此，抽象的话语很难给人留下印象，反而是有细节的小故事令人印象深刻。任何企业都能在经营活动中挖掘出一些令人印象深刻的小故事，将这些小故事与你想传递的诸如竞争优势之类的抽象观念结合，传播必然事半功倍。

情感连接

从一个故事讲起。

2023年，有位同学找我参谋一件事。同学是一家挺有名的私募股权机构的创始合伙人，自己也是行业"大佬"，主要投资一级市场。对于私募来说，募集资金是重要环节。2023年经济形势不好，大家都很谨慎，募资难上加难。同学说她下周有一场闭门募资路演会，对象是几位有实力的企业家，她写好了演讲稿，想让我帮着看看。我看了同学发来的演讲稿，很专业，传播技巧运用得也很到位。我就问她："这几位企业家，原来你认识吗？""都是老熟人，都投了我之前的基金产品，也赚了不少钱。"了解到这个情况，我建议在演讲的开始增加两部分内容：第一，回忆与感谢；第二，以图形方式展示过去为他们赚多少钱。

回忆与感谢，采用的技巧是"建立情感连接"。首先回忆你与这几位企业家从初次相逢到建立友谊的过程，感谢他们这些年对你的帮助，提及向他们学习企业经营获益良多，等等。目的是营造一个氛围——除了冰冷的商业，我们之间还有情感联系。在建立良好情绪后，直接展示你为他们赚了多少钱，这个技巧叫作"眼见为实"。

根据情感启发式，人们往往会依赖情感来进行判断和决策，而不是仅仅依赖具体的信息。因而情感连接可以创造商业故事中重要的特质——可信。人最相信谁？当然是自己。例如，你不会嫌弃自己嘴里的口水，但是一旦你把口水吐到杯子里，只要过5秒钟，你就会觉得恶心，这也被称为"口水效应"。在你的嘴巴外面几秒钟或半米的距离，就足以让你的口水成为某种陌生的、令人反感的东西。这是进化使然。如果人类祖先没有学会避开潜伏在外的细菌、捕食者和其他危险，他们就不会生存下来。在无数代人繁衍生息的过程中，对熟悉事物的偏爱和对未知事物的警惕已经根植于人类的生存本能中。我们最信任的是自己，然后是亲人朋友。熟悉、安全、信任在情感上往往纠缠在一起。尽管亲人朋友不一定是专家，但是我们就是容易相信他们，这都是情感启发式在发挥作用。

在社会心理学中，有一个"内群体"的概念，指的是个人参与的，或在其间生活、工作或进行其他活动的群体，人们会对其有强烈的归属感和情感认同。王德峰老师讲过，他在公共汽车上如果突然听到有人说到复旦大学哲学系，耳朵就会不由自主地竖起来。因为那是他生命的一部分，是他生命的情感场域，他禁不住要关心。与内群体相对的是外群体。内群体成员之间的关系更为紧密，群体规范和态度也更为独特，尤其在面对不确定或不清晰的问题时，内群体成员往往会形成共同的标准或信念。研究表明，即使是刚刚组建的小团队，也会立即产生内外有别的内群体效应。内群体实际就是"我们"，而外群体是"他们"。"我们"是值得信任的，"他们"是需要警惕的。因而在讲述商业故事、传播企业价值的场景中，将听众从"他们"变成"我们"，建立"我们"的情感连接，信任度自然会上升。

2014 年微软新任 CEO 萨蒂亚·纳德拉上任后，随即给所有员工发了一封电子邮件。在邮件开头，他是这样讲的："今天对我来说，是应该保持谦虚的一天。这让我回忆起 22 年前来到微软的第一天。像你们大家一样，我选择了将要工作的地方。之所以来到微软，是因为我认为，微软是世界上最好的公司。那时候，我就清晰地看到，我们是如何让大家带着我们的创意去完成神奇的事情，并最终将世界改造成更好的天地……"[1] 在邮件一开始，纳德拉首先建立情感连接，构建了"我们"。

创造好故事的第一步，是想办法在你和受众之间找到情感连接，建立内群体，创造信任的基础。在同学募资路演的例子中，同学和她的投资人实际处于合伙多年的内群体状态，而路演一开始就要强化这种情感连接。我建议她回忆具体场景，并感谢对方在实业经验上的帮助，是为了强化内群体的感觉，制造一个"我们在一起成功与失败"的情绪场域，把"他们"变成"我们"。

内群体可以产生"我"的错觉，而一旦感觉是"我"，基于"我"的偏见就会自动产生。例如自利性偏差，这也是人类直觉的系统性偏差。具体表现为：如果结果是好的，则人们会自动归因于自己能力强；如果结果不好，则归因于运气不好。特别有意思的是，在看待别人时，自利性偏差正好相反：别人成功，则是他运气好；如果失败，那是他能力不行。

在企业价值传播中，我们希望对方认为我们的成功是由于我们的能力，而不希望被认为是运气使然。因而，让对方变成"我们"就很重要。

在企业价值传播中，我们可以根据不同场景，尽力挖掘可能的情感连接。在人数较少的场合，情感连接可以集中于共同特质，包括共同经历、共同背景、共同喜好等。在面对不确定的群体时，建立情感连接的方法可以从自己身上找。例如前文中微软 CEO 纳德拉的邮件是一封公开邮件，受众既有微软员工，也有社会公众。对于微软员工而言，纳德拉连接情感的技巧是共同经历；对于公众而

---

1 梁敏仪. 四问微软新 CEO 纳德拉：永远保持激情与勇气[EB/OL].（2014-02-05）[2024-06-11].https://www.tmtpost.com/91914.html.

言,则是一段平实的自我介绍:"我今年46岁,结婚22年,有三个孩子。像大家一样,我的所作、所想受我的家庭和生活经历所影响。认识我的人都说,我的为人处事还受到我的好奇心和求知欲影响。我买了好多书,多到自己都看不完。我在网上注册了很多课程,这些课程也多到我完成不了。我打心底里坚信,如果不再学习新鲜事物,就做不出伟大的、有用的事。所以,家庭、好奇心和求知欲,这些定义了今天的我。"如果你在纳德拉的自我介绍中看到了自己的影子,那就是情感连接在巧妙地起作用。

罗伯特·西奥迪尼指出:"我们喜欢与自己类似的人,不管相似之处在观点、个性、背景还是生活方式,我们总有这种倾向。"[1]研究表明,我们会下意识地向与自己类似的人做出正面反应。所以,面对不确定对象,我们建立情感连接的方法是从自己身上着手。除了自嘲,详细的自我介绍也是一个好办法,这样可以在不探寻对方隐私的情况下与其产生某一特征的匹配。前文讲过人类的直觉是根据某一个特征启动的,只要你把网撒得广一点,就很有可能在某个特征上与对方契合,从而建立起情感连接和信任的基础。

符合常识

若干年前我在凌志软件担任董秘、CFO时,还管着公司一个小型VC基金[2]。朋友推荐给我们一个属于数字营销细分领域的项目。当年数字营销刚刚兴起,行业发展迅猛,风光无限,这类项目很热,要价也很高。正好对方来上海举办融资路演,我也受邀去听。主讲是CEO和CFO。介绍到财务数据时,他们提到公司去年营业收入高速增长,比上年增长80%。到了提问环节,一位投资经理站起来问:"去年全行业收入增速200%,而你们只有80%,能解释一下是怎

---

[1] 罗伯特·西奥迪尼. 影响力[M]. 经典版. 闾佳,译. 沈阳:万卷出版公司,2010:180.

[2] VC,指风险投资(venture capital)。小型VC基金通常管理低于1亿美元的资产。

么回事吗？"全场一下子变得鸦雀无声，所有人的眼睛像一道道强光，一起射向台上尴尬的两人。此时，不管主讲人再怎么解释，对于不了解具体情况的投资人而言，这个项目在他们心里已经被毙了。如果行业增速200%而企业增速80%，意味着企业跑输，有很大问题。而在之前的路演中，两位主讲人均未提及此事，反而渲染80%是个高增长率，企业做得如何好，竞争力如何强之类的。他们是行业中人，对行业情况应该很清楚，但是他们并没谈及行业发展情况，这让人怀疑他们的诚信。一旦没了可信度，其他信息在观众看来就都毫无价值了。当时我就在想，如果是我，该如何处理？第一，必须诚实，因为行业数据很多人知道，试图掩盖真相很容易被揭穿，后果很严重；第二，既然企业增速跑输行业增速，就大方承认去年做得不好，客观分析说明行业大有前途，企业有优势，只要调整好就能追上去。

我们怎样才会觉得一件事情是真的？判断是否为真，即判断一个观点或者理论是不是真理，一般有两种方法论：真理符合论和真理融贯论。真理符合论认为，决定一个观点为真的因素是这个观点与客观现实相符。人类的知识分工模式决定了没有一个人能掌握全部知识，因而对某件事是否为真，我们绝大多数人不具备亲身证实其与客观事实相符的能力。这时就需要用到真理融贯论。真理融贯论是通过判断一个观点是否与其他已有观点匹配，来确定一个观点是否为真。例如，我们通常认为权威机构发布的科学研究是可信的；又比如，小时候我们倾向于相信老师说的就是正确的，长大以后我们相信权威说的就是正确的，权威包括科学、领导、专家、明星等。真理融贯论在现实生活中更为普遍，也符合人类知识共同体的特点，因而一个事件或观点是否可信，很大程度上取决于它与我们脑中的既有观念是否符合。例如前面的路演故事中，主讲人说企业实现了80%的高增长。但在行业增速200%的背景下，企业的表现并不算好。行业增长情况是一个常识，这个常识就是听众的既有观念，一旦听众觉得你的说法违反常识，你的可信度就降低了。

20世纪80年代初，两位澳大利亚研究人员宣布了一项研究结果，他们发现幽门螺杆菌是胃溃疡的主要原因。这项研究大大改善了人类治疗胃部疾患的方法——只需要简单的抗生素治疗，就可以对付之前难以康复的胃溃疡。不过在当时，这项研究却没有引起医学界和公众的注意。原因有三：首先是常识问题，人类的胃酸腐蚀性很强，通常认为在强酸环境下，细菌是不能存活的；其次，发现者罗宾·沃伦和巴里·马歇尔都是普通医院的普通病理研究人员，与这类惊人发现通常的科学家背景不一致；最后，发现地在澳大利亚，与人们脑中对于这类重要研究成果通常诞生在欧美著名大学的印象不符。这三个与人们脑中既有观念不符合的原因，使得人们难以相信这一成果。不得已，发现者之一马歇尔甚至做出了"以身试毒"的举动。他在实验室同事的见证下喝下幽门螺杆菌，之后果然得了胃溃疡，用抗生素治疗后康复。在这场戏剧化的亲身演示后，又过了10年，美国国立卫生研究院才正式支持他们的研究结论。2005年，马歇尔和沃伦凭借对幽门螺杆菌与胃病关系的发现获得诺贝尔生理学或医学奖。从此以后，幽门螺杆菌和胃病之间的关系成为社会共识，即我们脑中观念之网的组成部分。

所以，在设计你的商业故事时，一定要牢记真理融贯论。只有你提出的观点与大家的常识或社会共识匹配，它们才易于被大家接受和信任。企业的具体情况可能千差万别，当出现特殊情况时，你首先需要考虑与常识也就是社会共识是否冲突；如果与常识有冲突，就需要借助权威。

当年凌志软件在申报科创板上市时遇到了问题，因为证券交易所和证监会都有刻板印象，认为外包不具有科创属性。我当时的解释是，软件系统不是由客户自己开发而是委托第三方软件公司定制开发的，所以外包只是商业属性。科技属性要看公司是不是拥有自主技术，以及这些自主技术是否符合科创属性要求。尽管我们沿着这一思路反复进行解释并提供各种证明材料，但是监管人员脑中的刻板印象还是很难消除。后来我请教了一家已经成功上市科创板的企业的董秘。这家企业的定位是工业机器人，但是实际业务形态是汽车行业自动化生产线设计制造，换句话说，是工业机器人的应用。当时媒体对此质疑声很大，证券交易所也不敢怠慢，我当时认为他们可能通不过审核。那位董秘告诉我，对有争议的事实，大家各执己见，各有道理，谁也说服不了谁，他们后来就请了国内这方面权威的院士和行业协会来论证。看来借助权威是个办法。于是我找到国家软件的主管部门，向他们寻求支持。中国软件行业协会聘请8位国内知名软件专家公开对凌志软件的科创属性召开了鉴定会，鉴定结论是符合科创属性。后来，我们也在科创板顺利挂牌上市了。

所以，企业具体情况如果与共识相符，在他人心中的可信度就较高；如果不符，很可能被认为不可信。此时，借助权威的力量有可能获得信任。不过逆势翻盘总不如顺风顺水，所以在盘点你的商业故事时，一定要跳出自己的思维定式，以局外人的角度审视，看看逻辑是否符合常识或共识。如果有特殊的、违反常理或常识的情况，你就要进行针对性的准备，这样才能让你的商业故事可信。

第二节　眼见为实：事实胜于雄辩

纳西姆·尼古拉斯·塔勒布在《黑天鹅：如何应对不可预知的未来》一书中讲过一个故事。2003年12月的一天，萨达姆·侯赛因被捕，彭博新闻社在当天13:01发出了这样的头条："美国国债价格上涨，侯赛因被捕可能不会抑制恐怖主义。"但一个半小时后，彭博新闻社又发布了另外一条消息："美国国债价格下跌，侯赛因被捕刺激了风险资产的吸引力。"塔勒布指出：同一被捕事件（原因）被同时用来解释两个完全相反的事件（结果），显然是错误的，两个结果之间没有共同点——一个价格上升，一个价格下降。其实美国国债价格是全天不断波动的，所以这根本没什么特别的。有意思的是每当市场有所变动，新闻媒体总感到有义务给出"原因"。[1]

心理学家认为，类似的现象反映出我们对逻辑连贯和因果关系的需求。事件发生必然有其原因，尽管我们对当天债券价格波动的真正原因未必清楚，但是，一些在此之前发生的事件，例如萨达姆被捕，会被我们自动归为原因。我们可以在无意识的情况下熟练地将这些可能并不相关、只是前后发生的知识片段，组合成一个连贯的因果关系。

人类天生就具有这种组合连贯因果关系的能力。1944年，心理学家弗里茨·海德和玛丽安·西梅尔发表了一个里程碑式的实验成果。实验中，被试观看了一段动画短片。短片中，几个黑色的几何图形（一大一小两个三角形和一个圆形）正围绕着一个有开口的矩形运动（见图6-1）。

观看完短片后，被试被要求描述他们看到的内容。只有一名被试用纯粹的几何语言描述了这一短片："大三角形进入了长方形，它出去了……一个小三角形和一个圆形出现了……"大多数被试则赋予了这些几何图形人格和行为目的，

---

[1] 纳西姆·尼古拉斯·塔勒布. 黑天鹅:如何应对不可预知的未来[M]. 万丹, 译. 北京：中信出版社，2008：54.

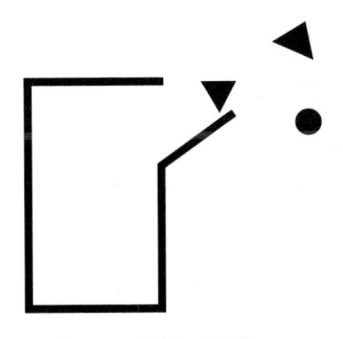

图 6-1　短片画面之一

并讲述了完整的故事。比如，"一名男人计划见一个女孩……两个男人开始争斗……女孩开始担心，从房子一角跑到另一角……"，又比如，"一个气势汹汹的大三角形正欺负一个小三角形，而那个圆形也受到了惊吓。圆形和小三角形联合起来，共同对付大三角形的欺侮……"实验表明，人类倾向为自己看到的东西赋予目标，构建因果关系，编构故事。尽管人们观看的只是抽象的几何图形（一个圆形和两个三角形）的移动，但大多数人会自己编构出颇有戏剧性的追逐与营救的故事。

现代心理学研究表明，仅仅 6 个月大的婴儿就已经会将许多事件及其续发事件认定为有因果关系，续发事件一旦发生改变，他们就会觉得惊讶。显然，我们从出生时就对因果关系有感觉，这是我们理解世界的基本模式。这种因果关系并不依存于 S2。对于婴儿而言，他们的 S2 尚未发育成熟，因而构建因果关系大部分是 S1 的功能，是一种大脑先天的功能。

在企业价值传播的场景中，我们希望对方能理解企业的核心能力。这些能力未来会继续驱动企业发展壮大，企业的价值是面向未来的发展。从因果关系上看，驱动力是因，业绩是果。我们通常在面对一个结果的时候，会自动寻找这个结果的原因，甚至会在信息不足的情况下仅仅依靠信息片段建构一个因果关系。同时我们知道，一个原因由自己得出，与别人告诉我们相比，会更让我们对这个原因的判断有信心。所以在以价值传播为目的的商业故事中，可取的技巧是先呈现结果，所谓摆事实讲道理，摆事实在前，讲道理在后，顺序不能反过来。事实或结果应当能让听众在心里产生你想要的原因，例如企业优势和能力。以第三章第二节中提到的本田摩托车进军美国市场的故事为例，沈伟教授首先呈现了一张柱状图，上面是本田摩托车的销量和市场份额，从 0 到 300 万美元，从 0 份额到 2/3 市场份额，这些都是事实结果。我看到这张图时，首先感到震撼，其次就开始想本田是怎么做到的？做对了哪些事情？战略上的安排是怎样的？根据经验，大概是本田轻型摩托定位的原因。等到下一页 PPT 显示波士顿咨询的报告指出本田轻型摩托战略定位成功，我自然觉得英雄所见略同。当这种自信被事实颠覆时，我更加感觉到意外，对这个故事的印象也更加深刻。

此外，商业故事最重要的是可信。要让人觉着可信，就要呈现结果，让人眼见为实。

在现代社会，眼见为实的效果是惊人的。1986 年 1 月 28 日，美国挑战者号航天飞机在众目睽睽之下发生爆炸事故，包括中学女教师克里斯塔·麦考利芙在内的 7 名宇航员丧生。挑战者号的悲剧令全美哗然，时任美国总统里根下令成立调查委员会，著名物理学家理查德·费曼受邀成为调查委员会成员。费曼教授突破层层阻力，终于发现事故的原因是火箭助推器的 O 形密封圈在低温下失去弹性，导致燃料外泄，进而引发事故。这其实并不是新问题，一直有工程技术人员提出这个问题，也不断有专家建议推迟发射时间，避开寒冷天气，但这些都被整个系统有意或无意地忽略了。这代表着美国航空航天局的系统性风险，费曼如果把这个问题通过委员会这种系统内的机构提出来，估计不会起到什么作用，因为美国航空航天局会极力否认和反击，导致事情最后不了了之。但费曼不是普通人。1986 年 2 月 11 日，距离事故仅 14 天，事故调查委员会在众议院举行公开听证会。轮到费曼发言时，他没有长篇大论讲解技术参数，而是拿出准备好的 O 形密封圈等道具说："请大家一起看一个小小的实验。"费曼用镊子把密封圈对折起来放进冰水里，再用镊子把对折的密封圈夹紧。过了一会儿，他拿出密封圈并松开镊子，这时观众清楚地看见，对折的密封圈并没有因为有弹性而恢复原状。眼见为实，事实胜于雄辩。第二天，《纽约时报》和《华盛顿邮报》都大篇幅刊登了费曼的讲话和他的实验，公众了解到了真相，想掩盖的局内人再无回天之力。

眼见为实、让人信服，也是我的工作经验之一。我曾经在一家手机外壳生产企业做董秘。之前我以为这没什么技术含量，去了才发现一个塑料手机外壳实际由 10 多个小零件组成，相当精巧。这改变了我的认知。后来我只要去路演，一定会带一个样品到现场。样品机壳是该企业给三星一个主流机型做的，当年三星是手机领域的"大哥"，所以能给三星做外壳，也是企业实力的很好背书。我会在现场将机壳拆开展示给观众看，这比用抽象语言描述管用得多。

在商业故事中，事实主要包括事实陈述和业绩数据，例如收入、利润、盈利能力等财务数据，或者市场份额、销量等业绩数据，又或者是竞争优势"护城河"，例如特许经营权、产生垄断优势的无形资产等。事实最好用图片的形式展示，一来让人觉着可信，二来让对方直接在心里形成连贯的因果关系。后续再给出一些有关企业核心能力的事实信息，让听众增强对因果关系的自信，提升价值传播的效果。

第三节　光环效应：从胜利走向胜利

我们从思科的故事讲起。

思科是 20 世纪初网络大潮中最耀眼的明星企业之一。在 CEO 约翰·钱伯斯的带领下，思科从一家硅谷创业企业成长为网络时代的科技龙头。1997 年，随着互联网经济的蓬勃发展，思科的年收入达到 40 亿美元，开始引起媒体的关注，《商业周刊》认为思科的网络设备是互联网"三驾马车"之一，另外两家是微软和英特尔。《财富》杂志认为思科是计算机行业的超级新势力。

在一片赞美声中，思科不负众望地在 1998 年收入达到 85 亿美元，占当时网络设备全行业总收入的 40%。收入高速增长的同时，与亚马逊等其他互联网新贵不同，思科的经营利润率高达 60%。

很快，思科市值突破了 1000 亿美元。取得这个成绩微软用了 22 年，思科只用了 14 年。《财富》称思科是互联网的真正王者，盛赞钱伯斯"研发不如收购"的战略很另类，但很成功。鉴于思科的成功，1997 年至 2000 年，各种商业杂志和商学院教授对思科进行了深入研究，试图揭开其成功之谜。他们总结了许多原因，认为其中的关键两点是领导英明和收购厉害。大部分研究都将思科成功的主要原因归功于 CEO 钱伯斯的英明领导；《财富》则说思科将收购变成了科学，商学院的教授也认为思科的核心竞争优势就是收购。

2000 年 3 月 27 日，思科市值达到 5500 亿美元，超过微软成为世界上最值钱的公司。2000 年 5 月，《财富》的封面故事就是思科和钱伯斯。2000 年 10 月，《财富》宣布在最受尊敬的公司中，思科位列第二，仅次于杰克·韦尔奇领导的通用电气。此时的思科高居巅峰，钱伯斯功成名就。

令人大跌眼镜的是，一年后的 2001 年 4 月，思科股票价格从最高 80 美元跌到最低 14 美元。短短一年，4000 多亿美元的市值灰飞烟灭。人们对它的赞扬也转为批判和嘲笑。

《财富》《商业周刊》等纷纷发表文章，管理学家也纷纷发表研究，分析思科走下神坛的原因。有趣的是，一年前那些铸就思科成功的特质，转眼之间就成了它衰败的原因。之前被描述为拥有神一般领导力的钱伯斯成了思科失败的关键，他变骄傲了，能力和远见如思科的股价一样蒸发了；之前出众的收购能力被指责为混乱无序的堆砌，没有自主研发仅仅靠拿来主义怎么可能长久？思科的收购科学变成了闹剧。

　　《光环效应：商业认知思维的九大陷阱》作者菲尔·罗森维教授指出，2000—2001年，没有人认为思科发生了变化，直到人们回头以不同的眼光看待思科。罗森维教授在研究这一年间媒体关于思科成败原因说法的大反转以后，联系了《财富》杂志总编，请他解释2000年的大肆吹捧和后来的严厉批评。这位总编非常诚实地说："我们过于关注当下时代发生的事情，没能从其中跳脱出来。"《商业周刊》记者也承认："我认为人们倾向于在繁荣时期夸大一个公司的能力。"[1] 罗森维教授指出，即使是像《财富》《商业周刊》这样的顶尖商业刊物，也倾向于根据结果，用简单言语来解释公司业绩。这确实能使故事精彩，但却将人们领上危险的道路。

　　在思科的故事里，我们可以将商业评论家的前后不一，归结为光环效应的作用。

　　光环效应指人们喜爱（或讨厌）某个人，就会喜爱（或讨厌）这个人的全部，包括还没有观察到的各个方面。中国也有类似的表达，比如爱屋及乌、一俊遮百丑等。换句话说，光环效应就是贴标签，以偏概全。

　　关于光环效应，丹尼尔·卡尼曼举例说，如果你赞同一个领导人的政见，你可能也会喜爱他的声音及着装。罗森维教授举了个例子，2001年，"9·11"恐怖袭击事件发生后，时任美国总统小布什的支持率快速上升。在灾难发生时，美国公众倾向于支持他们的总统，这种现象在历史上多次出现，并不让人意外；然

---

[1] 菲尔·罗森维. 光环效应：商业认知思维的九大陷阱[M]. 李丹丹, 译. 北京：中信出版集团, 2020：47.

而，赞成总统经济政策的人数比例也从47%突然上升至60%。很难想象经济政策会在"9·11"恐怖袭击事件发生后的几周内发生突变，但是要让人们将这些事件分开看是有难度的。民众给总统套上了一个光环，从而在各方面都对他都有良好印象。毕竟对于许多人来说，总统在国家安全方面多谋善断，却对经济束手无策，这样的想法令人难以接受。

光环效应是由人类认知方式的固有特点决定的。人们天然地将行为看成一般习性和个性特征的外在表现。心理学家指出，光环效应让我们更容易将自己对某人所有品质的看法和对其单一特质的判断匹配起来，所谓一叶知秋。这种一致性和连贯性使我们感觉舒适。如果这种一致性遭到破坏，就会导致认知失调、心理不适。例如，我们听说复旦大学研究生毒杀室友的时候，会感到错愕，因为我们理所当然地认为能考上复旦的一定是个好学生，在其他方面肯定也差不了。光环效应过度夸大了评估的一致性：好人只做好事，坏人所有方面都坏。

总而言之，光环效应主要表现在3个方面：

第一，抓住事物个别特征，以个别推及一般，就像盲人摸象一样，以点代面。一叶知秋也许是智慧，但有时可能只是管中窥豹。

第二，从外到内把并无内在联系的一些个性或外貌特征联系在一起，断言有这种特征必然会有另一种特征。这种感觉让我们有一种掌控世界的自信。

第三，觉得好就全部肯定，觉得坏就全部否定。这是一种受主观偏见支配的绝对化倾向。

思科收购策略被反复谈论，在成功和失败的时候都被认定为原因。一旦企业成功，成功的标志是收入、市值这些客观指标。这些指标摆在我们面前，成功是确定的，而其他模糊的信息就都被笼罩在光环之下。如果我们已经知道思科是成功的，那么对那些难以判断是好是坏的事情，例如思科的收购策略，光环效应会驱动我们寻找其成功之处，并将其归为思科成功的原因。

光环效应之下，人们很自然地会根据收入、利润、市值这些客观数据推断其他模糊的信息，包括战略、竞争力、企业文化、组织形式、领导人能力等。这解释了我们是如何看待思科的兴衰的。只要思科不断壮大，持续盈利，股价再创纪录，那些经理人、记者和教授就会这样推断：思科不仅拥有倾听和回应客户诉求的强大能力，还有高度团结的企业文化和卓越的商业战略，更能把别人玩不好的收购变成科学。而当市场泡沫破灭，思科跌下神坛时，观察者则马上扭转口径，得出相反的结论，这样才能让故事合情合理、连贯协调。

丹尼尔·卡尼曼指出，光环效应是生活中普遍存在的一种思维偏见，这种偏见在塑造人的看法时起着很大的作用。我们的直觉系统可以通过很多比现实更简单却更连贯的方式来表现这个世界，光环效应就是其中一种。可以说，我们难以避免光环效应的作用。

加利福尼亚大学巴利·斯托教授开展了一个关于光环效应的心理学实验。实验要求被试根据给定数据，通过分组讨论来预测一家公司未来的销售额。被试被随机分成两组，分组讨论结束后，斯托教授随机认定一组表现好，另外一组表现差。这个成绩与小组运作及预测结果没有任何关系，只是随机认定。被试不知道的是，实验此时才开始。成绩宣布后，斯托教授让各组自己评价本组的表现。不出意料，那些被告知表现好的组员认为自己这组高度团结、沟通顺畅、积极性高；被告知表现差的组员则认为本组缺乏凝聚力、沟通不畅、积极性不高。斯托教授得出结论：人们会给那些他们相信表现好的组贴上代表好的特征的标签，给他们认为表现不佳的组贴上相反的标签。这就是实际运作中的光环效应。

斯托教授的发现并不意味着在团队中凝聚力和有效沟通不重要，这只说明，如果人们已经知道事情的结果，你就不能指望通过他们的主观评价来准确衡量凝聚力、沟通和积极性等模糊因素。无论是局外的观察者还是局内的参与者，一旦认为结果是好的，他们就倾向于寻找积极因素作为原因；一旦认为结果不好，则倾向于寻找消极因素进行解释。沟通良好、团结一致和权责分明等这些因素很难进行客观评价，所以人们就会用他们认为可靠的其他标签作为判断依据，业绩表现正是人们给团体组织贴标签的一个依据。有了这个标签之后，那些之前无法判断是否有效的小组运作方式此时就有了方向。一种过程，两种结果，两种评价。

人类天生是"双标"患者。

光环效应是眼见为实的终极版本。找到你企业中的光环人物和光环事件，呈现给受众，然后将人们心目中那些与企业价值相关的模糊性要素与之关联，光环就能强化这些要素，让人们感觉企业会从胜利走向胜利。

第四节　所见即全貌：我们并不需要全部信息

看不见的大猩猩

20世纪90年代，哈佛大学心理学家制作了一个不到1分钟的短片。短片中有两队运动员，一队穿白色运动服，另一队穿黑色运动服，所有运动员都在不断地移动并且互相传接篮球。短片拍好后，心理学家在哈佛大学内招募志愿者进行实验。被试的任务是观看影片，并计算身着白色球衣的队员传球的次数。观看结束后，心理学家会立即询问被试观察到多少次传球。

实际上，传球次数并不重要。短片中除了穿白色与黑色球衣的运动员，还安排了一个把自己伪装成大猩猩的人。这个"大猩猩"穿过人群并稍作停顿，对着镜头敲打自己的胸膛，然后走开，整个过程在屏幕上大约持续9秒钟。研究人员除了询问被试传球的次数，还询问他们是否看到大猩猩。结果，约一半的被试没有注意到有大猩猩存在。

这个实验结果引起了广泛的兴趣。为什么很多人看不见人群中的大猩猩？心理学领域将这种现象称为"无意视盲"，它与视盲是有本质区别的。视盲是视觉系统存在物理性损伤造成的，而在这个实验中，很多人没有看见大猩猩并不是因为他们的眼睛或是大脑出现了损伤。当人们把自己全部的视觉注意力集中到某个区域或某个物体上时，他们会忽略那些不需要看到的东西，尽管有时那些不需要看到的东西是真实存在的。[1]

---

[1] 类似视频也可以在B站上可以找到：
https://www.bilibili.com/video/BV1bK4y1S7fu/?vd_source=bb34bb4d4c011e85bcda01583e527165。

选择性注意

美国心理学之父威廉·詹姆斯指出："数以百万计的信息都呈现给我的感官……但它们从未进入到我的体验中。为什么？因为我对它们没有兴趣。我体验到的是我愿意注意的那些。"[1]

现代神经科学的研究发现，选择性注意是人类认知过程中普遍存在的现象。我们时刻被大量感觉刺激包围着，但我们只会注意其中少数刺激，忽略并压制其余的刺激。大脑加工感觉信息的能力比它的感受器探测环境的能力要有限得多，因此注意力扮演了过滤器的角色，即选择一些对象来进一步加工。很大程度上，由于选择性注意的存在，内部表征不会复制外部世界的全部细节。如果现在有个人走进房间，你把目光从这本书上移开看向他，你就不再注意这一页上的文字了。同时，你也没有注意这间房的布置，或是房内的其他人。如果待会儿有人要求你回忆这段场景，你更可能只记得走进房间的那个人，而不记得其他一些事物，比如房间的墙上有道划痕。感觉器官的这种专注性是所有知觉都具备的本质特征。[2]

选择性注意是进化的结果，也是人类大脑局限性的产物。面对海量信息，我们无力全部处理，只能简化、抓重点。以人类视觉为例，我们眼前其实存在海量的视觉信息，但我们的双眼只能通过视网膜的中央凹，吸收其中很片面的一点点信息。基本上，我们要么看不到，要么必须放弃绝大多数的周边信息。即便如此，我们仍然需要正常活动，因此，在看到周围环境的同时，大脑会自动填补我们漏掉的信息。大脑通过填补和编造获得的信息要比我们意识到的多出许多，这实际

---

[1] 埃里克·R. 坎德尔. 追寻记忆的痕迹[M]. 喻柏雅，译. 北京：中国友谊出版公司，2019：331.

[2] 埃里克·R. 坎德尔. 追寻记忆的痕迹[M]. 喻柏雅，译. 北京：中国友谊出版公司，2019：330.

上就是我们的思维模式。这种模式对我们感知世界起着至关重要的作用。

在魔术师让硬币之类的道具消失的时候，我们虽然知道这只是魔术，依然觉得很有趣。我们的双眼四处寻找线索，想要把谜底揭开。魔术师双手四处移动，嘴里念念有词，动作只是"旁敲侧击"，是想要以此来转移大家的注意力。魔术成功的关键在于引导观众自己把空缺的信息填补上，把观众储备的知识与看到的动作结合在一起。我们并不知道，在我们自认为看到的东西中，大部分都是大脑填补空缺的产物。我们误认为自己看到了事物的全貌，而且这个错觉相当令人信服。从这个意义上来说，制造出错觉的人并非魔术师，而是我们自己。我们笃信自己透彻地看到了事实，而没有意识到我们所见的只是事实的一小部分罢了。我们虽能意识到经大脑处理后得出的结果，却无法意识到大脑的处理过程。

理解人类注意力的选择性和有限性，对我们讲好故事很有意义。这说明，并不是信息越多越好，而是要锁定对象的注意力，提供有限的关键信息。此时，对方会把注意力全部放在有限的信息上，并根据这些信息做出自己的判断。我们用巴泽曼教授的赛车决策案例来说明这一点。

信息背后的信息

哈佛大学的马克斯·H. 巴泽曼教授在《信息背后的信息》一书中，讲了一个他在商学院课堂上的案例——赛车决策案例。首先，他提供给学生一组背景信息：

- 一支F1赛车队在本赛季25场比赛中已经完成了24场，总成绩排在第五位，明天还剩下最后一场比赛。
- 在本赛季的24场比赛中，该赛车队7次出现发动机垫片故障，导致发动机损坏，不能完成比赛。
- 在赛前准备会上，发动机工程师认为，垫片故障与气温有关。根据天气预报，本次比赛前一天晚上的气温低于0摄氏度，预计比赛开始之前的气温是4.4摄氏度。资料显示，过去7次垫片出现故障时，气温分别为11.7摄氏度、13.3摄氏度、14.4摄氏度、17.8摄氏度、21.1摄氏度、21.1摄氏度和23.9摄氏度。

● 赛车队首席工程师不同意发动机工程师的看法。他认为垫片故障与低温无关，还指出让赛车待在维修站里是赢不了比赛的。

● 首席工程师补充，上两场比赛之前就已预先更换过垫片，比赛时都没出故障，因此这个问题有可能已经解决了。资料显示，那两场比赛的气温都是21.1摄氏度。

● 明天这场比赛备受瞩目，电视台将对其进行全国直播。

在列出上述信息后，巴泽曼教授补充道："如果各位还需要其他信息，请告诉我。"

随后，巴泽曼教授请学生回答问题。

目前有几种可能情况：

A. 如果赛车队在明天的比赛中能够取得前五名，将赢得一大笔赞助，极大改善赛车队的财务状况。

B. 如果在全国电视直播时赛车垫片发生故障，赛车队将会破产。

C. 如果主动退赛或者未取得前五名，车队会以总成绩第五的排名结束本赛季，不会对赛车队的竞技地位有根本性影响。

决策问题：如果你是赛车队老板，你会参加明天的比赛吗？现在请你做出决策。

各位读者在往下看之前，请先代表车队做出决策。

巴泽曼教授课堂上的学员都是有实践经验的企业管理者。绝大部分学员并没有询问其他信息，他们都决定参加这次比赛。他们推理的依据是：从历史数据看，垫片故障发生的概率仅有 7/24，而且就如赛车队首席工程师所言，让赛车待在维修站里是赢不了比赛的。

不知道你做了什么决策？

只有几个学员索要了 24 次比赛的全部温度数据（见表 6-1）。

表 6-1　垫片故障数据分析

气温（摄氏度）	出现垫片故障的比赛次数	比赛总次数	概率（%）
<18	4	4	100
18~22	2	10	20
22~27	1	9	11
>27	0	1	0

基于表 6-1，你得出了什么结论？非常明显，垫片事故与气温相关。气温低于 18 摄氏度的 4 次比赛全部出现了发动机垫片事故；只要气温高于 18 摄氏度，出现该问题的概率大幅下降。这说明低温可能是导致事故的关键原因。

根据天气预报，比赛前一天晚上的气温低于 0 摄氏度，比赛开始之前的气温是 4.4 摄氏度，均低于 18 摄氏度。车队老板的正确决策应该是放弃本次比赛，拿着已经获得的第五名安全进入下一个赛季。

眼见即为事实

再讲一个故事深入思考一下。

志明的大部分流动资产都以股票的形式存在于股票账户之中。明年儿子要上小学了，他决定买个学区房，所以得把流动资产变现，支付首付款。他重仓了两只股票，AA 股份和 BB 科技。AA 股份账面显示盈利 100%，BB 科技则显示亏损 50%。卖掉其中任何一只，就能满足买房需要的资金量。

> 如果你是志明,你选择卖哪一只?

这个故事是我讲课时经常用的。你的答案是什么?AA 股份还是 BB 科技?都不对!

通常的选择是卖掉赚钱的那只股票。这是人类认知偏见中的另一个偏见——损失厌恶偏见。在面临损失后果的情况下,人类往往选择冒险继续持有亏损股票;而在面对正面结果时往往选择保守做法,落袋为安。而在这里,选哪一只都不对。

正确答案是:我需要更多的信息。

根据案例场景,志明必须卖掉一只股票,而决策的依据不是过去的盈亏,因为这都是沉没成本,与未来决策无关。对于志明而言,需要了解的是未来哪只股票更有上升的潜力,据此留下能涨的,卖掉未来不看好的。我们留下股票是因为它未来具有上涨的潜力,而不是过去的盈亏。

与之前的赛车决策案例一样,我们被当前的信息蒙蔽了,以为这就是全部的信息,而忘了去寻求更多、更正确的信息。在《思考,快与慢》一书中,丹尼尔·卡尼曼指出人们会下意识地犯错误,并在错误认知的基础上做出决策,因为人们总是根据有限的信息,匆忙得出结论。这个错误叫"眼见即为事实"(what you see is all there is)。[1]

在总结赛车决策案例时,巴泽曼教授指出,他曾提醒学员:"如果需要其他信息,就告诉我。"而这些学员在给出错误答案后申辩,他们以前参与的其他案例分析中,教授会提供解决问题所需的"全部"信息。他们说得没错,但是在现实中,没有人能自动地、完全无误地获得"全部"信息。这种"全部"只会发生在课堂这种人为限定的场景中。实际情况是,当我们还需要其他信息时,却经常认为自己已经拥有了做出决策所需的全部信息。巴泽曼教授认为,既然我们所看到的往往不是全貌,那么习惯于思考"我希望知道什么信息""还有哪些信息能

---

[1] 卡尼曼. 思考,快与慢[M]. 胡晓姣,李爱民,何梦莹,译. 北京:中信出版集团,2012:70.

帮助我更全面地做出决策"等问题，就能够让情况大为不同。这个习惯能够帮助你成为一个更好的决策者。

就像在赛车决策案例中那样，挑战者号事件也可以如此分析。即如果对所有数据进行分析，就能发现气温与故障之间的联系，进而切实预计到挑战者号发射失败的概率很高。但是与很多人一样，工程师和官员将自己局限在显而易见的数据之中，没有问过自己还需要哪些数据来对温度的假设进行验证。

巴泽曼教授指出，我们经常听到"打破常规看待问题"这个说法，但是在面对问题、做出决策的时候，我们很少对自己发问：眼前的数据是不是回答问题所需的所有正确数据？

我们可以从行为心理学得知，在做出决策时，"眼见即为事实"将几乎所有人的分析限制在了那些容易获得的数据中，很少有人去深究什么数据有助于我们更好地解决问题。[1]

眼见为实、光环效应和"眼见即为事实"，是我们创建好故事的内容安排技巧。眼见为实通常是信任的来源，展现事实，有助于观众对你的故事产生信任。更重要的是，面对事实，人们会下意识地根据结果寻找原因。在你的商业故事中，先亮出你选定的既成事实，可以很方便地将观众引导到你设定的因果序列中。比如，先展示一张图，然后讲图形背后的故事。光环效应是眼见为实的终极版，如果能在你的故事中找到"光环"——成功的人、成功的事，光环效应会让受众将一些模糊的、难以量化的核心驱动力自动归因。眼见为实和光环效应都是为了创建你想要的因果序列，它们在受众心里默默播下种子后，你只需要在后续故事中给出构建这些因果序列的信息就行。"眼见即为事实"告诉我们，你并不需要提供完整详尽的信息，只需有目的地选择满足受众心中因果序列的部分信息即可。总结成一句话：展现事实，戴上光环，为铺垫好的潜在因果序列提供部分适当信息。

---

[1] 马克斯·H.巴泽曼.信息背后的信息[M].唐文龙,孔令红,译.杭州：浙江人民出版社，2019：4-9.

第五节　多重自我：直觉是可以被操纵的

前文提到，人类认知很大程度上由大脑的直觉系统控制，S1是潜意识的自动反应，内嵌于人类基因，所有人都具有这种自动反应的特性，因而是可以事先预测的。而且这些自动反应能直接调动人的情绪，支配人的行动。例如损失厌恶，面对触发场景，绝大部分人会发生损失厌恶偏差。我们往往卖出盈利的股票而保留亏损的股票，因为我们厌恶损失，宁可冒险再等一等，也不愿意现在就蒙受损失。考虑到场景会触发S1的自动反应，我们是否有可能通过场景设计来诱导受众的直觉反应？

著名心理学家威廉·冯·希伯在其名著《当我们一起向狮子扔石头：人类如何在社会中进化》中描述了自己做的一个实验。在美国加州的一个滑板公园，他们找到一些滑板少年，付给他们一些费用，请他们表演滑板技巧，用摄像机记录，并在事后采集他们的唾液，测试他们大脑前额皮层的活动。实验分为两天进行。第一天，研究人员和摄影师都是男性；第二天，他们再次进行相同的实验，这一次与前一天唯一的区别在于除了男性研究人员和摄影师，还有一位魅力十足的年轻女性在场。通过两天的实验对比，同一滑板少年在有年轻女性在场的情况下，做出危险动作的概率显著上升。尽管这些滑板少年并没有与这位女性交谈，她只不过是站在一旁观看，这些滑板少年却下意识地做出了更多可能导致受伤的危险动作。

心理学实验显示，人类可能存在多种人格特征，也就是存在多重自我。我们并非只有一个自我，而是有一系列自我———群"次级自我"。就像不同的人格一样，你的每一个次级自我都拥有特定的好恶，而且它们只在特定环境中才会出现。在任意时间点，都只有一个次级自我在掌权，它就是当下的你。如果我们是多个次级自我的集合，那就意味着即使我们一直感觉自己是同一个人，但实际上我们会根据自己在哪里、在做什么，以及周围的环境而改变自己。心理学家道格拉斯·T. 肯里克在《理性动物》中认为，人有7种次级自我形态，分别是育儿、留住配偶、求偶、社会地位、社交、避免疾病和自我保护。在不同的情景中，某一种次级自我会处于激活状态，因而人会在不同的情景状态下表现出不同的行为方式和偏好选择。[1]

若根据上述7种次级自我状态来分析，滑板少年在第二天做出更多可能导致受伤的危险动作，本质原因是在场的漂亮女性触发了滑板少年的求偶型次级自我。求偶是一项需要冒险的行动，不冒险则难以在求偶竞争中胜出，因而进化使得人类男性在求偶时更敢于冒险，提升了风险阈值，而这一切都在潜意识中自动发生。事后对滑板少年唾液的化验也显示，第二天他的睾丸激素水平显著上升。血液中流动着更多睾丸激素，会使这些滑板少年的行动更敏捷，但也使他们更鲁莽，更容易冒险。对大脑前额皮层的测试发现，第二天的实验中，这些控制理性思维的区域活动被抑制了。心理学家指出，这些发现对于进化来说是合理的，因为在美丽女性面前成功地表现自己，可以增加男性吸引她成为配偶的机会。为了炫耀，男性会心甘情愿地置谨慎于不顾，去承担一些平时看似愚蠢的风险。在美丽女性前来观战时，那些男性滑板玩家并非有意识地去承担更多风险，而是潜意识的遗传机制替他们做出了这个决定，让他们的身体里充满睾丸激素。[2]

讲一个利用多重自我理论的实战故事。我曾经在一家企业担任CFO，企业老板是个年近60的技术专家，来自香港。他的理财思路挺保守的，好几亿港元的现金就在香港银行存活期。有一次他告诉我，银行经理近期要来动员他买点理财产品，他觉得有风险，叫我到时候一起听听。当天，银行来了两位美女经理谈业务。老板就和前文的滑板少年一样，在有美女在场的情况下触发了求偶型次级自我，风险阈值上升，风险承受力变高，而且自己还没有意识到。我的心理学可

---

[1] 道格拉斯·T. 肯里克，弗拉达斯·格里斯克维西斯. 理性动物[M]. 魏群，译. 北京：中信出版集团，2014：37.

[2] 道格拉斯·T. 肯里克，弗拉达斯·格里斯克维西斯. 理性动物[M]. 魏群，译. 北京：中信出版集团，2014：26.

不是白学的，一瞅准机会就对老板说："你女儿在英国怎么样？"老板立刻想起了他的孩子，自然切换到另外一个次级自我——育儿型次级自我。求偶型次级自我的特点是爱冒险，而育儿型次级自我正好反过来，表现为小心谨慎，不能有风险。我通过场景唤醒不同的次级自我，自然抵消了对方的潜意识攻势。自然，老板也没买对方推荐的产品。

　　心理学家的研究显示，在实验前先让被试读一个经过精心设计的小故事，可以有效激活自我保护型次级自我或求偶型次级自我。一组被试阅读一个恐怖故事，另一组则读一个浪漫故事，随后进行损失厌恶偏差的测试。实验发现，阅读过浪漫故事的被试，损失厌恶程度大大降低。浪漫故事激活了求偶型次级自我，损失厌恶偏差不仅会消失，在男性身上，甚至还会有相反的表现——他们会变得无视损失，甚至夸大收益的重要性。对于处于求偶状态的男性来说，收益的影响大于损失。阅读恐怖故事的被试的测试结果正好相反。恐怖故事激发了自我保护型次级自我，被试的风险意识变得更强，损失厌恶程度大幅提升。实验证明，潜意识的系统性偏差，例如损失厌恶偏差，在某些情况下会发生巨大的改变，它们可能被放大、被关闭，甚至被反转。[1]

　　对企业价值的判断来自对企业未来发展和风险的认识，一定程度上和判断者的风险阈值相关。根据多重自我理论，虽然人人都具有思维的系统性偏差，但是在不同场景下触发的不同次级自我所产生的直觉判断，是有差别的。因而在价值传播中合理设置先导情景，触发受众的次级自我反应，对达到传播效果非常有用。

---

[1] 道格拉斯·T.肯里克，弗拉达斯·格里斯克维西斯.理性动物[M].魏群,译.北京：中信出版集团，2014：63.

第六节　替代效应：帮助决策者下决心

替代效应

替代效应是人类思维的一种系统性偏差。在特定场景下，这种偏差就会发生，而且可以被预测。心理学家指出，在面对一个难以回答的问题时，我们往往会用一个简单问题的答案替代这个问题的答案。为了方便理解，我们先讲两个替代效应的案例。

第一个案例来自丹尼尔·卡尼曼的《思考，快与慢》。一家大型金融公司的首席投资官告诉卡尼曼，他刚刚买了福特汽车公司上千万美元的股票。卡尼曼问他是如何做出这样的决策的，首席投资官说，他参加了一个车展，觉得福特生产的汽车很好，他相信自己的感觉，对自己和自己的决定都很满意。

卡尼曼很吃惊，因为这位首席投资官忽视了投资的相关问题，而是跟着自己的直觉行事。他喜欢福特汽车，也喜欢福特公司，于是就喜欢持有其股票的感觉。

卡尼曼写道，这位仁兄恐怕根本不知道自己在做什么。实际上，碰到很难的问题一时想不出巧妙的主意时，直觉就会发挥作用。我们的脑袋里可能马上会出现一个答案，但这个答案却不一定是原来问题的答案。当面对难题的时候，我们往往会回答另一个简单的问题，但却忽略了自己已经对问题做了置换这个事实。

第二个案例来自我的亲身经历。我投过一个早期项目，这个项目让我5年时间获得了30倍的回报，从结果看非常成功。但是当时，这个项目处于三无状态——无收入、无客户、无产品。只有一群勤奋执着的"码农"，他们怀揣着伟大梦想。另一方面，他们所处的行业非常前沿，我和我的老板都看不懂。不过最后，我们还是决定投资该项目。原因很多，但回想起来，有一个细节对决策起了关键作用。

投资团队进行尽职调查后,我邀请项目创始人来上海与我的老板直接会面。我和创始人在北京已经见过几次,知道他以前在大公司担任高管,拿过百万年薪,生活也比较讲究,所以就给他订了我们公司旁边的一家五星级酒店,一晚的协议价是600多元。

但后来送他走的时候我才知道,他没有住我给他订的酒店,而是住到了不远处的如家酒店(经济型连锁酒店)。他看出了我的困惑,解释说目前团队还在创业,应以勤俭为本。如果他带家人来旅游,可以住好一点;但如果是公事,就住如家。他公司的兄弟们也是这样做的。我们投早期项目最怕创始人乱花钱,决定投资的因素当然还有很多,但这件事确实给我的老板留下了很好的印象。

从结果看,这个项目是成功的,事实证明创始人确实是一位靠谱的小伙子。不过靠谱的人就能成功吗?我们投资决策的判断依据显然应该是这个项目未来成功的可能性。显然,对一个我们都不懂、前景不明的早期项目,我们并不具备预测项目成功可能性的能力。但是我们通过以如家事件为代表的创始人当下行为判断:创始人是个靠谱的人。我们以这个问题的答案,替代了我们无法回答的项目未来成功可能性的问题。

根据心理学家的研究,绝大多数人很自然地就做出了直觉判断,根本没有意识到我们的S1即直觉系统偷换了答案,就如同这个例子里我们在判断项目成功可能性时做的那样。

替代效应有4种情况:

- 用相似性代替可能性;
- 用情感代替可能性;
- 用可得性代替可能性;
- 用现实的匹配答案代替预测可能性。

4种情况可能单个发生，也可能联合起作用。

这4种情况有3个共同点。第一，用其他答案替代对可能性的判断，而可能性是一个基于统计的概率判断；第二，从经验上看，我们使用一个简单的答案代替了一个复杂的答案；第三，从思维机制上，我们使用一个直觉答案代替了一个逻辑判断。

根据大脑双系统理论，直觉系统即S1快速自动运作，理性系统即S2启动缓慢，需要花费精力调动。而可能性问题是一个概率判断问题，属于S2的范围。根据心理学家的研究，涉及可能性的概率问题的解答并没有根植于S1，因而在S2尚未启动之时，S1已经对可能性问题做出了判断，尽管这个判断只是一种启发式的情绪反应。我们在启动S2思考这一问题无果的情况下，很可用S1的自动反应悄悄替换本应由S2回答的问题。

在早期项目案例中，实际上有两种替代机制在起作用：一是用现实的匹配答案代替预测可能性，这里用创始人的靠谱替换了未来项目成功的可能性；二是用相似性代替了可能性，我们在心目中对创业成功的企业家有一些刻板印象，例如勤奋、节俭等，如家事件正好符合这种相似性。

替代效应的攻与防

理解了决策模式中的替代效应，我们可以在两个方向上做出努力。

第一，替代效应的防守。防止替代效应的偏差影响我们的正确决策。

塔勒布指出，人类就是概率盲。这句话的意思是人类直觉系统中没有概率判断的机制，因而在概率问题上，直觉判断往往是错误的。投资是概率活动，因而它是"反人性"的。

卡尼曼举过一个例子：

> 首先我们来看对一个人的简单描述。比尔今年33岁。他很聪明，

但缺乏想象力，且大多数时候比较无趣。学生时代，他数学学得很好，但是社会研究和人文科目很差。

下面有两个选项，请问你认为哪一种的可能性较大：

A. 比尔是爵士乐手。

B. 比尔是会计，同时还是爵士乐手。

实验结果显示，大多数人会选择 B。道理很简单，根据比尔的资料，他怎么看都不会是一个演奏爵士乐的人，倒是蛮符合我们对会计的刻板印象。但显然这种选择是错的，因为比尔是会计同时还是爵士乐手的概率，必然小于比尔是爵士乐手的概率。

在这个例子中，我们用相似性代替了概率判断，忽视了基础概率的存在。心理学研究显示，人们倾向于相信增加了细节描述的解释是正确的，哪怕细节无关紧要，甚至在逻辑上是降低可信度的。比如，"比尔是会计，同时还是爵士乐手"，比简单的"比尔是会计"看起来更令人相信。[1]

为了应对替代效应，心理学家建议我们在遇到概率判断或可能性问题时采用外部视角，想一下此类事项在类似情况或者普遍情况下的可能性。一旦采用外部视角，你就会意识到基础概率的存在，从而对冲替代效应的影响。当然，多数时候我们意识不到替代效应在发挥作用，此时就需要一些技巧。例如在做决策时，咨询不相关的外部人的意见，或是等一下再做决策，抑或事前写一张小纸条来提醒未来的自己。

第二，替代效应的进攻，利用替代效应说服别人。

既然我们理解了替代效应，在防止替代效应误导我们的同时，可以利用替代效应来强化我们的传播或说服工作。

情感替代是一种简单可行的方法。一位知名心理学家谈到他一次买房子的经

---

[1] 邓肯·J. 瓦茨. 反常识[M]. 吕琳媛，徐舒琪，译. 四川：四川科学技术出版社，2019：115.

历。那天很冷，到了房东家里，房东给他倒了一杯热茶。那天他很痛快地签了约，回头再看，这个房子与自己的预定目标相差很多，他没想明白为何之前会同意这样的交易。事后他总结，当时那杯热茶让他感到很舒适，而这种舒适的情绪代替了对交易合同条款的判断。这样看，在沟通中创造出有利情绪是一个好方法。

关于热茶的替代效应，我给一位朋友讲过，后来他告诉我，他实践了一次，效果相当好。事情是这样的。他所在的是一家发展不错的上海创业企业，上市前决定再募集一轮资金。经过多轮接触后，有一家深圳的机构对他们有兴趣，并决定进行实地考察。那是一个潮湿阴冷的冬日，投资机构领导来到公司会议室坐下。会议室的空调温度较高，所以大家都脱去了羽绒服或大衣。企业 CEO 讲解 PPT 的途中，建议大家跟随他一起到车间看看。车间就在同一栋建筑内，于是 CEO 穿着单衣就出去了，客人们也没穿外套。但是上海的冬天，室内也很冷，一圈走下来，大家都冻得瑟瑟发抖。回到会议室，助理已经为大家准备好了热乎乎的咖啡和茶。朋友说，那天的路演非常成功。

第七节　锚定效应：传播者的利器

有一年夏天我和太太到土耳其旅游。在卡帕多西亚一个怪石嶙峋的景点，太太被路旁一排售卖旅游纪念品和古旧物品的商店吸引，寻寻觅觅之后，拿起了一个沾满灰尘的铜烛台问一直跟在旁边的土耳其大叔店主：多少钱？对方说50美元。我觉得有点贵，但看太太喜欢，就随口还价30美元。大叔爽快地卖给了我。太太还想在这家店里看看，我没吭声，拉着她拿着包好的烛台出了门，进了隔壁一家类似的商店。这次，太太看中了一个铜制的可以悬挂的灯盏。我心里估量它和刚才买的类型差不多，刚才那个一定是买贵了，所以这一次我没等太太问价，就直接对着店里的土耳其大叔说5美元。大叔一脸苦相："No，No，No（不行，不行，不行）。"我们就决定不要了。出门的时候，他追上我们，8美元成交。

心理学家认为，讨价还价中率先出击的一方往往占有优势，先出价往往能获得锚定效应。锚定效应是指人们在对某一未知量的特殊价值进行评估之前，总会先对这个未知量进行一番思量，一些无关的信息会对思考产生影响，而从这一锚定起点开始的思考调整被证明往往是不充分的。例如第一次讨价还价时，先发锚定有重大影响。有经验的谈判者和销售人员都知道，一桩买卖或生意很可能被首先建立起来的参照框架或首先给出提议的一方控制。在上述故事里，问多少钱是一个错误，因为我们并没有估计此类物品在当地价格的经验，也没有备选方案，此时问价，就把先发锚定优势交给了对方。尽管我们可以还价，但是价格还是明显偏高了。此时不能继续在此店购物，因为框架已经形成，接下来的所有东西都不会是一个物超所值的或者符合心理价位的价格。所以我们要换到另外一家，比照之前的心理价位，抢先给出一个优势价格。当然，极端价格有可能导致谈判失败。

心理学家认为，人的判断是一个复杂过程，偏差可以在很多环节中产生。最基础的偏差是该过程有"调整不足"的倾向或者被首因效应（第一印象）左右，判断开始时考虑的信息，在最终判断时被赋予过高的权重，[1]即人们通常以最初的锚点为起点进行估计，然后围绕锚点进行调整，从而得出最终答案。首因效应也可以用光环效应来解释，即在证据逐渐出现的情况下，第一印象产生的感觉会影响你对事物的解读。

一个著名的心理学实验是对两个人（艾伦和本）进行描述，然后要求被试对这两人进行评价：你认为艾伦和本怎么样？

- 艾伦：聪明、勤奋、冲动、爱挑剔、固执、嫉妒心强
- 本：嫉妒心强、固执、爱挑剔、冲动、勤奋、聪明

你喜欢哪一个？我喜欢艾伦，估计你也差不多，不过仔细看一下，描述两人个性的6个词是一模一样的，只是顺序不同而已。卡尼曼认为："我们对一个人性格特征的观察顺序是随机的。然而，顺序的确很重要，因为光环效应注重第一印象，而后续信息在很大程度上都被消解掉了。"[2] 首因效应使我们过早地根据第一印象得出结论，这种结论会影响我们对后续信息的解读，也就是会导致我们对第一印象的调整不足。

心理学家认为，锚定效应通过两种方式产生认知偏差。第一，调整不足，当判断过程临近产生结果时，调整呈现出保守的特点。当新信息出现时，人们习惯性地对先前估计的值做向上或者向下的微小调整，导致先前的信息被过分看重。也许人们只是很自然地将最先呈现的信息当成最重要的，所以才赋予其过高的权重。第二，在我们后续从记忆里提取跟锚相关的信息时，锚会对这个信息提取的过程产生关键性的影响，让我们产生信息偏差，最终影响判断。

---

1 雷德·海斯蒂，罗宾·道斯. 不确定世界的理性选择——判断与决策心理学[M]. 2版. 谢晓非，李纾，等译. 北京：人民邮电出版社，2013：75-76.
2 丹尼尔·卡尼曼. 思考，快与慢[M]. 胡晓姣，李爱民，何梦莹，译. 北京：中信出版集团，2012：67.

锚定效应对人们的判断起到明显作用。在前面凌志软件申报科创板上市的故事中，显然，审核官员被"外包"概念锚定，一旦锚定和刻板印象结合，就会产生巨大力量，再想解释和说服，难度很大。当年我们对IPO的理解是"铁路警察，各管一段"。在撰写招股书时仅仅考虑如何更好地让监管理解，从而使企业过会，不太考虑上市后招股书的定位与市场认知之间的关系。例如，2013年凌志软件定位于软件外包而非定制软件开发，主要是因为当时监管对"外包"概念是认可的，容易过会。但是这种定位没有考虑未来市场价值的问题。2020年凌志软件在科创板上市后，市场对凌志软件的第一印象是软件外包，估值就不高。尽管我在路演中一再将公司定位调整为软件开发，但是由于听众已经锚定了"外包"，调整总是不足的。这给我们一个重要启示：在企业价值传播中，先发锚定非常重要。

锚定效应也不总是有效。例如，一家公司宣传自己属于卫星地理信息和军工行业，但是仔细一看，它其实是一家承接政府项目、类似测绘设计机构的公司，和卫星或军工八竿子打不着。此时，锚定效应就不管用了，很可能还会被质疑可信度。所以先发锚定对于让对方"锚"在我们希望的地方很有帮助，但是滥用可能会适得其反。

此外，根据心理学家的研究，不相关的信息也可能产生锚定效应。在价值传播中，我们也可以通过设计不相关信息来影响对方，例如谈到公司未来预测，《超预测》一书作者菲利普·泰洛克教授说："我们在做预测时，往往从某一个数字开始，然后对它进行调整。这个初始数字被称为'锚'。它很重要，因为我们通常不会对其本身进行调整。"[1]例如在预测之前，首先展示过去几年的增速，往往就能起到很好的锚定效果。受众会自然而然地进行趋势外推，即使调整，也不会离被"锚定"的历史增速相差很远。

1　菲利普·泰洛克,丹·加德纳.超预测[M].熊祥,译.北京:中信出版集团,2016:145.

第八节　知识的诅咒：传播者的陷阱

本章前面 7 个传播技巧都是我们要学会运用的，最后一个技巧，则是我们在传播和沟通中需要避免的，即知识的诅咒。

我们从一个心理学实验讲起。研究者设计了一个简单的游戏，受试分别扮演"击节者"和"听猜者"两类角色。"击节者"拿到一份列有 25 首著名曲目的清单，包括《祝你生日快乐》等耳熟能详的歌曲。每位"击节者"选定一首，在桌上把曲子的节奏敲给"听猜者"听。"听猜者"的任务是根据敲击的节奏猜歌名。看似简单的任务，大部分"听猜者"却猜不出来。我经常在课堂上让同学们玩这个游戏。玩之前大家都认为很简单，因为都是一些简单熟悉的歌曲，结果是大部分人都猜不中。

原因在"击节者"身上。"击节者"的拍子是和脑子里的音乐联系在一起的；但是"听猜者"的脑子里没有音乐，他们看到的是一些不连贯的动作，不知道是什么意思。

心理学家把这种现象称为"知识的诅咒"。"击节者"一旦事先掌握了某种知识（比如歌曲名），就很难想象缺乏这种知识的情形。他们击打节奏时，想象不出"听猜者"听到的是一下又一下分离的敲击声，而不是连贯的歌曲旋律。同理，我们一旦知道某事，就无法想象别人不知道这事的情况——我们的知识"诅咒"了我们。

在企业价值传播中，传播者在描述一家企业的时候已经拥有大量信息，包括企业的历史、技术、老板、团队、市场等。但是信息量太大了，没法传递，需要传播者先消化，把它们简化和抽象后，形成一个商业计划书或者路演 PPT。传播者自己看商业计划书或路演 PPT 时，心里是有那些详细信息的，所以传播者会觉得自己的商业计划书或路演 PPT 内容很丰富。可是观众可能就看不明白了，因为观众脑子里没有详尽的背景信息，他们只看到了抽象的、不连贯的东西，很难和演讲者同步。这种"我不知道你不知道"的困境就是"知识的诅咒",它是价值传播者的陷阱,我们要尽量避免。

讲一个沟通中"我不知道你不知道"的故事。我大学毕业后被分配到一家设计院工作,主要做汽车、内燃机之类的工厂设计。做设计都要去项目现场,那一年设计院接了一个呼和浩特的项目,我们坐了一夜的火车硬座,一大早到达呼和浩特,厂办的老吴接上我们去吃早饭。我一路看着呼和浩特的街景,突然留意到街面的饭店招牌上写着"稍美茶水"。一问,原来就是烧卖。不多时,车停在一家"稍美茶水"店面前,几人坐定,老吴就问我们:"稍美吃几两?"3个人估摸了一下自己的饭量,一个人报了半斤,一个人报了4两,我报了3两。饭店老板和老吴对视了一下,笑了笑没说什么。过了一阵,热气腾腾的"稍美"端了上来,一人一盘,盘子里堆得像小山一样。我吃了四五个就已经饱了,毕竟是纯羊肉馅,虽然鲜美但是肥腻。我顺嘴问老吴:"这一盘有3两?"老吴笑着说:"这一盘是1两。"老板一边把新的"稍美"端上桌,一边说:"我们这都是按'稍美'皮子的重量算的,1两就是1两面的皮子。"这么薄的皮子、这么大的馅,1两面得装大半斤羊肉。面对一桌子十几盘"稍美",我们3个人全傻了眼。

学者认为,沟通是否顺畅取决于沟通的语境,即沟通者之间存在的共享知识和一些默许的共同点。

沟通可以理解为图6-2的模型。"我"依据"我"的个人经历、知识结构、文化背景、价值判断等编码,制作成沟通信息传递给"你";而"你"依据"你"的个人经历、知识结构、文化背景、价值判断等解码。此时,语境就成了沟通能否顺畅的基础。沟通语境有两种:高语境[1]和低语境。

高语境沟通中,绝大部分信息或存于语境中,或内化在个人身上,极少存在于被传递的信息中。双方存在默契,一切尽在不言中。例如,一起长大的双胞胎

---

[1] "知识的诅咒"是坊间通俗说法,学术用语是"高语境",沟通语境模型采用陈晓萍教授课程讲义"组织设计:权力、领导力和组织绩效"中的沟通模型,如果对沟通语境有兴趣,可以阅读陈晓萍教授的著作《跨文化管理(第2版)》。

```
┌─────────────┐    发出信息 →      ┌─────────────┐
│     我      │                    │     你      │
│             │    收到信息 ←      │             │
├─────────────┤                    ├─────────────┤
│    编码     │   ←————————→       │    解码     │
├─────────────┤                    ├─────────────┤
│依据"我"的个 │  ■ 重合，有效      │依据"你"的个 │
│人经历、知识 │  ■ 不重合，误解    │人经历、知识 │
│结构、文化背 │                    │结构、文化背 │
│景、价值判断 │                    │景、价值判断 │
│等编码       │                    │等解码       │
└─────────────┘                    └─────────────┘
```

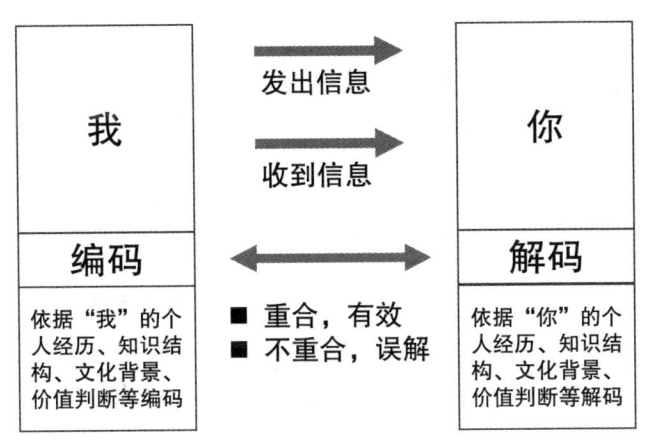

图 6-2　沟通的模型

之间的沟通，处于统一的文化、教育、经历背景的人之间的沟通，往往都处于高语境。举个例子，理查德·道金斯在给他的学生期末考试建议时提出"冰山策略"。因为考试要求 3 个小时内完成 3 篇文章，时间有限，即便你是某个题目的世界级权威专家，也不可能把你掌握的知识都写出来。冰山的 90% 都隐藏在水下，所以不妨向考官展露出你最精彩的"冰山一角"，让考官感受到你头脑中潜藏的大量知识。你可以写"尽管布朗和麦卡利斯特会持不同意见……"，这句话的意思是让考官了解，如果你有时间，能与他就布朗和麦卡利斯特的观点聊个尽兴。但不要真的写出来，因为占用的时间太多，会导致你没时间展示脑海之中漂浮着的众多冰山。只要点到名字就达到了目的，考官自会明白。展露"冰山一角"的方法之所以奏效，是因为我们知道考官十分博学。道金斯同时指出，在用户手册、使用说明等内容中，"冰山一角"便不再适用，因为作者心里有数，读者却一无所知。认知心理学家史蒂芬·平克对此的观点是，当你想要向某个比你懂得少的人解释某事时，冰山一角的做法就是个大大的反例。只有在遇到比你渊博或者知识背景与你相当的人时，才可以使用冰山策略。

低语境沟通正好相反，需要将大量信息置于清晰的编码中，提供足够的背景信息，为对方构建一个解码的语境，否则就会由于背景知识不充足造成理解困难或者误读。

"知识的诅咒"是"我不知道你不知道"的困境，恰恰就是因为在低语境中采用了简略的高语境沟通策略，例如上文的几两"稍美"。

我们不妨思考一下，企业价值传播是哪一种语境？当然要具体问题具体分析，但我的建议是，为了避免"知识的诅咒"，基础传播版本应当按照低语境来准备——假设对方对你的企业毫无了解，在这样的情境中要先将你的故事讲清楚，再根据具体情况调整。如果对方是对你的企业和行业比较有了解的人，就可以减少一些背景信息，直入主题。针对"知识的诅咒"，我有一个"妈妈"标准供你参考：你在准备商业故事时一定要跳出你自己的知识背景，假设一个完全不了解你的企业和行业产品技术的人，比如你的母亲，要让她听懂你的商业故事，需要准备哪些背景资料，才能躲过"知识的诅咒"？

本章小结

- 可信度是商业叙事的第一要务。5 种常用的增强可信度的技巧：（1）借助权威；（2）曝光效应；（3）细节具体；（4）情感连接；（4）符合常识。

- 眼见为实、光环效应、眼见即为事实 3 种技巧经常组合使用：展现事实，戴上光环，为铺垫好的潜在因果序列提供部分适当信息。

- 对企业价值的判断来自对企业未来发展和风险的认识，一定程度上和判断者的风险阈值相关。在不同的场景下触发出的不同次级自我产生的直觉判断存在差别。在价值传播中合理设置先导情景，引导受众的次级自我反应，对传播的效果具有很高的实战价值。

- 在面对一个难以回答的问题时，我们往往用一个简单问题的答案替代这个问题的答案，这是人类直觉思维系统的特质。在企业价值传播中，总有很多问题难以解答，利用替代效应是个好办法。

- 人们往往会被锚定在首先收到的信息上，即使后续获得新信息，也会调整不足。对于传播来说，它的启示是我们需要将受众先发锚定在你选定的关键信息上。

- "知识的诅咒"是"我不知道你不知道"的困境，即在低语境中采用了简略的高语境沟通策略，造成背景知识障碍。牢记"妈妈"标准，避免掉入传播者的陷阱。

第七章　商业故事的三级火箭模型

本章导读：

前面我们讨论了商业故事的底层逻辑和创造好故事的 8 个实用技巧。这一章我们讨论怎样构筑商业故事的内容。商业故事在企业价值传播领域尤其具有鲜明的特点，针对这些特点，我们提出商业故事的三级火箭模型：精炼主题、构建核心驱动力（因果关系）和回到现场。

第一节　三级火箭模型

企业价值传播要传递企业未来盈利的核心驱动力

2024年1月25日，国务院国有资产监督管理委员会相关领导在新闻发布会上表示，在前期已经推动央企把上市公司的价值实现相关指标纳入到上市公司的绩效评价体系的基础上，下一步将把市值管理成效纳入对中央企业负责人的考核，引导中央企业负责人更加重视所控股上市公司的市场表现。

上面这段话中有两个词——"价值实现"和"市值管理"。在过往的中国资本市场中，市值管理这个概念一直存在争议，因为很多人采用非法手段管理上市公司市值，毕竟，市值由上市公司的股价和股份数决定。市值管理很容易让人想到通过操纵股票价格达到操纵市值的目的。当然，操纵股票价格是违法的，所以这样的行为被称为"伪市值管理"。

那么什么是市值管理的正途？我们从市值的公式 $P=$ 市盈率 $\times E$ 入手。P（price）代表市值，E（earnings）是上市公司盈利，一般用归属母公司股东净利润表示。市盈率就是市值与盈利之比，简称PE。市值管理的目标是 P 上升或者维持在利益相关者认为适当反映企业价值的位置，办法自然是提升 E 或者提升PE，或者同时提升两者。公司盈利能力的提升取决于在宏观和行业环境下，通过企业战略定位和执行，聚焦竞争优势，构建"护城河"，拥有核心能力，获得客户信任，满足客户需求，获得商业利益，同时兼顾利益相关方利益，保证商业成功与社会责任的平衡。公司盈利能力以客观会计数据表示，是企业经营结果的表现。从市值公式看，企业盈利能力是市值的基础，构成了市值的下限。PE可以理解为通过市场交易表现出来的市场对该公司的看法，是投资者用手中的钱对企业价值投票的结果。从市值角度看，PE是企业盈利的放大器，构成了市值的上限。

从企业角度看，我们可以把市值管理理解为两个过程——价值创造和价值传播。一是企业价值的创造。业绩是价值的表现形式，盈利是用会计数据表达的企业价值指征，价值是市值的基础。换句话说，越赚钱的公司越值钱。二是企业价值的传播。PE 本质上是市场所有投资者对企业价值看法的综合，而价值本质上是个人对重要性的感受，是个人内心的判断，这种判断通常是内隐的、难以计量的，这种内隐的价值判断通过市场交易外显化，并综合成市场对企业价值的判断，最终构成市值。因而提升 PE 的本质，就在于影响个人乃至市场对企业价值的认识，这是企业价值传播的目的所在。从这个角度来看，价值创造是企业创造盈利的活动，价值传播是企业活动的解读和展望，让投资者、市场和利益相关者对企业价值有更符合企业方期望的理解。

什么是投资者等利益相关者需要的信息？

首先我们要定义场景。前面讨论的技巧大多具有普适性，也就是除了企业价值传播的场景，还可以用在其他工作和生活场景，例如商务洽谈、求职、交友、团队管理等，这些场景需要传递的信息各不相同，但原理技巧相通。

限定在企业价值传播的场景，我们需要传递的是与企业未来有关的信息。这是由市值和企业价值的投资属性决定的。所谓投资，就是今天将现金换成资产，例如股票，期望未来换回更多的现金。根据投资的定义，投资者是以未来的资产价格作为期望值进行决策的，因而涉及未来的信息是投资者最关注的。未来尚未到来，投资者需要在当下和过去的信息中发掘出能够反映未来的信息，这也是我们在企业价值传播中要重点传递的内容——企业盈利的核心驱动力。例如，头部主播是直播电商竞争力的核心，因而要让外界理解企业的未来，企业就需要将怎样留住头部主播的信息传递出去。

我们以财务分析的逻辑来举例。在企业估值中，财务分析的目的是预测未来的企业盈利。知道了未来企业盈利，就是知道了未来的 E，就有了估值的基础。财务分析的内在逻辑如图 7-1 所示。

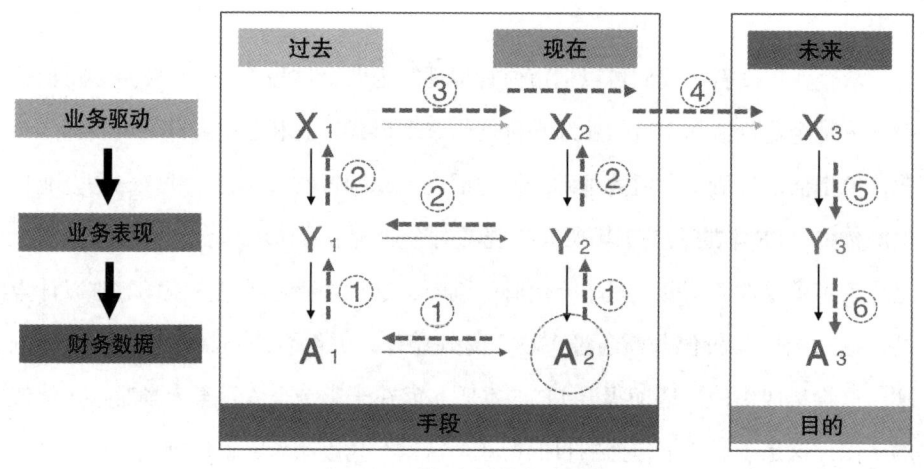

图 7-1　财务分析的内在逻辑

假定财务分析的目的是预测未来的企业盈利，我们现在位于图 7-1 中 A_2 状态。

第一步，理解时间序列。我们要理解现在的财务数据和过去的财务数据的时间序列关系。A_2 和 A_1 对应的业务表现分别是 Y_2 和 Y_1。这一步的关键是理解：财务数据 A_1 到 A_2，业务表现 Y_1 到 Y_2，它们之间只是时间序列关系而非因果关系。而我们要进行预测，就必须找到因果关系，即找到财务数据背后的驱动力。

第二步，寻找驱动力。即寻找导致财务数据和业务表现变化背后的因果关系，理解过去到现在的业务表现背后的业务驱动因素，即 X_1 为何发展到 X_2。比如，在什么样的宏观态势和行业态势下，公司采取了何种竞争手段和管理措施，经历过怎样的成功与失败，拥有什么样的竞争优势和核心能力，最终形成了业务驱动力，从而产生从 X_1 到 X_2 的变化。而这一变化最终通过业务表现 Y_1 和 Y_2，形成财务数据 A_1 和 A_2。

第三步，预测未来的业务驱动力。即预测未来业务发展的内在因果关系，获得未来因果关系的洞察。实现 X_2 到 X_3 的飞跃，本质是预测企业驱动力在未来是否会继续保持，将发生何种变化，最终形成对未来盈利驱动力的理解。可以是理性计算促成，也可以是情感因素，不一而足。

第四步，根据未来业务驱动测算业务表现和财务数据。

上述步骤是财务预测的思维过程。当然，你也可以直接从 A1、A2 以时间序列趋势外推方式获得 A3，或者从 Y1、Y2 到 Y3，这是多数时候做财务预测真实发生的情况——看着过去的业务表现和财务数据直接外推到未来。这样做不是不可以，只是你一定牢记，这一系列数据里面没有因果关系，人类在观察一组时间序列数据的时候，会自动识别其中的规律（不管是不是真的有规律），自然而然地做出趋势外推预期，这是人类的自动心理机制。从上面以预测为目的的财务分析过程看，我们需要分析财务数据背后的业务表现，再根据业务表现找到背后的业务驱动因素，这才是预测需要的因果关系。这个因果关系是企业未来盈利的核心驱动力，也是我们在企业价值传播中关注的重点。

史蒂夫·乔布斯在一场著名的演讲中曾经说过："面向未来，你无法将所有节点串联在一起；只有回望过去，你才能看清这些节点是如何串在一起的。你要相信，这些节点会在未来以某种方式联系在一起。所以你要有一种信念，这种信念可能是你的直觉、你认定的命运，抑或你向往的生活、你所相信的因果报应，或者其他某种想法。这种方法从来没有让我失望过，这让我的生活变得与众不同。"[1]

理解企业的未来在哪里，就是一种对企业价值的信念。我们是谁，我们从哪里来，我们现在如何，构成了那些可以被因果关系串联起来的点。把这些点串联起来的因果关系，就是企业核心驱动力，又成为影响我们未来的关键因素。企业价值传播的核心在于将企业盈利和发展的核心驱动力传递给受众，在他们心中形成对企业未来价值的期许和信念。

由此，我们引入商业故事的三级火箭模型。

---

[1] 里德·哈斯廷斯，艾琳·迈耶. 不拘一格：网飞的自由与责任工作法[M]. 杨占，译. 北京：中信出版集团，2021：XXV.

精炼主题

商业故事三级火箭模型最上面的第三级是精炼主题。火箭第三级需要将载荷送入预定轨道，在企业价值传播的情境中，"载荷"就是指我们需要传递给外界的核心信息。这些核心信息是第二级核心驱动力（因果关系）内容的精炼版。例如芒格特别欣赏美国连锁会员制仓储量贩店开市客（Costco），并在开市客的董事会任职超过 26 年。他这样形容自己眼中的开市客："……开市客成为了它所在行业的佼佼者。它通过极端的精英统治模式和自我约束的极端道德责任感达到了它所在的高度，它以尽可能快的速度积聚成本优势，然后将这些成本优势传递给消费者；理所当然地，它造就了强烈的顾客忠诚度。"[1]

传统故事的叙事结构是先铺陈，再冲突、反转、高潮，最后才是结果。而在企业价值传播场景中，我们要反其道行之，一上来就旗帜鲜明地亮出主题，把希望受众了解的核心信息以精炼的方式传递出去。传递精炼的核心信息，就可以大体完成初步筛选工作，有兴趣的听众会继续等你展开。例如我在介绍凌志软件时，通常用几句话开场："我们做对日软件外包""我们盈利能力很强""净利润率持续多年超过 25%"，目的就是将凌志最有特色的点——高盈利——告诉对方。如果听众看重盈利，那么我们就是其最好的选择。

构建核心驱动力（因果关系）

价值传播火箭的第二级是构建核心驱动力，即企业未来发展的因果关系。价值是面向未来的，而未来尚未到来，人们只能从过去及现有的经营成果和成果获得的过程中提炼出驱动企业发展的核心能力。业绩是果，驱动力是因。例如片仔

---

[1] 投脑煎蛋. 2.5万字详解芒格挚爱|开市客的商业故事（上）[EB/OL].（2024-01-21）[2024-06-11]https://xueqiu.com/8313767068/275669193.

癀（漳州片仔癀药业股份有限公司）的核心驱动力是品牌和秘方，网飞的核心驱动力是独特的"自由与责任"的企业文化，等等。企业过去的经营成果是公共信息，而驱动企业发展获得这些成果的动因，则见仁见智。我们举个例子。

美的业绩超过格力，一种解释是公司治理。美的在2012年完成了集权的老板到分权的职业经理人的治理结构转变，管理层低调务实、勇于创新，形成了包容并蓄的企业文化，业务多元化成功，从空调到小家电，再到机器人，相当于再造了两个美的。反观格力，同样是在2012年，由职业经理人逆流转变为集权治理结构，业务多元化频频踩坑，手机和新能源装备制造均无起色。格力的业绩乏善可陈，仍然只有空调一条业务线。所以从2022年改制10年的结果看，美的各方面全面领先格力。

请注意，上述是一种观点，用来解释美的和格力2012—2022年的起伏。这种观点从领导人和公司治理的角度解释了格力和美的不同发展情况的因果关系，你可以同意，也可以不同意，但这是驱动力和因果关系的阐释。如果你相信这种观点，自然会带着这种观点望向未来。这种对因果关系的解释是人们对世界的假设，我们可以把这种因果关系类比为理论，你是哪种理论的信徒，在生活中就会不知不觉受到它的牵引，就好像戴着一副"有色眼镜"，看到的世界样子会不同。当然，这些因果关系的提炼并不是完全理性的。心理学研究显示，人们大概有80%的决定和行动来自我们的情感和感觉。所以只要你对因果关系的提炼符合部分受众的直觉或者情感，这些人就会接受。价值传播的任务就是将我们对企业核心驱动力的理解即业务发展的因果关系提炼出来，传递给对方，让他们戴上我们设计的"玫瑰色眼镜"，望向我们企业的未来。

这里面有个问题。在社会科学中，企业经营成功的原因，也就是企业发展的核心驱动力和因果关系，并不能采用自然科学的方法证明。企业发展历程在人们做出选择后也是既定的，无法采用不同经营决策和行为的对照组实验来确证这种因果关系。我们只有客观的、可观察的、时间在后的结果和时间在前的企业行为。在这种因果关系的构建中，不可避免地会存在我们自己的主观成分。什么是真实与虚假的界限？我的经验是，你自己相信的因果关系就是真实的。只要做到这一点，你在传播中的情感就是真实的，也比较令人信服。

三级火箭发射时壮美华丽的是第一级，载荷入轨的精准来自第三级，而第二级似乎并不引人注意，但是它发挥着承上启下的重要作用，没有它，就没有载荷入轨的成功。在企业价值传播中，构建核心驱动力、塑造企业发展的因果关系，也是我们要传递的核心。但它像火箭的第二级一样隐在幕后，被故事和叙事技巧巧妙地包裹起来。

回到现场

我们之前已经讨论过商业故事的 5 个要素：冲突是主线，情节是生命，人物是灵魂，事实是基础，数字是旗帜。这五大要素可以看成商业故事的构件，巧妙组合这些构件，就可以达到好故事的 4 个效果——清晰、好奇、共鸣、可信。

讲好故事的底层逻辑还在于理解人的认知方式。在第四章中我们具体讨论了认知的底层逻辑，包括认知三定律：（1）认知框架决定认知内容；（2）先有结论再来证实；（3）寻求简单因果关系。在商业领域，通常会认为讲道理、摆事实这些理性的方式对讲好故事更为重要。不错，首先我们要承认理性思维在商业领域的重要性。实际上，价值传播三级火箭模型的第二级——因果关系，就是一种理性分析。它是一种能够表述的因果关系，一种对企业发展核心能力的理性解释，而绝不是一种情绪或者直觉。但绝大多数人处于有限理性之中，我们的决策和判断很大程度上依赖于我们的直觉，因而仅仅依靠说理和逻辑分析是不足够的。我们想要达到的好故事效果——好奇、共鸣、可信——很大程度来自我们的直觉。所以在传播和沟通的场景中，如果能以触及人们直觉感性的方式包装这些理性内容，效果必然更好。

商业故事三级火箭模型的第一级"回到现场"，就是讲好商业故事的核心技巧集合。

"回到现场"实际就是在传播中充分利用情景技巧来提升传播效果。赵金星老师建构的讲故事的"黄金三角"——画面感、节奏感、代入感，最终让受众领悟到那个具体场景的"那一刻"（简称"三感一刻"）。即我们能和讲述人一起回到现场，感同身受。举个例子，我们上学的时候都学过鲁迅的《故乡》，其中经典的闰土刺猹的画面，就是"那一刻"。鲁迅说起有一个家里以前的雇工闰土要来看他：

> 这时候，我的脑里忽然闪出一幅神异的图画来：深蓝的天空中挂着一轮金黄的圆月，下面是海边的沙地，都种着一望无际的碧绿的西瓜，其间有一个十一二岁的少年，项带银圈，手捏一柄钢叉，向一匹猹尽力的刺去，那猹却将身一扭，反从他的胯下逃走了。

这一画面，不仅主人公"我"不会忘却，鲁迅小说的无数读者都不会忘却。"三感一刻"本质是帮助故事更有情景感的技巧组合，让听众、读者在"脑海中"回到现场。

"回到现场"有几个必备元素。第一，视觉形式。以PPT为例，最好是用简洁的文字搭配图形，起到视觉冲击作用。可以遵循以下顺序：实景（物）—视频—照片—图形—表格—简洁文字—大段文字。第二，细节。一定要描述细节，具体的细节是场景的生命，唯有细节才能让那个你要营造的场景真实起来。第三，对话。对话可以带出人物，也可以带出事实或背景信息，完成场景塑造。对话可以是多人的，也可以是内心独白。

在价值传播场景中，构建企业未来发展的因果关系是价值传播的核心部分。首先，这个因果关系要能够回答企业从哪里来，为什么是现在的样子，以及核心竞争力将引领企业走向何方。其次，将构建的因果关系提炼成精炼主题，给企业的核心价值打一个标签。按照传递时长，精炼主题可以分为不同的层次。这是我们希望传递给受众的想法。最后，就到了价值传播的实操环节。我们首先要明确：研究、构建因果关系的顺序不是宣讲的顺序，宣讲的顺序正好与研究顺序相反。我们要先给出我们的精炼主题，随后给出支持这些想法的事实和数据。此时我们已经有了商业故事的骨架，我们要用故事技巧将这些骨架包装起来，让其具有好故事的特征。基本技巧是在陈述事实和数据之后，讲一个事实和数据背后的故事。事实和数据反映了前后两个状态，而故事则将前因与后果用因果关系联系起来。这个故事讲得好不好，取决于很多因素，最关键的是让听众在脑海中形成一个场景，让他们和你一起回到那一刻，回到现场。其中很多具体技巧，赵老师会在第三部分展开讲述。

用好商业故事的三级火箭模型——精炼主题、构建核心驱动力（因果关系）和回到现场。只要按照这三级来装配，你的商业故事一定能达到清晰、好奇、共鸣和可信的效果。

第二节　画龙点睛的精炼主题

简单

设想一个场景。我正在参加一场公司融资路演会，主讲人清清嗓子，开始念第一页 PPT 上的文字："我们是一家从事 ×× 的高科技公司，成立于 ×× 年，位于 ×× 工业园，拥有 ×× 认证，获得 ×× 荣誉……"此时我的思绪已经不在这里了，我想起了昨天班主任打电话来说小孩最近上课精神总不集中；右边的男士已经把视线从 PPT 移回到自己的手机上；左边的女士正准备从包里拿出笔记本电脑。

在信息过载尤其是短视频大行其道的冲击下，人们的注意力持续时间大幅缩短，很多时候注意力集中的时间只有几分钟甚至几秒。所以，企业价值传播往往需要抛开传统商业报告的叙事结构，一上来就把最重要的信息传递出去。

如何确定什么是最重要的信息？首先，以终为始——你想要受众获得什么？其次，换位思考——受众需要什么？

讲个故事。20 多年前，我在一家企业担任财务经理，特别喜欢将刚学到的新工具用到实际工作中，具体"症状"是特别醉心于做财务分析报告，每个月做几十张图表，里面充斥着各种数据、图形、统计工具。有一回集团大老板让我分析当季情况，我抱着电脑兴冲冲的就去了。刚接上投影仪，我就被大老板叫停了。他说："你把电脑关了，我这里有纸、笔和计算器，你就用这3样，10分钟，把你想告诉我的事情说完。"这让我醍醐灌顶。当然，从传播效果讲，合理的形式是有助于表达的，但仅就对管理决策的意义来看，我的那些报表大多是毫无价值的，我也从来没有认真想过，我应该告诉老板或者提醒他什么。换句话说，这些才是老板需要的信息，而不是我那些花里胡哨的 PPT 和 Excel 表格。

精炼主题的第一个要求就是简单，简单到能在极短时间内将最重要的信息传递出去。这就要提到麦肯锡的"电梯汇报"法则。据说，麦肯锡曾经为一个重要客户做咨询，咨询结束的时候，麦肯锡的项目负责人在电梯间里遇见了客户企业董事长。董事长问项目负责人："你能不能说一下现在的结果？"由于该项目负责人没有准备，而且即使有准备也无法在电梯从30层降到1层的30秒内把结果说清楚，最终，麦肯锡失去了这一重要客户。据说后来麦肯锡要求公司员工凡事要在最短时间内把结果表达清楚，直奔主题，直奔结果，结论先行，论点次之。心理学家的研究显示，比起复杂的解释，简单的解释更有可能被认为是正确的，这不是因为它解释得更全面，只是因为它简单。[1]

此外，还需要回避受众的决策焦虑。人一次能学会和记住的东西实在有限，这是人类思维的特点，人在做决策时会受到不确定情景的影响，过多的选择反而会导致决策瘫痪。人们总是希望一下子告诉对方一切，但这是无用的"全面和准确"。应当先告诉对方足够有用的信息，再一点一点，慢慢增加。

简单就是要找到核心观点。介绍企业的PPT有时可能长达几十上百页，逐字读稿能有上万字。一定要从这些内容中找到你最想说的第一句话。具体操作可以分两步。

第一步，找到核心。在你的长文稿中找到核心信息和论点，不过这些信息还是比较长，可能需要几页PPT或者几千字，形成一个摘要文本。

第二步，精炼主题。对摘要文本继续浓缩。精炼的要诀是：句子比段落好，1句好过5句，关键词好过1句。

同时注意，简单不是抽象，好的精炼反而是具体。我们举两个例子：

党的十二大提出，到2000年，我国的工农业年总产值，要比1980年翻两番。"翻两番"是其中的关键词，精炼、具体、令人难忘。

对于太空目标，如果是一个普通CEO，措辞可能是这样："我们的使命是

---

[1] 邓肯·J. 瓦茨. 反常识[M]. 吕琳媛, 徐舒琪, 译. 成都：四川科学技术出版社, 2019：115.

通过以团队为中心的创新和战略上的努力，成为国际航空工业中的领先者。"

对比之下，约翰·F. 肯尼迪于 1961 年 5 月 25 日给出的太空目标是：美国应该给自己定下这样一个目标，在这个 10 年结束之前送一个人上月球，然后将他安全地带回地面。

前者抽象难懂，不会给人留下深刻印象；后者清晰具体，能让人立即理解，过目不忘。

简单不等于肤浅，而是经过深度思考的简约。对传达的内容要研究深、研究透，但是表述是简单的。要言不烦，简单也可以是一种力量。

共识与类比

我们将重要信息精炼成简单话语后，还要确保其不会影响听众的理解。此时可以用到两个技巧：利用共识和巧用类比。

第一个是利用共识。精炼主题可能会造成话语过于浓缩而缺失信息，反而让人摸不着头脑。例如，一开头就用一些生僻词语或缩写，让人一头雾水。此时，精炼的主题尽管很短、很浓缩，但是意思无法传达，效果适得其反。此时就需要利用共识。对浓缩的主题，一定需要思考怎样利用社会共识来表达。例如，当下你说 ESG 这个词，大家都知道是指环境、社会和公司治理，这种达成共识的信息就不会出现"知识的诅咒"。经常有朋友咨询我要不要读商学院，通常我建议对方就读的理由中有一条就是，你需要跟你的同事和客户获得同样的教育，学习过同样的管理工具。这样，未来你在职场上面对同样受过商学院教育的同事和客户，就可以直入主题，不必担心你说 BSC[1] 的时候对方一头雾水。利用共识，就避免了精炼主题带来的信息缺失，也容易引起共鸣和关注。

第二个是巧用类比。举个例子，有次朋友问我，什么是新三板？什么是北交

1　BSC（balanced score card）指平衡计分卡，是由罗伯特·卡普兰等人于 20 世纪 90 年代初提出的一种绩效评价体系。

所？这两者是什么关系？一开始，我用一通术语讲了一堆它们的历史，看着朋友一头雾水的样子，我就打了个比方："你知道蘑菇对吧？蘑菇长在木头上，木头就是新三板，蘑菇就是北交所。尽管蘑菇不是木头，但是你要当蘑菇，得先成为木头，然后在木头上长出来。"朋友大笑："懂了懂了。"

类比技巧在精炼主题时经常使用。类比能提供有深度的简单：给出一个类似的意象，剩余部分请受众自行想象。

之前讲到凌志软件在科创板审核中被质疑科创属性，除了用商业属性和科技属性的关系来解释，我还用了一个类比技巧："外包是商业属性，只要这个软件系统不是客户自己开发的，都需要有供应商。从商业属性上说，这就是外包，但这并不代表外包就没有科技属性。例如，埃森哲软件工程服务也是这个类型的外包，但你不能说埃森哲不是科技企业吧？所以，凌志软件的业务是软件外包不假，但是凌志软件是定制软件开发公司，不是劳务派遣公司，拥有自有核心技术。所以，不能因为商业模式而否认其科技属性。"

关键词与关键数

在精炼主题时，你还需要提炼出关键词和关键数。在《故事与估值》一书中，阿斯沃斯·达摩达兰将投资者分为两个类型：故事讲述者和数字处理者。前者容易对文字产生共鸣，后者则对数字敏感。从这个角度看，分别提供故事和数字可以满足相应人群的口味，不过在企业价值传播的场景中，你并不能确定受众是哪个类型，所以两者不可偏废，既要有关键词，也要有关键数。

我们希望受众记住关键词和关键数，诀窍是前面讲过的曝光效应和锚定效应，要有意识地安排关键词和关键数在商业故事中反复出现。根据心理学，这些词语和数字出现的次数越多，就越能产生熟悉感，而熟悉感能带来安全感，随之而来的就是乐观情绪和信任感。我有一次听别的企业路演，董秘在台上讲时，我翻了企业的书面材料，发现该企业有一部分产品属于芯片行业，而且未来要加强这部分业务，可是董秘在台上讲述时基本没提芯片耗材。他下台后，我很好奇地问他为什么。他说，企业现在主要产品线都是传统行业，芯片行业比重比较低。可要是换成我，我一定在把当前的事实讲清楚的同时，着重强调芯片行业的业务尽管现在比重低，但是未来会重点投入。而且我会把芯片相关的事挂在嘴边反复说。这样做，一来可以利用曝光效应增强听众的信任感，二来可以让听众将企业锚定在芯片行业，而非传统行业上。

123原则

我曾在上海交通大学上海高级金融学院读金融方向的工商管理博士，我的导师之一胡捷教授曾经担任美联储的高级经济学家。有一次，我们几个学生和他聚会，聊起论文答辩的技巧。我们的困惑主要是陈述时间只有30分钟，但是论文内容很多，该怎么讲？胡教授指点我们：要当一个故事来讲，同时巧妙安排内容和时间。他教给我们一个333原则：前30秒钟先把你的故事讲一遍，接下来3分钟再把你的故事讲一遍，剩下的时间再把故事讲一遍。也就是说，我们有3个故事版本，精炼程度不同，一次讲得比一次详尽，但是核心内容实际上重复了3次。这个原则我用下来觉得非常好。

根据胡捷教授的333原则，在企业价值传播的场景中，我们介绍企业时可以采用123原则。

1. 核心一句话。提炼出你需要表达的、最重要的一句话。
2. 关键词解释。在核心一句话里必然包括浓缩的概念和关键词，第二步就是对这些关键词进行解释。
3. 帮助理解的扩展。提供帮助理解的扩展信息，例如客户是谁、生意模式、市场空间、关键数据、核心优势等。

举个例子：

1. ××新能是国内生物柴油龙头企业，科创板上市公司。

2. 生物柴油是由植物油或废油脂提炼加工成的生物基燃料。我国由于植物油缺乏而废油脂充裕，生物柴油路线主要是废油脂加工利用。废油脂主要指的就是我们常说的"地沟油"。

3. 生物柴油市场目前主要在欧洲。为实现碳排放目标，欧盟通过法律在柴油中强制添加生物柴油。预计2030年，欧洲生物柴油市场将达到3200万吨，较2021年增长1倍。国内尚未就强制添加生物柴油立法。××新能2022年销售生物柴油40万吨，连续7年国内第一。2022年，××新能营业收入43.45亿元，净利润4.5亿元。××新能未来最大的不确定性在于欧盟对中国生物柴油的进口政策。

第三节　构建因果关系

商业故事的因果叙事

构建因果关系，就是构建一种说明来阐释企业发展的核心驱动力，解释过去的成功或者失败，展望企业未来，帮助人们理解企业价值。因果叙事的核心，是回答"保安三问"：是谁？从哪里来？到哪里去？即通过分析企业现在的模样是怎样形成的，预测未来企业将往何处去，会怎样。举个例子。

××股份在2022年6月和2023年3月两个观察时间点，前四个季度合计归母净利润分别为2.34亿元和7.89亿元，9个月时间利润涨了2.37倍。为什么××股份实现了如此之高的增长？从2021年第二季度的0.38亿元净利润到2023年第四季度的3.61亿元，季度利润发生了数量级的变化，为何？回答这个问题，实际上就是在说明××股份的核心驱动力，解释过去业务的高速成长的原因，并在此基础上判断××股份的未来。

××股份处于光伏行业中的切片环节，将硅棒切割成硅片。××股份从切割设备起家，发展到生产切割耗材金刚线。由于光伏技术发展迭代快，有些客户认为买设备和金刚线自己切割，不如请更专业的××股份代工，所以××股份又发展出第三曲线——代客切割服务。上述3种业务的商业模式和市场规模有较大差异。××股份是切割设备领域的龙头，在耗材方面处于第二名，在代工服务领域是业务模式创新，技术实力处于领先地位。由于中国占据光伏行业世界能力的大部分，因而在中国领先也就是世界领先。由于3种模式的市场规模呈数量级变化，从十几亿到几十亿到几百亿，××股份在较短时期内呈现了高速增长的态势。这也与其间光伏行业的高速增长有关。从整体看，未来一段时间，光伏行业呈现阶段性产能过剩，行业发展放缓是大趋势。但也要观察到切片环节在光伏产业链中是最小的细分环节，由于行业整体规模小，全产业链龙头企业涉足意愿不高，技术路线又相对稳定，因而切片设备和耗材领域已经在若干年前经过了残酷竞争和出清，仅剩下以××股份为首的少数企业，行业竞争格局趋于稳定，恶性价格战鲜有发生。该环节也是光伏各环节毛利率最高且稳定的细分环节。未来，××股份最大的不确定性在于没能跟上行业技术变革，例如硅料有可能被薄膜替代。

为了解释企业的过去并预测未来，关键是掌握企业发展的内在因果关系。一般来说，可以从以下4个角度切入，进行分析。

1. 环境。指的是企业所处的宏观环境，可以从政治、经济、社会、技术4个角度切入，判断企业在宏观环境中是顺风还是逆风。例如地缘政治恶化，可能对出口企业来说属于逆风，而对军工信创[1]类企业来说反而是顺风。时代变迁、技术革命等宏观因素，都可能对企业的未来造成重大影响。有时，宏观因素是企业前进的主要动力，正所谓"站在风口上，猪都可以飞起来"；但有时，宏观因素也会成为企业发展的阻力。

2. 行业。主要是企业所处细分行业的情况，包括行业空间、竞争格局、行业位置、行业演变和周期等。其中竞争格局是行业分析的核心，不同行业的竞争格局千差万别。有的行业陷入囚徒困境[2]，因此企业不得不反复打价格战，日子自

---

[1] 军工信创是指在信息技术应用创新（简称"信创"）领域中，专门针对军事和国防信息化需求而进行研发和生产活动。

[2] 囚徒困境在这里指企业追求自己利益的最大化，导致行业利益遭受损失。

然就不好过；有的行业竞争格局已经处于寡头均衡[1]，大家日子都不错；新兴技术和重资产行业往往呈现从泡沫到崩溃的周期现象，从开始的兴奋、中期的投资狂热和繁荣，很快进入残酷的淘汰期。理解行业处于哪种状态，有助于我们理解企业的未来。行业前景也非常重要。通常情况下，所处行业没有前途，企业就不会有前途。

3. 生意。也就是商业模型，通俗讲就是企业怎样赚钱。从客户角度分析，就是回答客户是谁。迈克尔·戴尔指出："讲述公司故事最好的方式是从讲述客户的故事入手。客户想要实现什么？他们面临的挑战是什么？他们面临哪些新出现的和未解决的挑战？理解这些新出现的和未解决的挑战是我们作为一家公司努力取得成功的核心。"[2] 其他分析角度还包括：客户类型，例如企业是 to B（面向企业）、to C（面向个人消费者）还是 to G（面向政府）；竞争策略，例如企业是差异化还是成本竞争，抑或聚焦某一细分赛道，是否具有竞争壁垒，如品牌、客户关系、创新技术等；在产业链中的位置和关系，例如与上下游之间的博弈地位；企业生命周期或产品周期，例如第三曲线；企业"护城河"，例如无形资产、转换成本、网络效应、成本优势等；投入产出驱动要素，是靠产品、资金还是靠人。例如复星国际老板郭广昌近年来一直强调"瘦身"，复星国际出售了大量重资产，他表示，复星国际要转为轻资产运行，从靠钱赚钱转为靠能力赚钱。

4. 人。企业由人组成，人的因素也是企业发展的核心驱动力。对人的分析主要有企业家精神、公司治理和企业文化三个层次。企业家精神是企业创新的源泉。未来是不确定的，企业面临风险时只能依靠企业家的随机应变和敢于承担风险的精神。在德鲁克看来，企业家（精神）的本质就是有目的、有组织的创新，以创新改变资源产出，通过改变产品和服务，为客户提供价值和满意度。例如，对汉堡这一普通产品，麦当劳创始人雷蒙·克洛克通过连锁经营和标准化工业生

---

[1] 寡头均衡指在寡头（垄断）市场中，各个寡头企业通过相互博弈和调整策略，最终达到一种稳定状态。

[2] 迈克尔·戴尔. 进无止境[M]. 毛大庆，译. 杭州：浙江教育出版社，2023：335.

产的方式，大大提高了资源产出，开创了新市场和新客户群。公司治理主要考虑控制权是否稳定，治理结构是否有效制衡，创始人与接班人是否建立了与企业发展相称的管理团队，是否出现委托代理问题影响了股东利益等。企业文化可以从文化类型入手，例如效率主导企业和创新企业需要不同的企业文化，格力和美的在公司治理上差别很大，但在企业文化上都是自上而下的控制管理；相比之下，以创新为首要目标的网飞采用的是自下而上的树形决策结构，以及分散决策、知情指挥的情境管理策略。此外，企业面对不确定的外部环境和企业生命周期的双重限制，需要不断进化以适应环境。持续改进、持续进化的学习型组织也是现代企业成功的必要条件。

以上是分析的切入点。而分析结论则是我们要回答的问题，这些问题我们在开始分析之前就要牢记心中。如果只有一个问题，建议以这个问题为主："这家公司是怎样赚钱的？"其他问题都可以围绕这个问题展开。通常我的问题清单如下：

1. 顺风还是逆风（了解企业身处的宏观环境）？
2. 空间有多大（了解企业未来发展的天花板）？
3. 竞争格局好不好（了解行业竞争的玩法）？
4. 靠什么赚钱（了解生意模式和企业生存发展的核心驱动力）？
5. 有什么优势（与同行相比，企业优势在哪里）？
6. 管理层行不行（公司治理、企业文化有没有问题）？
7. 风险在哪里（会不会暴雷？会发生何种不利变化？未来有可能达不到预期的薄弱环节在哪里）？
8. 未来会怎样（对未来做出预测）？

我的个人经验是把上述8个问题用文字写下来，自己读一读觉着清楚了，讲给朋友听时也能说明白，通常在现有信息环境和能力下，你的分析就已经到位了。

当然，本书不是讲公司分析的，要学习这方面内容，可以看企业战略方面的书籍，例如彼得·德鲁克的《成果管理》和布鲁斯·格林沃尔德、贾德·卡恩的《竞争优势：透视企业护城河》。

商业故事中的因果关系

我非常喜欢的一位商学院 S 教授对因果关系有这样一个精辟的评价："是否理解因果关系是人生的关键。不懂因果关系，被忽悠；懂因果关系，抵抗操纵；很懂因果关系，建立个人品牌。"

S 教授是大数据方面的专家，很年轻就在美国一所大学取得终身教职，还在很多知名互联网大公司做过数据科学家。当年他在美国一家商学院教大数据科学，教了没几年他就找院长要求加工资。至于理由，他拿出数据：上过他的课的工商管理硕士（MBA）毕业生毕业后的平均薪酬，比没上过的高 1.2 万美元，说明他的课有效果。S 教授在课堂上问同学："这个理由充分不充分？"换句话说，S 教授要求加薪的理由是，他认为自己的课是学生工资高的原因，这是一个因果关系。同学反应不一。S 教授说："院长很聪明，说你不能这样比，因为人和人不一样。"潜台词是，不同的学生本身的能力可能才是薪酬高低的影响因素。同学们一听觉得很有道理。但 S 教授早料到院长会这样说，他已经做了进一步的数据处理，将上过他课的学生与未上过的学生进行特征匹配。S 教授是数据科学家，这种分析是他拿手的。匹配后的结果表明，上过他课的学生薪酬仍然比没上过的高 0.7 万美元。院长仔细看了 S 教授的数据，觉得没问题，但他还是不信，认为 S 教授一定是挑人了，至于怎么挑的，他还不知道。同学们纷纷为教授打抱不平——都已经控制了特征要素进行匹配了，自然证明 S 教授的课与学生高薪确实存在因果关系。S 教授笑着说："院长说得对，我是挑人了。怎么挑的？第一堂课就巨难无比，将那些差学生吓走，剩下的自然都是好学生了。好学生毕业后自然更可能拿到高薪。"但这样做有个前提，就是来选S教授课的学生很多，包括了最好的那一批人。当年S教授第一次开这门课时，选课人数甚至没有满，自然不存在挑人的问题。于是S教授采取了另外一种策略。他和一些互联网大公司关系很好，于是他动用自己的私人关系，介绍学生去这些公司就业。第二年学校里就传开了，上S教授的课能去脸书（Facebook）、谷歌这些热门公司，选课的人一下就多了起来，S教授就可以从中挑人，他的学生水平也大幅提升。这些大公司发现他这里人才多，良性循环就产生了，最终表现为上过他课的学生薪酬更高。

S教授通过这个故事，推出了他的因果关系公式：

$$Y_0 + \Delta y = Y_1$$

Y_0 是原始状态，经过一段时间，达到现在的状态 Y_1；Δy 指的是对这件事情施加的外部影响。如果 Y_0 经过一段时间自然变成 Y_1，就没有 Δy 的事了。只有当 Δy 存在的情况下才有 Y_1，才能说 Δy 与 Y_1 存在因果关系。

在企业价值传播的场景中，我们说的企业核心驱动力，即企业发展的因果关系，就是S教授因果关系公式中的 Δy。

因果关系还有另外一个公式：

运气+实力=成功

这个公式中，运气是外部不可控因素，实力是你的努力可以影响的因素。在商业领域中，企业核心驱动力即企业发展的因果关系一定是实力，即 Δy 的部分。但是实力或者说 Δy 通常难以辨识。它们与运气、与随着时间推移自然发生的事情混在一起。我们可以客观观察到的是从 Y_0 到 Y_1 的过程，以及企业成败的结果。同时，我们还观察到了企业采取的行动 Δy。问题是，Δy 或是实力，有没有在 Y_0 到 Y_1 的过程中实际发挥作用？如果发挥了作用，则因果关系成立。如果不需要 Δy，Y_0 也能变化为 Y_1，说明 Δy 并不是原因，而仅仅是"安慰剂"。

在医学上，安慰剂效应是指暗示患者正在接受某种治疗，无论治疗是否有效，患者都会倾向于反馈治疗对他们有所帮助。这种倾向被称为安慰剂效应。同理，企业总是在执行各种决策、各种操作，如果企业随着时间推移取得成功，那么到底是这些决策和操作起了作用，还是运气在发挥作用，我们很难下定论。

我曾经研究过一家企业。它属于行业老大，比行业内第二梯队的企业规模大很多，业绩高速增长；宏观上是顺风，生意模式有海外大企业的成功先例，老板和管理团队都很优秀，还有国内知名投资机构的加持。从逻辑来看，企业业绩理应高速成长，未来业务继续高速增长的推断可以成立。后来我去这家公司调研，董事长向我谈到他对行业格局和竞争演变的理解时，我突然意识到，我原来分析的企业核心驱动力虽没有错误，但那仅仅是过去若干年里企业高速增长的必要条件。过去若干年里，由于我国新能源行业高速成长，诞生了巨大的机会，这种机遇和这家企业的核心驱动力相加，构成了企业业绩高速成长的充分条件。换句话说，企业是好企业，但是过去几年的超速增长是由历史机遇带来的。所以对未来，我们不能简单地根据趋势外推，因为这种历史机遇不可重复。果然，第二年新能源行业投资放缓，该企业业绩增速也出现了显著下降，回归到正常的增长水平了。

现实世界的因果关系是复杂的。很多时候，因果关系就像是一种信仰，科学家用各种方法来寻找因果关系的边界。当科学家想要确定两件事之间的因果关系时，他们会根据共现、非共现和共缺案例的数据来计算。例如，要证明胆固醇高是心脏病的原因，需要3种数据。共现数据，指的是胆固醇偏高并得了心脏病的案例数据；非共现数据，指的是胆固醇偏高但是未患心脏病，或者胆固醇不高但是患上心脏病的案例数据；共缺数据，指的是胆固醇不高且没有患心脏病的案例数据。所有这些数据对评估两件事之间是否存在因果关系都是必要的。个案证据往往只是其中的共现数据，仅有个案证据无法区分是不是安慰剂效应。

科学方法就是要揭示有效与安慰之间的关系，它们与企业成功影响因素里的实力与运气的未知比例组合有异曲同工之处。怎样揭示？依靠对照组实验。在生物医学研究中，所有新药研究程序都必须包括对安慰剂效应的控制。一般来说，如果在一组病人身上试验一种新药，就要组建一个患同样病症的对照组，给他们服用不含任何药物的安慰剂。随机分配到两组的病人自己不知道吃的是什么药，实验者也不知道哪一组吃的是药，哪一组是安慰剂，这叫双盲实验。等到结果出来，对两组进行比较。

安慰剂效应可以引申到其他我们寻找原因的领域。很多时候，我们从有效结果倒推去寻找原因，但由于生活的复杂性，我们无法像科学对照组实验那样控制其他因素，仅仅观察我们需要确认的因素是否有效，这使得我们往往无法分辨多种因素中到底是哪个在起作用，此时，人类思维习惯往往会归因于某种我们可以控制的积极因素（Δy 或者说实力），而没有意识到这个有效结果可能仅仅是"安慰剂"（运气）导致的。

20多年前，我在一家外资企业的投资部门工作，办公室和集团位于上海松江，和规模巨大的制造企业在一起。那一年，制造企业换了CEO，是一位新加坡国立大学管理学教授，据说管理过世界500强企业，又在大学教过书，实战和理论都很厉害。之所以请他来，就是因为制造企业效益不好，老板认为主要原因是原来的CEO管理能力有问题。但之后两年里，制造企业的情况非但没好起来，反而亏得更加厉害。最后老板又请走了这位教授。我虽然在投资部门，但是经常与制造企业的经理交流，听他们说，这位教授的管理风格并不适合这家公司。教授走后，换成了香港来的Y先生，企业很快走出困境，从"碎钞机"变成了"印钞机"，各级管理层都很开心。真实原因是Y先生的管理方法得当吗？现在想想，也许是，也许不是。因为前任CEO运气不好，那几年行业跌入低谷，神仙来也没用。过了两年，行业恢复，正好Y先生接任。周期性行业景气是关键，加上Y先生能力不错，企业情况很快好转。

所以，如果是一个简单系统，我们从个案证据很容易就能识别因果关系。但是在一个复杂系统中，形成结果的原因是复杂的、非线性的、多种因素共同作用的。此时，一个复杂系统的有效或者无效的结果仅仅是个案证据，并不能成为证明措施有效的充分证据。

S教授指出："每一个商业决策背后都隐含着一个因果关系假设。"因为你采取行动，是想得到某种结果，如果行动与结果之间没有因果关系，那你就是在瞎决策。可是这些因果关系往往隐藏在幕后，企业过去的成功与失败是既成事实，什么是成功背后的因果关系，也就是我们要寻找的核心驱动力 Δy，却扑朔迷离。某些情况下企业某些业务决策有足够的数据资源做支撑，因而可以按照科学方法来判断因果关系。

我曾经投资过一家大数据公司 HC 科技，其首席科学家讲过一个案例。

迪奥（法国时尚消费品牌）在中国推出一款口红，准备在手机端投放直投广告。迪奥法国总部做了一个方案，画面美轮美奂，还有两段视频，内容比较多，所以设计成下拉式页面，要下滑三四个页面才到底，购买链接在最底部。看了这个方案，国内市场团队觉着法国人不太了解中国消费者：既然是直销类广告，按照中国消费者的习惯，应该将购买链接放在前面。所以他们设计了另外一个方案，素材都一样，只不过第一个页面上有几个按钮入口，可以点击购买，也可以点击观看视频和其他画面。国内市场团队根据经验一致认为，这样的布置更适合中国年轻人的需要。双方争执不下。

此时，HC 科技的 AB 测试技术登场。利用 AB 测试系统，可以将两个方案分别形成两个或者多个对照实验组，随机筛选实验对象，对于实验对象而言，他们只能看到一种方案。随后市场部人员可以根据购买情况了解直投广告效果。我猜的是国内方案获胜，认为中国消费者缺乏耐心、追求效率，需要更加直接的手段。

结果大跌眼镜，法国方案大胜。结果揭晓以后，参与测试的几位女性纷纷表示，女孩买东西特别是买口红，是一种体验式购买，看开心了才会买，所以长长的法国方案更能打动女性的心。自然，在一个确定结果面前，我们总是能找到相应的逻辑。根据人类认知第三定律，在既定事实面前，我们会自动在其中寻找简单因果关系。而眼见为实和光环效应的思维偏见，则会加深这种直觉反应，让我们更相信自己的判断。

AB 测试是一种科学方法，我们不需要使用常识或者模糊的判断，直接用技术手段搞一次对照组实验就可以。在简单商业决策场景中，具备数据的情况下，我们也可以通过数据实验来确定因果关系，但是在企业价值传播的场景中，我们需要了解的是企业发展的核心驱动力，是企业这个复杂系统的内在因果关系。可以肯定地说，我们无法做到科学分析，通常的做法是分析个案，采用个案证据。而且可以肯定，大部分人都没有意识到这个问题，看到个案证据，看到了 Y_0 经过一段时间变成 Y_1，看到企业从过去走到现在，就自动将 Δy 当成了因果关系。从传播者的角度来说，这正是我们需要善加使用的核心技巧。现在，想必你已经更好地理解了 S 教授所说的："是否理解因果关系是人生的关键。"

基于现实世界的复杂性，我们要分清楚，我们找的因果关系是现实中的因果关系，还是心中的因果关系。在企业价值传播中，我们谈到的企业内在的因果关系即企业发展的核心动力，很大程度上并不是企业客观的因果关系，因为这种因果关系难以用科学方法识别。企业发展的路径是单一而既定的，我们也没法找 100 家企业让它们用不同做法来进行对照组实验，我们最多只有类似企业的个案经验，以及对企业的个案研究。从这个角度来说，这里的因果关系是我们心中的因果关系，是我们对客观因果关系的一种认识。用好认知的底层逻辑和思维偏差，有助于我们讲好商业故事，做好企业价值传播工作。

赵金星老师是解析讲故事技巧的专家。他在课上讲过这样一个故事：在他家附近并排开着几家洗车行，他往常洗车都是随便找一家。有一次他发现玻璃水没了，就在洗车时让老板加一点。老板加好玻璃水，发现还剩下半瓶，就将盖子拧好，当着他的面将瓶子倒过来，用手在瓶盖处捂了一会，展示给赵老师说："不漏，我给您放到后备箱了。"赵老师后来洗车再也没有去过其他家，这家店的生意也越做越大，还开了不少连锁店。

用这个故事来演示故事中的细节会产生的代入感效果，挺精彩的。不过我在听的时候意识到，赵老师在故事里暗藏了因果关系：诚实守信、关心客户的人能让生意成功。这也暗合了我们心中的情与义。但是再仔细想一下，这是什么样的因果关系？是我们自己心中的因果关系，并不一定是现实中洗车店老板成功的因果关系。关键在于如果你能在受众心里营造出因果关系，你的传播目的就达到了。

第四节　商业故事的可信度测试

构建商业故事中的因果关系，有两个关键点。第一是理解这种因果关系是现实中的还是人们心中的。在上一节里，我已经花了很大篇幅阐述这个问题。心中的因果关系是受众能获得的因果关系，本质上是一个人的认知问题。第二是在构建因果关系时需要避开的障碍。真实可信是商业故事的关键，认知放松带来信任，认知紧张导致怀疑，因而在商业故事中需要避免让人产生认知紧张，规避那些让人感到认知不适的障碍。

举个例子，我曾经参加过一个项目的融资路演会。其商业模式是为初创企业提供IT基础设施，包括设备和软件。办公电脑、服务器和门户网站对于公司来说是必需的配置，这是一门非常普通的生意。这个项目的创新点在于根据企业的判断，对一些未来有希望的创业公司不收合同款，而是将设备和服务作为投资入股。这样，一方面公司设备的销售和服务能带来基础现金流；另一方面，选择好的项目入股，未来可以等这些股权增值。这个主意听起来不错。我问了创始人一个问题："你的核心优势是什么？"他回答："IT。""但是这个模式的成功来自你投资的股权增值，那么你有没有VC投资经验？"创始人摇摇头。这就产生了逻辑不自洽的问题。你的优势在IT，可是你的商业模式能否成功，却取决于你不熟悉的领域，岂不是自相矛盾？

在商业故事中，我们构建了因果关系作为企业核心驱动力，由于现实世界的复杂性，这个因果关系是一种认知，所以我们在用故事包装这些因果关系的时候需要特别留意，不要让人产生认知紧张。我们应当对商业故事进行3种可信度的测试：（1）逻辑自洽测试；（2）可能性测试；（3）商业常识测试。

逻辑自洽测试

逻辑自洽，简单地说就是按照自身的逻辑进行推演，自己可以证明自己至少不是矛盾或者错误的。这种自洽或者一致性让我们感到舒适，认知如果放松了，信任感就来了。在商业故事中，逻辑自洽就是要注意我们讲的事情不要自相矛盾。例如，你说老板对公司未来发展非常看好，结果别人问：那为什么他现在要减持？当然，这两件事之间并没有必然的关系，但是在外人看来，这就是自相矛盾。在这个例子中，减持是客观事实，你没法改变，但是老板对公司未来发展看好是你的观点。所以你在阐述观点时要复盘，哪些事实会与你的观点产生冲突。

商业故事中逻辑自洽要审查的几个方面有：内容、数字、过去与现在、自己与行业。例如 GL 股份自称是一家产业互联网平台公司，业务模式是建设工业品例如涂料等的交易平台，引导买家和卖家在平台上交易。这种模式类似工业领域的淘宝或拼多多。有一次回答交易所问询时，大家发现它的供应商和客户居然就在同一座大厦里，于是纷纷怀疑它造假。对此，GL 股份的解释是只要有生意做就好，并不需要区分谁是供应商，谁是客户。这个回答倒是解释了供应商和客户在同一座大厦里的问题，因为客户和供应商的交易对象都是 GL 股份，不同的时间、不同的商品、不同的需求，在同一座大厦里确实不一定能交易。但是 GL 股份的回答产生了新的问题：它证实了 GL 股份的商业模式中，相当一部分业务实际就是贸易商业务，这又与它的市场定位"产业互联网平台"产生了冲突。

数字方面的逻辑自洽包括两个方面：一是数字之间是否有冲突；二是数字与内容之间是否有冲突。数字之间的冲突，主要是在用数字说明自己的观点时，其他数字可能支持相反观点或者让人产生对此观点的质疑。例如有一篇讲酱油行业上市公司的文章中写"行业老三"千禾央厨的业绩增速在 2021—2023 年远超"老大"海天味业，还列出一张图对比千禾央厨和海天味业营业收入和净利润的增速。图中显示，从 2021 年开始，二者的业绩增速完全不同，一个向上，一个向下。[1] 听起来很有道理，似乎两家公司未来的前景也将大大不同。但只要知道两家的利润数字，你就会有另外的看法。海天味业的体量是千禾央厨的 17 倍之多，由于体量差距，增长率的相对指标实际并没有文章想表达的意义，不禁让人怀疑这是一篇吹嘘千禾央厨的软广告文，故意挑特定角度来进行比较。

数字与内容之间的冲突往往表现在各自反映的事实意义差异上。我曾经发现一家公众公司存在财务造假。这家公司的主要业务是软件定制化开发，项目制业务模式。这类模式有一个核心指标，就是人均销售收入。这家公司的人均销售收入非常高，但是人均工资却相当低，这就是数字与数字之间的冲突，由于是创业公司，这种情况也有可能是创始人有特别的背景或能力。然而年报显示创始人夫妇都不是软件技术出身，这就与高人均销售收入、低人均工资的情况冲突了。

此外，数字冲突还可能表现在企业自身数据与行业可比公司数据之间的差异上。在 IPO 审核中，如果发现企业数据与行业平均数据显著背离，则可能会引起监管的重视。

涉及企业未来的预测，要留意未来预期与目前现实的自洽。例如一个项目，老板说明年能收入 2 亿元，但去年只有 5000 万元，1 年里涨 4 倍的概率很小，疑问自然多。除了数据的连贯性，内容的连贯性也很重要，例如现实的能力资源与未来的能力资源应当是连贯的。

可能性测试

亚里士多德在《诗学》中说："诗人的职责不在于描述已发生的事，而在于描述可能发生的事。"这里"可能发生的事"是指按照可然率和必然率可能发生的事。诗人和历史学家的差别就在于：历史学家描述已发生的事，诗人描述可能发生的事。从这个角度想，所有在企业价值传播场景中讲故事的人都是诗人。不

---

[1] 雷彦鹏. 海天跌倒，千禾吃饱[EB/OL].（2024-02-01）[2024-09-03]. https://www.thepaper.cn/newsDetail_forward_26214353.

过，除了对伟大理想的浪漫想象，商业故事与天马行空的虚构故事还是不同的，商业故事必须以现实为基础。一个商业故事是否可信，很大程度上在于这个故事是否可能发生。我们从两个方向来测试：第一，避免不可能发生的故事；第二，测试可能性不同的故事相应的证据。

第一，避免不可能发生的故事。

在当下，如果有人说自己要在国内做一款类似微信的社交软件，我们的反应大体是认为其不可能发生。因为复制一个和微信功能相同的应用程序（App）也许不难，但是社交软件具有网络效应，在微信已经成为主流的情况下，其他社交App的生存空间几乎为零。在《故事与估值》一书中，阿斯沃斯·达摩达兰列出了几种典型的绝无可能的故事类型：（1）公司规模超过所在经济体规模；（2）市场占有率超过100%；（3）利润率超过100%；（4）资金无成本。

绝无可能的商业故事通常一目了然，容易避免。另外一些不可能发生的故事则存在迷惑性，我们要特别留意。例如，研究员向我推荐一家做芯片行业洁净材料的公司。研究员认为，目前公司只占1%的市场份额，前景广阔。这话听起来似乎有道理，但其中的逻辑不对。只占1%的市场份额，说明市场已经被强大的竞争对手占据，前景并不明朗。再比如有一家做OK镜（角膜塑形用硬性透气接触镜）的国内龙头企业，研究员发现行业渗透率非常低，未来发展空间巨大。问题是，目前的领先可能只是短暂的先发优势，之后很多强势企业发现做OK镜生意好、利润高，也会加入竞争，市场空间和盈利能力在竞争下自然被压缩。这也被称为"大市场幻觉"。另外一些故事从逻辑上看有理，但是不符合商业或行业规律，往往也被人认为不可能发生；又或者企业未来的故事需要一些稀缺资源，例如人才、资金、技术、许可等，这些资源取得的可能性与公司实际能力未必匹配。例如，有个数据科学项目畅想未来发展，其中关键资源是需要一大批懂某种前沿计算机技术的人才。只要对这个行业有了解，就知道这个计划不可能付诸实施，于是故事的可信度大打折扣。

企业战略有个基本的矛盾，就是高收益与高增长往往不可兼得，在企业特征上表现为利润率、增长率、再投资和风险之间存在内在逻辑。例如在大众市场和奢侈品市场，这4种特征呈现不同的配置（见图7–2）。

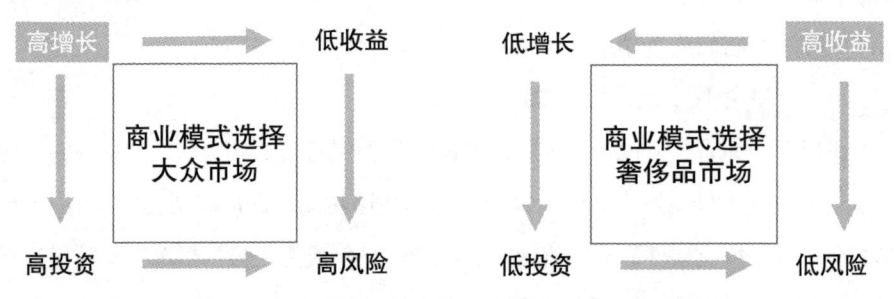

图7-2 大众市场与奢侈品市场不同的商业逻辑

类大众市场商业模式的核心要素包括低利润、低价格、大量销售、规模经济，往往依赖效率竞争优势，呈现业绩高速增长但是利润率不高的现象。这是增长的代价，高增长背后往往是高投入、高投资，资产重、风险高——低利润率也会带来较高风险。宁德时代就属于这个类型。类奢侈品市场商业模式的核心要素与类大众市场相反，包括高利润、高价格、销量小等。这类市场往往依靠品牌无形资产，利润率高，但是收入增长较慢，再怎么投入增长也不快，因而风险也比较低。例如茅台。如果讲故事忘了这些内在规律，故事呈现可能是高增长、高利润，两者互相冲突，如果再加上低投资和低风险，就成了不可能的任务。

阿斯沃斯·达摩达兰在《故事与估值》中提出的价值三角模型，可以帮助我们排除这种冲突。企业的增长、再投资和风险之间存在内在关系，通常高增长需要较高的再投资，而较高的再投资会带来高风险。布鲁斯·C. N. 格林沃尔德教授指出："在竞争激烈的市场经济中，对于大多数公司而言，为成长追加的资本会把成长价值耗尽。"[1] 所以高增长与低投资、低风险的组合往往让人怀疑。就像一个理财产品，保本还给10%以上的收益，往往都是骗局。

---

1 布鲁斯·C.N.格林沃尔德,等.价值投资：从格雷厄姆到巴菲特的头号投资法则[M].经典珍藏版.北京：中国人民大学出版社,2020：IX.

第二，测试可能性不同的故事相应的证据。

未来故事发生的概率从低到高，存在"有可能""很有可能""极有可能"3种状态。它们需要准备的证据是不同的。

"有可能"，即发生概率低。这样的故事只要想法靠谱、逻辑上说得通就行。一般来说适用于还处于规划阶段的初创项目或创新业务。表述这类故事时，要明确说明其有可能但概率不高。例如有一家企业介绍自己主打卫星通信，项目还处于有可能的阶段，逻辑上说得通，也有一些资源和技术人脉，但能做成什么样，还处于预想阶段。这就与前面介绍的主打卫星通信产生了矛盾，让人怀疑。

"很有可能"，即发生概率中等，此时需要在表述中加入一些潜力证据，例如样品、样机已经做出来了，小规模试用后客户已经认可，商业模型实验已经闭环等。对很有可能的故事，你必须提供证据证明它真的能够发生。

"极有可能"，即发生概率高，此时需要财务数据支持，证明商业逻辑上存在闭环，可以大规模复制或推广。曾经有一家AI明星公司上市前后财务数据很糟糕，收入甚至不能覆盖研发费用，现金流不能自洽，to G项目制商业模式与公司描绘的前景之间存在较大落差，因此让人怀疑此商业模式是否能走下去。

商业常识测试

故事一旦不符合生活常识，我们马上就会产生违和感。例如我看到一个著名谍战作家的小说，开头大意是：盛夏的南京，酷暑难挨，主人公正焦虑地等待联系人来接头，看看时间尚早，他就到路边一家牛肉拉面馆吃面……我一下子就出戏了：那么热，谁还会吃热气腾腾的牛肉面？商业故事也是如此。一家互联网前沿领域公司一般不会位于我国中西部地区；高水平的员工队伍薪酬水平不会很低；企业能力强、行业格局又好，企业的毛利率一般不会很低；在具有规模经济的行业内，往往只需要很小的产量就能盈利；没有企业可以一直增长，犹如没有树能够一直长到触碰天空，通常持续的高额利润只能来自垄断或结构性成本效率优势；等等。不过商业常识与生活常识还是有差别的，特定的商业知识对于业内人来说是常识，对于大众来说可能就不是了。此时，人们容易落入传播者的陷阱。解决之道是请行业外的朋友听听你的故事，多讲几次，多听听反馈，自然知道哪里需要补充背景知识了。

此外，有违常识的意外有时反而是商业故事吸引人的关键。在非虚构的商业故事中，业内常识与业外人的信息差往往是制造意外的好办法。这种信息差造成的疑问能够引起受众的注意，此时你就可以用一套预先准备好的知识来填补信息差。例如网飞说假期由员工定，费用也不需要审批，大部分人对此的反应都是意外和好奇：网飞是怎样做到的？这就是利用了常识冲突。实际上，你的企业如果是一家好企业，一定是在某些方面有过人之处，这就是常识与企业实际情况的冲突。你可以充分利用这些冲突来构建你的商业故事。

本章小结

- 企业价值传播的核心在于将企业盈利和发展的核心驱动力传递给受众，让他们在心中形成对企业未来价值的期许和信念。

- 商业故事的三级火箭模型：精炼主题、构建核心驱动力（因果关系）和回到现场。只要按照这三级来装配，你的商业故事一定能达到清晰、抓人、走心和可信的效果。

- 精炼主题的 123 原则：核心一句话，关键词解释，帮助理解的扩展。

- 构建因果逻辑，就是构建一种说明来阐释企业发展的核心驱动力，解释过去的成功或失败，展望企业未来，帮助人们理解企业价值。因果叙事的核心是"保安三问"：是谁？从哪里来？到哪里去？即通过分析企业现在的模样是怎样形成的，预测未来企业将往何处去，会怎样。

- 因果关系公式 1：$Y_0 + \Delta y = Y_1$；

- 因果关系公式 2：运气 + 实力 = 成功。

- 可信是商业故事最重要的特质，对于已经构建好的商业故事，为了减少可信度障碍，应当进行 3 种可信度的测试：（1）逻辑自洽测试；（2）可能性测试；（3）商业常识测试。

03
现场实战：
把好故事讲得漂亮

第八章　让故事光彩夺目的黄金三角

本章导读：

这一章，我会把故事放到一个重要的、出现频率较高的传播场景——演讲——中。从演讲切入，是希望大家意识到，只关注故事讲得精不精彩是不够的，更重要的是，你的故事要帮助你实现演讲目标，传递企业价值。所以，故事一定要服务于演讲的主题和目标，这就涉及你的演讲目标是否明确，是否对听众做过分析，是否有清晰的逻辑框架，以及故事在什么时间嵌入演讲。这一章会一一介绍。当然，还有大家最关心的如何把故事讲精彩的实用技巧。我会分享给大家一个重要的模型——讲故事的黄金三角。运用好这个模型，每个人都能讲出有影响力的故事。

第一节　好故事都有共性

前面章节中提到了企业价值传播的三级火箭模型——精炼主题、构建核心驱动力（因果关系）和回到现场。而回到现场的核心内容就是把一个商业故事讲述得有吸引力并影响投资人。

企业并不缺乏故事素材，每个组织都能找到属于自己的精彩故事，但一提到如何把这些故事讲精彩，很多人就会产生这样的顾虑：

"我们平时的工作是和数据打交道，都不善于言辞，能讲好故事吗？"

"理工科出身，本来语文就不好，平时看书也少，没那么多华丽的辞藻，能讲好故事吗？"

"有些人说话绘声绘色、充满激情，我们平时说话很平直，缺乏感染力，能讲好故事吗？"

总结下来，意思就是："我不擅长表达，能讲好故事吗？""如果没有讲好故事，会不会浪费了充满价值的企业故事？"。

讲故事没有固定的套路，但是你仔细琢磨一下就会发现，能够引起共鸣并产生效果的故事都有共性。其实，我们把自己当作听众思考一下就知道共性是什么了。可以总结为以下问题：为什么那些印象深刻的故事，总能让我们脑海中出现各种清晰的画面？为什么我们的思绪会跟着故事节奏起伏变化？我们将这些共性称为讲好故事的"黄金三角"。如图8-1所示。

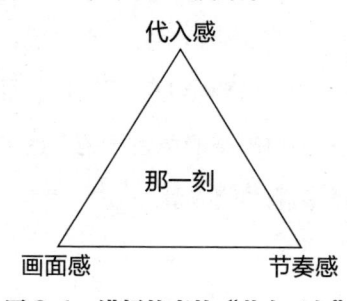

图8-1　讲好故事的"黄金三角"

这个"黄金三角"是由 3 个相互关联的要素组成的：代入感、画面感和节奏感。每个要素都在故事中发挥关键作用，缺一不可。

代入感是指听众对故事的参与感。它可以激发听众对故事的同情和理解，使他们感同身受，从而增强故事的吸引力。

画面感是指故事的形象化表现。它可以让听众在心中生成具体的画面，从而更深入地理解故事情节和主题。

节奏感是指讲故事的人在讲述故事时的节奏，是一种口述的状态。它决定着故事的动态变化，包括情节的推进、转折和高潮等。好的节奏感可以使故事更具生动性和张力，增强听众的体验感。

这 3 个要素是讲好商业故事的基石。运用好这 3 个要素，企业价值的故事才能生动，有吸引力，有深度。说得通俗一点，就是听众（投资人）愿意听。

很多人在自己的日常工作或生活中已经在悄悄地使用这套模型了，只是没有察觉而已，这叫"日用而不知"。所以读者不用担心能不能用好这个"黄金三角"，只要刻意练习，企业的每个人都可以成为讲好商业故事的高手。

第二节　故事中的"那一刻"

如果让你回忆一次印象深刻的经历，通常你会想到某个或多个瞬间。这就是"黄金三角"的核心。故事是由不同的"瞬间"组成，这些瞬间就是故事中的"那一刻"。

在讲企业的故事时，"那一刻"非常重要，它能让人心动。想想看，当我们听到一个故事，特别是听到故事里那些让我们情绪激动的部分时，我们更容易被打动并记住它们。这就是为什么在讲述企业文化的故事时，要特别强调"那一刻"。

首先，"那一刻"能让人感同身受。比如，当员工听到一个讲述公司在困难时期坚持下来的故事，那种努力和坚持的精神就会让客户、员工和投资人与公司的价值观产生共鸣，让他们更加信任并忠于这个品牌。

其次，故事中的"那一刻"展示了公司的价值观是怎样在实际工作中体现出来的。在决策或面对挑战时，公司是怎样做的，这些都能让客户、员工和投资人清楚地看到公司的原则和信念。

最后，由于"那一刻"的戏剧性，它特别容易被记住。这就像是公司文化和价值观给听众留下了一个深刻的印记，能帮助听众更好地记住和传播它们，更好地理解公司的核心价值和承诺，从而建立起一个正面的品牌形象，让公司在竞争中脱颖而出。

所以，把"那一刻"融入企业的故事中，不仅能让故事更加动人，还能深化听众对企业文化的理解，激发情感共鸣，促进价值观的实践，同时还能提升公司的整体形象和竞争力。

很多人以为企业价值传播讲的是故事，其实它的表述方式是叙事（也有人称为案例）。而故事与叙事最大的区别就在于是否有"那一刻"。回顾你所能想到的故事，里面是否有清晰的"那一刻"出现？如果没有，请你调整故事的焦距，像摄影师一样把镜头拉近、拉近再拉近。不要站在上帝视角讲故事，让我们和故事主人公一起经历那些瞬间。

讲故事要打破"知识的诅咒"，需要讲述者时刻关注故事里有价值的"那一刻"。

关于故事的"那一刻"，大家还要理解3个重点：

1. 有些故事的时间跨度较大，这类故事往往需要由多个"那一刻"构成。
2. 每一个"那一刻"就如同一根钉子，把故事牢牢地钉在听众的记忆里。
3. 在企业文化或商业经验的传播中，故事的"那一刻"具有持久影响力。听众在未来遇到与"那一刻"相似的情况时，就会想起故事中的人物及他们的应对方式。故事因此产生了"未来影响力"，这对于讲好企业故事来说尤为重要。

关于故事和叙事，还有没有别的区别？我在这里补充一点：故事和叙事并不是完全割裂的两种表现形式，很多时候两者是相似、重叠的。但它们也有互相不会触及的边界，我们了解了这个边界，也就更能理解什么是故事，什么是叙事。

借助马克·克雷默和温迪·考尔合著的《哈佛非虚构写作课：怎样讲好一个故事》[1]一书中对叙事和故事的定义，可以帮助大家区分叙事和故事的区别。这两位作者将叙事和故事分别定义为概述性叙事和戏剧性叙述。以此为基础，再结合我多年来对故事的研究，给大家呈现一个对比分析（见表8-1）。

---

1 马克·克雷默，温迪·考尔.哈佛非虚构写作课：怎样讲好一个故事[M].王宇光，等译.北京：中国文史出版社，2015：153.

表 8-1 叙事和故事的区别

叙事	故事
关注抽象	关注具体的细节
时间跨度大，浓缩时间	注重事情是实时发生
使用概括、总结、说明等抽象语言描述	使用对话、人物相互交谈
按话题组织材料	按场景组织材料
宏观视角	特定微观视角
听众感觉在场景之外	让听众感觉在场景之中
处理结果而不是过程	处理过程、给出详细的描述
忽略人物情感状态，关注事件本身	有人物的情感描述
站在组织的角度	关注个体

通过这样的对比，大家可以看出叙事和故事的明显差异。需要特别强调的是，如果一个叙事中加入了故事的某些表现方式，那么如何定义它，就看个体喜好了。

第三节　增强故事代入感

故事是什么样的,并没有标准答案。基于我自己多年来在故事领域的实践经验,我给故事的定义是:故事提供有代入感的场景,聚焦"那一刻"发生的事情,同时包含感觉的语言,给听众提供想象的空间,让听者能够快速、轻松地内化信息,理解讲述者所创建的意义。

第一句话特别强调有代入感的场景。故事的开篇部分必须提供一种体验,驱动听众听完你的故事。下面我就从能够影响故事代入感的要素出发,分析如何增强故事的代入感。

时间和地点的重要性

请阅读下面两句话,留意你的大脑对这两句话的反应有什么不同。

多年前,我们在一个只有15平方米的房间开始了创业之路。

1999年,我和董事长在友谊大厦租了一个15平方米的房间,创立了咱们公司。

你的感受有什么不同?一般听众会觉得第二句话更有代入感和画面感,更像是真实发生的。一提到故事,很多人会认为是假的,而恰恰是第二句中加入的时间、地点元素,扫清了这种负面印象。

一个单纯只有情节的故事并不完整,一定需要一个承载情节的场景。一旦有了场景,听众就会想知道接下来发生了什么。正如上面举例的第二句话一样,听众会觉得:既然你说得这么详细,一定发生了什么让你印象深刻的事情。另外,当时间、地点、人物出现时,听众会在视觉上准备"观看"故事情节,即等待在脑海中"看到"故事的发展。

给出故事发生的时间和地点，是讲故事最基本的技术，但时间和地点的精确度取决于事件本身对讲述的影响强度。强度越大，时间和地点可以越详细；反之，强度越低，时间和地点可以笼统描述。

可联结的人物

在讲述企业故事时，很多人喜欢讲一群人或一个团队的故事，这大大降低了故事的代入感。为什么故事中展现一群人和展现一个有代表性的具体人物，对听众的影响完全不同？我们来看一个试验。

2004年，美国卡内基梅隆大学的一些研究人员开展了一项"感恩捐赠"试验。研究人员想要探究，人们在面对抽象动机的慈善捐助和面对个人的慈善捐助时，分别会做出何种反应。研究人员付给每位受试者5美元，请他们填写一份科技产品使用情况的调查问卷（这份问卷内容其实无关紧要，主要目的是确保他们手头有现金，可以考虑是否做出慈善捐助）。

受试者填完问卷后，都领到了5张1美元纸币的酬劳，此外，他们还拿到1个信封和1封慈善募捐信，大家都有机会捐出一部分钱给关心世界儿童福祉的国际慈善组织"救助儿童会"。研究人员测试了两种版本的募捐信。第一个版本主要包含了非洲儿童面临苦难的数据，摘录如下：

- 非洲马拉维的食物短缺问题波及300多万儿童。
- 赞比亚的严重干旱问题导致2000年起玉米产量下跌42%。据估计，300万赞比亚人面临饥荒。
- 安哥拉共有400万国民（相当于全国人口的1/3）被迫背井离乡。
- 埃塞俄比亚至少有1100万人迫切需要粮食援助。

募捐信的另一个版本只提到一个小女孩：您的全部捐款将被转交给罗基娅——非洲马里的一个 7 岁小女孩。罗基娅极度贫困，正面临严重饥饿，并有饿死的可能。您的倾囊相助将会改善她的生活。有了您和其他爱心人士的支持，"救助儿童会"可以协助罗基娅的家人和社区成员，并为罗基娅提供食物、教育、基本医疗和卫生知识。

研究人员将其中一个版本的募捐信递给受试者，然后离开，受试者自行决定要不要捐及捐多少，然后将钱放进信封，交还给研究人员。读到统计数据版本募捐信的人，平均每人捐了 1.14 美元，而读到罗基娅版本的人，平均每人捐了 2.38 美元。看来大多数人都如特蕾莎修女所说的："如果我看到的是人群，我绝不会有行动；如果我看到的是个人，我就会行动。"[1]

在商业故事中，我们经常会听到演讲者描述一个团队在遇到困难时如何精诚合作、克服困难、实现目标。对于经历过这个过程的人来说，他们会感同身受，但对于没有经历过的人来说，听到故事后并不一定会为之所动。如果故事只讲给团队内部员工，回顾曾经经历了什么，以此来鼓舞大家，这样讲完全没有问题；但如果你把自己团队的故事讲给投资人听，对方的脑子里很可能只有"1.14 美元"的触动，没有"罗基娅"让他们感受到联结和共鸣。可传播的故事之所以被人口口相传，是因为人们在故事中能够锁定具体人物，随着人物的经历感受他的喜怒哀乐，从而在大脑里自动形成故事的模拟环境。如何让故事中的人物与听众产生联结？我和大家分享几个技巧。

第一，为你的角色起个名字。

关于建立同理心和同情心的研究表明，当故事中的人物有具体的名字时，听众会产生更大的同情心和同理心。名字能让听众更接近这个人。

一天，公司的一名员工突然跑到老板办公室。

---

[1] 奇普·希思，丹·希思. 行为设计学：让创意更有黏性[M]. 姜奕晖，译. 北京：中信出版集团，2018：145-146.

一天，公司一位叫李强的员工，突然跑到张总办公室。

阅读以上两种描述方式，感受你大脑的反应，你会发现，当用"员工""朋友""同事""父母""老板"这样单一的称谓描述人物时，我们大脑中产生的画面清晰度和共鸣强度并不高。而当角色有具体名字时，大脑会开始搜索记忆库，寻找生活中遇到的"李强"和"张总"。一旦找到，你的大脑就会立刻锁定他。在那个瞬间，连接被建立，剩下的事情就是开始内化故事的内容。

故事中的人物名字还有另外一个重要作用，一个故事是否可信，取决于人物的可信程度和可靠性。人物是可信的，那么他们的观点和故事都会变得可信。

当然，有一种情况除外。如果故事里的人物名字涉及隐私或不方便透露，你需要向听众交代清楚故事中人物的名字是化名。

第二，专注主要人物。

没有了主角，企业的故事就失去了焦点，失去了表达情感的能力。虽然听众可以理解大量数字，但他们却很难对故事产生共鸣。人们的大脑不能分辨一个可能死于饥饿的"罗基娅"和埃塞俄比亚上万个有同样经历的孩子之间有什么区别。

故事中的关键人物要如何才能让听众有联结感呢？看看下面这些问题清单，或许会帮助到你更好地设定人物。

1. 故事中的人物有哪些独有的特征？这些是天赋还是能力？

　　外婆非常强悍、有权威，家里的很多争端都由她来裁决，有时也因她而起。同时外婆也有一种天然的想要让人亲近的特质。[1]

2. 故事中的人物是否说过什么或做过什么，能够增加听众对人物的共鸣？

---

[1] 来自 TED 演讲嘉宾布莱恩·史蒂文森的故事叙述。

用别人的钱一定要带给别人好处，这是海底捞创始人张勇的做人准则。

这是一句陈述，尝试换一种方式描述：

海底捞创始人张勇在接受采访时说："我是农村人，农村人认为，如果你用别人的钱而不带给他们好处的话，你就是个骗子。"

3. 故事中的人物是什么风格？他们是健谈的还是吞吞吐吐的？是柔声细语的还是大声的？是严肃的还是随意的？在口述故事时可以适当地转换语调来强化人物特点。如果你的故事以书面方式呈现，可以在描述时加入形容词。

妈妈用非常坚定的口吻说："你必须自己来承担！"

4. 故事中的主要人物的短期目标和长期需求是什么？考虑是否为次要人物添加一些小片段。随着故事里呈现不同的"那一刻"，次要人物要有变化。

布莱恩是故事的主要人物，添加表哥让他喝酒但他拒绝的片段，以衬托布莱恩的自我定位。

5. 故事中的主要人物在担心什么或恐惧什么？在故事的结尾告诉听众，主要人物实现了目标或得到了成长。

布莱恩听到表哥说，外婆和所有孩子说你很特别时，他心都碎了。但布莱恩今年52岁了，依然一口酒都没有喝过，这是自我定位的力量。

6. 根据情节需要，考虑适当添加对故事人物外表的描述。

> 人群里有一位大姐，穿着白色 POLO 衫，蓝色牛仔裤，走向那辆车并直接坐了上去。

当讲述企业故事时，让听众知道团队中哪些是主要人物，哪些是次要人物，帮助主要人物推进故事。给主要人物起个名字，其他角色可以不用有名字。当然，故事中的人物不宜过多，尤其需要避免人物与人物的关联过于复杂。

现在回到你的故事中，看看有哪些主要人物需要重新打磨。

打造情感时刻

在精雕细琢故事内容时，一定要问自己这个问题：是故事中的什么让听众接受了你的行动呼吁？如果你希望听众帮助你实现目标，就必须让他们从内心深处对你的呼吁产生共鸣。

卡内基梅隆大学的"感恩捐赠"实验也恰恰说明，促使人们的行为发生改变的是内心的情感触动。

让人们看到真实画面，是促使人改变的一种行之有效的方法。故事是你的撒手锏，通过故事里的环境，让人们在头脑中看到那个画面。在画面中触动听众的某些情感，从而促使他们改变。换言之，你讲的故事必须恰恰提供了这样的环境，让听众进入你设定的框架内，而故事里添加的可以触发人们情绪的文字描述，就成为促使人们改变的重要因素了。

那么，我们应该唤起哪些情感，以及如何唤起这些情感呢？

沃顿商学院市场营销学教授乔纳·伯杰和他的同事经过6个多月的时间，对《纽约时报》近7000篇文章的转发率进行了统计分析，文章内容涵盖国际新闻、体育、健康、科技等各个领域。结果发现，人们愿意分享的文章中，都包含了大量高唤醒情绪（高唤醒是一种激活状态，会促进人们产生行为变化）的描述，例如快乐、兴奋、惊奇甚至愤怒、焦虑；而像满足、悲伤等则属于低唤醒描述。[1]

你会发现，微信朋友圈转发量比较大的新闻或文章，传递的情感大多数要么让人很开心，要么让人感到惊奇，要么让人气愤。

但对于讲故事而言，无论哪种情感的唤醒，都要服务于故事传递的核心观点。为情感而情感，并不是我们倡导的。

唤起怎样的情感，取决于演讲者想让听众在什么样的情绪状态下接受观点。以下问题将有助于更好地在故事中呈现情感：

1. 加入什么内容的铺垫，能帮助听众慢慢酝酿情感？

情感通常不是一触即发的，而是在代入的过程中慢慢积累起来的。在你的故事中适当地加入此类内容。

2. 你需要听众在听故事的过程中体会几种情感？

故事中的情感数量不宜过多，关键在于与核心观点的关联度。

3. 每种情感的逻辑推进是否合理？

情感如果不是层层递进的关系，就说明有些情感表达有可能是多余的。

4. 每种情感在哪几个节点出现？

在讲述故事前，锁定重要节点。

5. 故事中的主要人物是否有需要表达当时心情的时刻？

找到那个时刻，哪怕只是一句话的陈述，以防止人物的冰冷导致听众的情感隔离。

6. 在哪里可以加入触发不同情感的细节描述？

也许是故事中的人物的一句话，也许是场景中的一个小细节，也许是人物的一个动作，在你的故事中加入必要的细节描述。

---

[1] 乔纳·伯杰. 疯传：让你的产品、思想、行为像病毒一样入侵[M]. 乔迪，王晋，译. 北京：电子工业出版社，2016：115-116.

第四节　刻画故事画面感

画面感越强，影响他人做决策的权重越大。

1986 年，美国密歇根大学两位研究员乔纳森·谢德勒和梅尔文·马尼斯设计了一项法庭审判的模拟实验。受试者扮演陪审员的角色，每人会拿到一份（假想）法庭记录。陪审员需要评估约翰逊太太是否适合继续抚养她 7 岁大的儿子。法庭记录设计成辩护双方旗鼓相当的局面：8 项辩词对约翰逊太太不利，另外 8 项理由对她有利。所有陪审员听到的都是相同的证词，唯一的差别是各项证词的详细程度。其中一组受试者拿到的记录中，支持约翰逊太太的证词提供了生动鲜明的画面，相比之下，不利的辩词显得平淡苍白；另一组受试者阅读的材料则恰好颠倒过来。

对约翰逊有利的一句证词是："约翰逊太太每天在儿子睡觉前都会看着他洗脸刷牙。"生动版本则加上了这样的画面："他用的是一把长得像科幻电影《星球大战》里黑武士达斯·韦德的光剑的牙刷。"

对约翰逊太太不利的一句证词是："孩子有一天来学校时手臂严重擦伤，约翰逊太太并没有帮他清理和处置伤口，后来是学校的护士给他清理的。护士在清理伤口时，不小心把红药水弄到了自己衣服上，护士服都被染红了。"

有些描述细节的画面虽然与案件无关，但还是影响了判决结果。听到加入生动画面的有利证词的陪审员中，判定约翰逊太太适合继续监护孩子的比例是 10 人中的 5.8 人；而听到加入生动画面的不利证词的陪审员中，判定适合继续监护的比例是 10 人中的 4.3 人。由此看来，带有画面感的描述增强了辩词的可信度，可见其作用强大。

当你的脑海中闪现关于某个事件的生动画面时，你对这件事就会过度权衡。

如果故事提供了生动的画面，听众仿佛身临其境，他们的相联感官就会被触发。这种现象，我们叫它"大脑行为模拟器"。画面感越接近真实世界的情境，触发感官就越有效。

接下来我介绍两个营造故事画面感的技巧。

对话描述

故事营造画面感的重要法则是"展现，而不是讲述"。讲故事时，重新创造你或其他人的经历，以重现你的故事，而不是简单地复述。故事应当通过对话来展现真实人物，传达人物形象，并赋予人物生命。《像 TED 一样演讲》一书中提到，对话是你可以在故事中使用的最引人入胜的工具，这是人类讲故事的最自然的方式。

对话可以把事实变成一个对现实有影响的故事。对话提供了故事中大部分的情感内容，同时能够抓住听众的注意力。听众会在那停顿的一刻，集中注意力听后面发生了什么。使用对话技巧，雕琢故事就会变得容易。如果你的故事中有涉及人物的对话，那么就不用太费力气去编辑故事了。

通常我们理解的对话描述，特指人物与人物之间的对话，这种对话模式叫外部对话。外部对话增添了故事的趣味性和多样性，也增强了人们对故事的兴趣。当听众听到人物之间的对话时，就会想要知道后面发生了什么。

对话描述的另一种则是人物的内心对话。内心对话是一个角色内在的想法或感觉，而不是外在的表达。在一个故事中展现内心对话，就像与世界分享一个秘密，能呈现更多这个角色的信息。但需要注意的是，描述内心对话时，切勿把一些不好的内心想法表达出来，这会影响讲述者的个人品牌。如果讲述者恰巧是企业创始人或核心高管，这种负面印象可能会被映射到企业，影响企业价值传播。

记住，无论是外部对话还是内心对话，都能让人物变得鲜活，使情节更生动。在使用对话描述技巧的过程中，需要注意以下两点：

第一，切勿披着故事的外衣，行说教之实。我曾经听过一个学员在分享自己的故事时，对话中所有内容都是自己在劝慰对方。这种方式其实已经不是在讲故事，而是在摆事实讲道理。

第二，对话切勿过于冗长。故事的总体呈现时间只有3分钟，对核心观点没有帮助的对话完全可以省略，只专注于关键对话。

特定细节的描述

组织行为学专家指出，故事中的细节可以让我们的大脑活跃起来并且保持专注。在故事中添加具体细节，是赢得信任、增强可信度及说服他人的最有效技巧之一。

故事中添加细节需要遵循两个原则。

第一，细节要与主题有关联。如果故事中的相关细节对要表达的核心观点没有太大价值，请删除（但不要直接删除，可以先放到一边。也许由于观点的变化，这个细节会变得有使用价值）。

第二个，细节要对情节有贡献。很多人讲故事时喜欢走两个极端，要么细节过多，导致听众走神；要么细节过少，听众要费力"脑补"。应根据情节的需要，适当选择细节描述。

在细节的选择上，有以下几种可供参考。

第一，场景的细节。比如：

> 我当着全班300多人的面，认认真真画了一个手电筒。
> 受试者被要求躺在核磁共振的机器上，旁边放着一个收音机。

第二，动作的细节。比如：

> 那位空乘人员头也没抬，用手往后一指，转身走了。
> 当把手放到口袋里的一刹那，他就知道要出事了。

第三，表情的细节。比如：

外婆一直盯着我看，我微笑地看着外婆，但外婆表情非常严肃。

当我向前台服务员反映问题时，两位服务员面无表情，眼睛看着电脑，没有任何反应。

第四，实物的细节。比如：

爷爷有意将水杯放在桌子中间，但女儿杯子上有一根绳。

她带的Ｔ恤衫上清晰地写了几个大字：我爱中国。

那么，是否每个故事都需要包含上述全部细节？答案是：不需要。添加哪些细节，根据前面提到的应用原则，主要看细节对情节的贡献及与主题的关联度。

第五节　掌控故事节奏感

故事的构成分为 3 个层次：第一层是事件本身；第二层是故事中主人公或关键人物对该事件的感受；在事件和情感之上，还有一个层次，就是故事的节奏感，用以唤起故事的意义在听众内心的反应。

20 世纪中期神经解剖学家保罗·麦克里恩，提出了"脑的三位一体理论"这个假说。他认为，每个人都有 3 个脑，一个负责认知，另一个负责情感，还有一个则是为了理解节奏。好的作家要把 3 个脑的语言全部用上，也就是说，如果演讲者只关注了故事给人带来的认知改变，过于渲染故事与他人产生的情感联结，忽略了听众接受故事的状态，那么故事本身及其意义就都起不了作用。

故事的节奏体现在方方面面，小到句子，大到段落，体现在你的语气语调和讲述的口吻中，体现在持续抓住听众的注意力中。下面给大家介绍几种口述故事时掌控节奏感的方法。

预设"钩子"，创造未完结感

美国神经学家丹·西格尔解释了为何人们对戏剧性如此着迷。他说，人们的感情或注意力并不会自发产生，它们需要被激发。

当听众在预期和不确定性之间感到紧张、期待时，就会产生强烈的好奇心。听众越好奇，就会越关注，而越关注，就会越专心倾听并保持这种状态。

我把这种吸引注意力的方法叫作设"钩子"。

人的本性中有一种追求完整的心理，对未完成的事情，总是记忆犹新。

这是 20 世纪 20 年代德国心理学家 B.B. 蔡格尼克在一项记忆实验中发现的心理现象，这个现象也被称为"蔡格尼克效应"。实验找来一群志愿者观看或收听含有软饮料、漱口水和止痛药商业广告的电视节目，实验人员检查他们对广告内容的记忆程度。结果很有意思：如果实验人员在广告结尾前的5~6秒时强行终止，志愿者对该广告的细节记得最清楚。更重要的是，两天甚至两个星期之后，他们仍然能比其他情况更好地回忆未播放完的广告细节，这恰恰说明了未完结感的力量的持久力。[1]

要引发蔡格尼克效应，需要先营造出未完结的状态。很多人讲故事的时候总是倾向直接告知事实，把本可以吊起听众胃口的故事讲得像白开水一样索然无味。

预设"钩子"的方法有两种。第一种方法是构建反预期的"钩子"，即先设定一个情景，让听众对该情景的结果产生预期，然后给出听众没有想到的结果，造成反差性对比，让故事变得生动、有趣。

虽然我们建议你构建反预期的"钩子"，但不一定每个故事里都要有强烈的反差，即使结果与大家预想的差不多，仍然不会影响故事的影响力。

预设"钩子"的第二种方法是在故事中刻意加入一句引发蔡格尼克效应的描述，激发人们对结尾的好奇心。举个例子：

女儿说了一句话，使我睡意全无……

他的一个动作让我很吃惊……

回忆起当时的场景，我仍然心有余悸……

如果没猜错，你读完上面的话，很可能会想：那句话是什么？那个动作是什么？那个场景是什么？

一句话"钩子"可以放在哪里？可以在开始的部分，把铺垫用"钩子"的形式呈现，吸引听众专注地听接下来发生的故事。

罗伯特·西奥迪尼在他的《先发影响力》一书里提到，他在大学授课的经历

---

[1] 罗伯特·西奥迪尼. 先发影响力[M]. 闾佳，译. 北京：北京联合出版公司,2017：108.

诠释了在开始阶段埋下"钩子"对学生专注度的影响。为了让一屋子学生把注意力集中在他这个"老头子"身上，并且持续一堂课45分钟的时间，西奥迪尼发现了一个妙招：每次刚开始上课，他就设置一个谜题。有时候他会讲一个令人费解的故事的开头，下课时才讲结尾。有一次他的课程内容结束时，下课铃刚好响起，但学生们都不走。西奥迪尼教授很纳闷：美国学生通常都是下了课就呼啦一下都走光了，但今天怎么没人动？原来大家宁愿"被拖堂"，也要知道那个故事的结尾。这就是"钩子"设在故事开始时的作用。试想，在组织内，很多人都说不知如何给老板或客户讲故事，他们通常时间紧迫，无法展开一个故事。这时，在开始阶段预设一句话的"钩子"，就会牢牢地抓住听众的注意力，听众自然愿意给你更多时间。[1]

在中间部分加入"钩子"，能够在听众注意力下降之前继续激发他们的兴趣，防止走神。在结尾的过渡语部分，同样也可以设定"钩子"，听众将会因此而倾听接下来你的解读是什么。当然，一句话"钩子"不宜过多，3分钟时间里3个"钩子"足矣。

需要注意的是，当你用"钩子"激发听众的期待之后，给出的答案最好有一点点的意外或分量，否则听众会感觉很失望。

以聊天的口吻讲述故事

很多人会忽略这样一个事实：影响故事效果的关键因素就是讲故事的人的状态。

在演讲场景下，通常有3种讲述状态。第一种是演讲腔或者朗诵腔，这种状态只适用于比赛。这时候可以充分发挥肢体语言和语音语调的能量。参加比赛除了要把自己的内容讲得流畅，气势也一定要足够强，精神要饱满，通过外在的状

---

[1] 罗伯特·西奥迪尼. 先发影响力 [M]. 闾佳，译. 北京：北京联合出版公司，2017：112.

态震撼全场。如果这时候用平时聊天的口吻来讲，就会让别人觉得气势弱，讲述的内容也会被弱化。

第二种是采用聊天的口吻，就是用你平时和周围人说话的口吻，娓娓道来。这种状态通常适用于商业场景，例如路演、项目总结会、产品介绍会、公司年会、参加外部论坛等。这个时候如果以第一种状态来讲述，对于听众来说会有很强的距离感。尤其演讲者的身份或职务较高时，娓娓道来的聊天状态会给人一种更稳重、可靠、真诚的感觉。试想乔布斯用演讲腔介绍苹果产品，樊登用慷慨激昂的状态和家长们分享育儿经验，罗振宇用朗诵腔进行跨年演讲，估计在场的听众会觉得非常违和。

第三种是讲故事的腔调。但这种状态不适用于商业场合讲故事的场景。有人会问：讲故事不就应该用讲故事的口吻吗？回想一下给孩子讲睡前故事时的腔调，你就明白为什么不适合了。"在很久很久以前……""从前，在遥远的大森林里……"这样的讲述状态孩子们会很喜欢听，但试想用这样的口吻给成年人讲故事，投资人、老板、客户甚至下属会是什么反应。有人说，面对成人时不会有人这样讲故事的。但就我所看到的，真的有，而且还不在少数。所以，避免在商业场合下使用讲故事的腔调。

总结一下：讲故事不要太用力！

口述故事别用书面用语

这本关于如何讲故事的书，大部分应用场景是口语沟通场景，但也不排除有很多书面应用情境。比方说，很多组织提取、梳理出来的企业文化故事，这些有价值的素材也会被放到企业公众号里，供关注者浏览。以文章形式出现的故事，会有很多书面用语，作为读者，阅读起来不会有任何障碍或不适感。但如果你将文章形式的故事原封不动地口述给别人听，听众会有一种吃饭吃到沙子的感觉。我经常建议参加我培训的学员，如果你的故事是写出来的，那么你在练习时不要逐字逐句地背诵，而是以更自然的状态来分享。哪怕讲故事的过程中有一些结巴、停顿，也没有关系，日常聊天没有人像播音员一样字正腔圆。我们在与人沟通时，就会出现句子中断的情况，但不影响沟通。所以，你在设计和雕琢故事时可以把文字写下来，但讲的时候要用口语表达。

适当的停顿或语气的加重

人在机器轰鸣的纺织车间里是可以睡着的，但在夜深人静的夜晚可能会因为一只蚊子而睡不着觉。原因在于前者的音频没有变化，而后者虽然音量小，但时有时无。语言表达也一样，如果一个人讲话始终用一种音调或节奏，听众就像在听催眠曲。因此，讲话也要有节奏感。

大家如果看到讲故事的音频或视频，请留心观察一下，演讲者在讲的时候都会有停顿及重音强调。这样做的好处是能够触动听众的情绪。但如果语速过快，就会使故事迅速过渡到后面情节，导致听众没有时间和空间去接收信息、想象场景、感受情绪。有人可能会说，你现在说要加上停顿和腔调，但前面不是说讲故事不要太用力吗？别误会，这不是说停顿和腔调要很夸张，它们应该是自然的。为什么有人讲话抑扬顿挫，而有的人讲话语调平平、毫无生气？原因在于对语音、语调的处理不同。

真诚大于渲染

有的人没有学过任何讲故事的技巧，但讲出来的故事仍然能够打动人心。电视剧《激情燃烧的岁月》中有一个片段：主人公石林所在的部队，班长开会，批评教育石林浪费粮食的不良习惯，很多战士都提出了自己的想法，但石林并不认可，直到一位从山里来的农村战士张永厚讲述了自己小时候和母亲的一段经历。石林很受感动，主动站起来向他保证以后一定改掉浪费粮食的习惯。张永厚的普通话不标准，没有华丽的辞藻，打动石林的是他的真诚。真诚是故事的灵魂。

不用第一人称讲别人的故事

如果你听到一个非常好的故事而你并没有亲身经历，那么在未来分享这个故事时，不要将自己作为故事的经历者讲述。一旦你用当事人视角讲述故事，风险将随之而来。巧合随处可能出现，听众当中就有人也可能是亲历者之一。那么他听到你用第一人称讲述，就会质疑你的个人品牌。即使你没有碰到这样的巧合，但如果有人追问细节，你是无法准确回答的。因此我们建议，当你讲述其他人的故事时，使用第三人称进行转述，给自己留有余地。另外，我们讲述别人的故事时，先要想清楚这个故事要达到我的什么目的，表达什么观点，而不是只做一个"复读机"。

第六节　扫清影响故事效果的"路障"

讲故事的人和听故事的人的大脑理解故事的状态是有区别的。听众会在头脑里根据自己的理解对故事相关信息进行编辑处理，以帮助自己跟随故事情节推进。一旦有信息没有得到相应处理，"路障"就会形成。这就像是听众在头脑里打开了一个个的盒子，每处理一个信息就关上一个盒子，一旦某个盒子没有关上，听众就会始终惦记着这个没有关上的盒子。

所以在讲故事之前，你要扫清可能影响故事效果的"路障"。它们不来自外部的干扰因素，而是来自故事内部，来自故事本身的问题。

路障，顾名思义，指的是阻碍人们前进的障碍物。故事是听众和讲述者共同走完一段旅程，任何一个阻止听众前行的信息，都将阻碍讲述者与听众的联结。通常，故事的"路障"出现时，听众会跳离故事的框架，然而故事讲述者并不知情，仍然继续讲述。听众错失的那一段情节，将削弱故事核心观点植入听众头脑的可能性，故事的影响力将大大降低。

通过多年对故事的实践及研究，我总结出 5 种故事的"路障"。

第一，错误的细节。故事里出现的相关细节是完全错误的。比如：2010 年北京奥运会（应为 2008 年）；2012 年汶川地震（应为 2008 年）；比尔·盖茨说："你是想一辈子卖糖水还是想改变世界？"（这句话是乔布斯说的）；2017 年客户 A 产品的客户覆盖率是 35%（实际数据是 30%）。相信大家都能看出上面例子中的错误，这种错误的细节将导致听众对故事的其他内容产生怀疑，从而影响故事的效果。

试想，如果你的故事里引用的资料错误，涉及的数据不准确甚至完全不正确，那么客户就会对你的方案产生强烈质疑，严重的甚至会对你代表的公司及你的个人品牌产生怀疑。因此，请确保故事里重要细节的准确性。

第二，牵强的事实。有些内容或细节在听众看来并不合乎常理，但是有时，故事讲述者并不能完全还原故事的所有细节。一旦有些细节对故事有阻碍作用，我们就不得不对故事做一些编辑了。这也解释了为什么故事不可以编造，但可以编辑。

第三，敏感的措辞或话题。敏感的措辞或话题容易产生歧义。这类"路障"是故事讲述者很容易忽略的，虽然并不是有意为之，但同样会出现"路障"。讲故事的时候，有几类话题尽量不要涉及：公司内的红线问题、合规问题、国家政治话题、个人宗教、没有标准答案的哲学类话题等。

第四，地区差异或歧视。务必小心不同地区的理解差异或带有明显歧视的措辞导致的抵触情绪。地域的不同，会使得文化观念有很多差异。由于听众的多元化，所以要格外关注地区差异"路障"。

第五，遗留的信息。要处理故事中没有交代完的信息。无论何时听故事，听众大脑里都自带存放信息的"格子"，如果你讲的故事未对一些信息做处理，听众就会反复琢磨那条没处理的信息，进而忽视演讲者的本意。

如何识别五大"路障"？方法很简单，除了自己先识别，还要将故事讲述给周围人——家人、朋友、同事等，让他们作为听众给你直观的反馈。真实的听众是最好的"路障"识别者，他们会告诉你觉得哪里有问题，哪里让人感到牵强。

"路障"首先要识别出来，然后再通过编辑来扫清。有时只要添加一句话，"路障"就扫清了；但有时，"路障"怎么扫都还存在。怎么办？办法只有一个，换别的故事。

第七节　故事是有功能分类的

跌宕起伏、情节反转、潸然泪下……很多人认为，只有能让听众产生这些强烈情感触动的故事才称得上是真正的好故事。其实这是在用影视剧的标准来衡量故事。电影有分类，如动作片、喜剧片、科幻片、恐怖片等，不同的电影类型满足不同观众的口味。在商业环境中，故事也有功能分类。有的故事只是为了说明一个概念，方便人理解而已；有的故事是为了引发思考；有的故事是为了建立情感联结，让别人知道你是谁；有的故事是为了改变他人的信念或信仰。场景不同，主题不同，听众不同，故事的作用也不同。

结合应用场合与想要达到的目的，对故事进行有效分类，是一种更加高效的策略。

经过多年研究，我总结出一套JX（我名字的首字母缩写）故事思维矩阵，如图 8-2 所示。

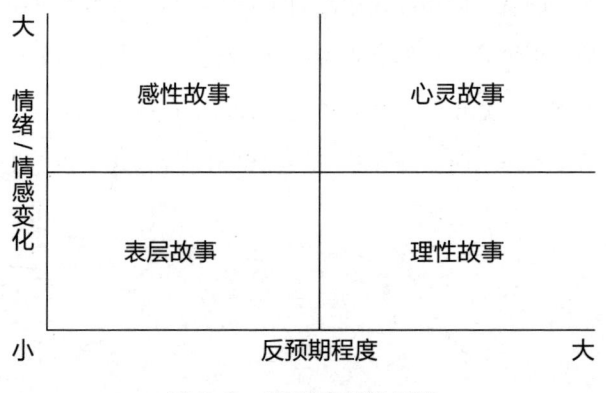

图 8-2　JX 故事思维矩阵

JX 故事思维矩阵主要解决两件事：第一，帮助你对故事进行功能分类。在商业场景中，故事的目的不是让听众痛哭流涕，而应该是触动他们思考，从而接受你的观点；第二，帮助你形成故事思维。一旦你的头脑中有这个模型，你将会发现身边充满了故事。即使经历了一个时间相对较长的项目，回顾时，你也能想起很多故事场景。此时，你就具备了用故事思维看世界的能力，不会让好素材从身边溜走。

JX 故事思维矩阵有两个维度：维度一，反预期程度的大小；维度二，情绪或情感变化的大小。

反预期程度

什么叫反预期？在我的"故事演讲力"公开课上，一位学员分享了一段大学时的趣闻，他给这个故事起的名字叫"标枪的故事"。

20 世纪 80 年代，他所在的大学召开了运动会。让所有人意外的是，班里一位特别瘦小的女同学居然赢得了标枪冠军。你没看错，冠军。要知道，参赛运动员都是体格壮硕、力量超凡的选手。他跑过去祝贺："你太厉害了，深藏不露啊！"这位女同学涨红了脸，摆手说道："别提这个冠军了，太丢人了！"他说："怎么会呢？你都是冠军了。"女生不好意思地说道："根本不是我能力强，是其他先出场的选手的标枪没有一个扎在地上的，成绩无效。我只要把标枪扎在地上，无论有多远，都是冠军。"

这番话逗得当时在场的同学哈哈大笑。这是一个反预期的故事。

反预期，就是与平时的状态不一样，与人们的期待不一样。我们的每一天都是按部就班地度过的，几乎所有事情都高频率地出现在我们所经历的事件范畴以内。如果有一天、某个时刻发生的某件事与我们以往印象中的不一致，这件事就会引起我们的注意。一旦引起了我们的注意，捕捉故事的概率就会增加。

反预期的出现会激活我们的注意力。对注意力，有这样的解释——"专注于特别而重要的输入、抑制不相关的信息和刺激的能力"。从生理学角度看，我们不可能关注或记住大脑不倾注注意力的信息，我们只能同时关注有限数量的事物。当我们试图同时关注多个事物时，效率和质量就会下降，形成弱记忆链。集中注意力能提升大脑内的海马体参与（海马体是搜索和存贮的引擎）的概率，从而形成强记忆。

遗憾的是，注意力是一种稀缺资源。互联网革命让普通人获取信息的成本降低，人人都能通过互联网获得更多的信息。移动互联网的发展又带来了新的问题，信息过量就是其中之一。大家每天都在经受无数的信息轰炸，吸引注意力的成本变得奇高。我们可以有意识地看到那些反预期时刻，并提醒大脑："注意！这是故事时刻，请捉住它。"

情绪或情感的变化

研究表明，"记忆的生动性和最初事件的情绪性"之间存在强相关性。

强烈的情绪有两个作用：一是有助于集中注意力；二是有助于激活大脑中的杏仁体。人们认为杏仁体对一切和控制、体验、情绪编码相关的事物具有重要影响。当你有任何情绪或情感反应时，你的大脑会将那个时刻看到、听到、感受到的情境转换并生成信息。专家们发现，生成信息比仅仅阅读信息更能实现良好的记忆。神经科学家认为，如果杏仁体判断某件事是情绪性的，它就会向海马体发送信号："这个记忆很重要，你最好保存一下，以便我们再次找到它。"

你应该结合反预期激活的注意力，将故事素材对应分配在不同的功能分类中。

注意，情绪有很多种，不要只关注负面的。

在了解 JX 故事思维矩阵的两个维度之后，我们来探讨以下 4 种功能分类的故事。

首先是表层故事。表层故事能帮助使用者诠释相关概念或理论，可以起到举例子、打比方的同等作用。价值在于它具有的真实性更容易让受众信服，并产生一定的黏性。例如在演讲场景，表层故事可以用于阐述一种现象；在沟通中，如果使用者打算说明某些观点或见解，表层故事还可以起到"外来的和尚好念经"

的作用——借别人之事传我心中之意。

收集表层故事，可以先从日常生活或工作中寻找或捕捉那些不同的瞬间。

这类故事主要适用于新理念、新制度、新产品/概念、案例解析、项目复盘、路演介绍用户等场景。

其次是理性故事。理性故事的主要作用在于使用者诠释主题时更容易与组织内成员产生联系，能将他们带入故事情境中，让他们在心中生成清晰具体的画面。每个听到这类故事的人都会自动联想到自己的工作，转换思维角度。从行为层面来说，听众较容易找到改变的方向和着力点。理性故事是商业场景中应用较多的功能类型。

收集理性故事，除了在工作中捕捉引发情绪或情感变化的瞬间，也可以观察生活范畴。

这类故事的应用场景主要有领导力、流程改进、创新、产品介绍、方案呈现、演讲、销售、路演介绍商业模式等。

再次是感性故事。感性故事的主要作用在于，使用者能够从情感角度对受众产生影响，与受众联结，产生情感共鸣，从而在更深的层次影响受众。正如美国诗人玛雅·安吉罗所说的："我已经明白了，人们会忘记你说的话，人们会忘记你做了什么，但人们永远不会忘记你带给他们的感觉。"从情感强度切入，植入的观点黏性更强，听众更容易帮助使用者转述；可提炼的观点虽不如理性故事多，但观点更加精准，在未来某个需要改变的瞬间，听众可能会因为这个故事而改变决策。

收集感性故事的范畴与理性故事类似。

这类故事的应用场景主要是企业文化解析、新员工培训、新团队成员加入、自我介绍、建立个人品牌、品牌传播、演讲、销售等。

最后是心灵故事。心灵故事有两种境界：一种是感性故事和理性故事的结合；另一种情绪波动级别更高，产生的冲击力更强。后者往往出现在人生某些重大时刻，不仅能引发思考、触动情感，还能够改变一个人的信仰和信念。由于力量过于强大，心灵故事要谨慎应用。如果使用者目的不纯，有可能会对受众产生致命的伤害和影响。

起到心灵故事作用的故事素材较少，但在使用者的故事库里一定要有，数量不限。

收集心灵故事可以反观自己生命当中的重要时刻，以及唤起他人回忆自己的难忘经历。

这类故事的应用场景包括领导力、企业愿景使命、信仰和信念传递、企业文化传播、品牌营销、持续改变他人、教练、辅导等。

在使用 JX 故事思维矩阵时，需要思考 3 个问题：

第一，在搜集故事素材的过程中，哪一种故事素材是我们应该多搜集的？有人说，要多搜集心灵故事，但从我的经验来看，这类素材相较其他 3 类，获得的概率较小。其实，表层故事才是你更容易搜集到的素材，这类故事会使你的讲话变得有趣。

第二，捕捉到的故事素材，是根据听众的反应分类，还是根据自己的反应分类？答案是根据"那一刻"的反预期程度及你的情绪或情感变化的大小进行分类。这个矩阵是给捕捉故事素材的人使用的。

第三，是不是每个故事素材的作用只局限在一个功能区间里？有些故事素材由于其本身的价值，只属于表层故事；但有些故事的素材可以通过挖掘、雕琢、编辑，进入其他功能区间。

我们能够接受一个表层故事经过雕琢或编辑达到理性或感性功能，但不能接受把感性或理性甚至是心灵故事讲述成表层故事，那真的是暴殄天物。那么，如何才能避免这种情况，把一个故事讲述得精彩？可以回顾前面讲的故事黄金三角。

第八节　建立企业自己的商业故事银行

小的时候，我们主要靠父母和老师讲的故事，靠童话或寓言故事来探索世界、了解世界。随着年龄的增长，我们慢慢地经历了很多事，逐渐形成了自己的世界观。这些经历成为我们自己的故事库。当被要求对自己的行为进行解释时，我们会从自己的故事库里寻找理由来解释我们为什么会这样做。企业也同样适用这一原理。企业发展过程由无数个故事组成，慢慢形成企业的文化。《故事的魅力：优秀领导都是讲故事的高手》作者保罗·史密斯在书中提到，企业文化是由其成员的行为定义的，并通过故事得以加强。如果一个投资人想要了解一家企业，最佳途径就是听企业发展的故事，听员工的故事，从这些故事里能够清晰地看到企业的内核和价值。事实上，故事和框架太少的人或企业，意义建构能力会被限制。他们的故事库无法应对生活和工作中需要处理的各种新情况。

因此，故事库成了我们理解世界的途径。

会倾听的企业才是健康的

建立企业自己的商业故事银行，需要营造倾听故事的环境。

只有企业打开"耳朵"才能听到真正的声音。人们会因为企业的倾听而敞开心扉，透露更多未打算说的信息。他们会告诉企业，是什么打动了他们，什么细节让他们难忘，他们的需求是什么，偏好什么。企业将会了解他们的情感状态，他们的思维，以及他们的价值观。他们会感受到被尊重，愿意相信企业，企业因此会拥有一种无形的吸引力，更多人——员工及客户——会向这里靠拢，从而建立起内部与外部、组织与员工、员工与员工之间稳固的信任关系。

企业可以从特定的人和故事当中获得有意义的信息，并找到市场机会；通过故事，在不直接询问的情况下，企业就能够准确把握什么才能让你的客户包括潜在客户心动；通过故事，企业还可以了解竞争对手的动态，消费者行为背后的动机，以及人们寻求解决的真正问题。这些将为企业的业务、战略及付诸行动所需的战术提供最有价值的信息。

企业首先要听客户的声音。他们在思考什么？他们正在经历什么？他们面临的困境挑战是什么？走近他们，创造倾听他们声音的机会——在他们身上投入时间。倾听是用户研究和可行性测试的重要组成部分。将听到的故事融入方案，表明企业不仅听到了用户的言语，还听到了他们的心声。

其次，要听管理者的声音。这是不能忽略的。作为公司的中坚力量，他们有着承上启下的作用，他们的声音与企业价值观、战略、愿景和使命有关。让他们的声音被更多人听到，可以减少"知识的诅咒"给员工或客户带来的不信任影响，提高信息的透明度和沟通的效率。

最后，还要听员工的声音。企业故事银行起源于他们的故事，这是来自一线的、业务端的声音。只有真正地倾听员工的声音，才能看到企业发展的边界在哪里。企业能够通过员工的故事了解自身的文化，观察组织的状态是否健康。

很多外企有一个部门叫回收服务（service recovery，简称 SR）部门。当有员工离职，人力资源的 SR 部门会做一件事：针对离职员工中绩效表现 80 分以上的人，在离职 3 个月后找到他。离职 3 个月后，员工一般已经找到了新的工作单位，而在刚刚进入新环境时，很多人会有不适感，面临很多问题，比方说陌生感、业务不熟悉、没有相熟的同事，甚至还有被欺负排挤的现象。而这时 SR 部门主动找到他，在一个相对放松的环境中，如果这位刚刚离职的员工向 SR 部门表达了以上心声，而 SR 部门询问他是否愿意回来，他有极大的可能会选择回归。如果对方表示在新环境中很好，SR 部门的人要问出关键问题："能不能告诉我，你离职的真正原因是什么？"有时，在员工离职时的欢送会上说的话不是真话，等他们在新环境中站稳了脚跟，说的话才可能是真的。企业对离职人员的态度，决定了在职人员的感受，这是人力资源发展和规划中需要的信息。SR 部门真正地倾听了员工的声音，才能为企业未来的人才发展提供宝贵的故事素材。

企业需要一个角色：故事捕手

故事捕手，顾名思义，就是专门捕捉故事的人。

故事捕手经常要一对一面对潜在素材提供者，需要有故事的"触发器"来唤起故事，这个"触发器"就是提出有价值的问题。因此，故事捕手要能提出有价值的问题。

有人说，是不是学过教练技术的人更适合做这项工作？回答是肯定的。做过教练的人，都具备一项重要的能力，就是能够提出强有力的问题，并且会自然地将注意力集中在对方身上，而不是急于表达自己的想法。这有助于潜在素材提供者提供更多的信息。但学过教练技术的人一定要注意：你最初提出的问题是为了挖掘出故事，而不是过早地问及意义和感受。所以，要跨越原有教练技术中的提问习惯。

> 告诉我，最近你正在做的项目中遇到的一个无法解决的问题是什么？
>
> 和我说说你做的项目有什么让你印象深刻的地方。
>
> 是什么让你坚持留在这家公司？
>
> 激情对你很重要是吗？那么你是如何保持激情的呢？给我举个例子。
>
> 如果事情可以重做一遍，你会怎样做使事情变得不同？

教练技术更关注被教练者，而故事捕手不单关注人，还更关注人背后经历的事。教练技术博大精深，我不在这里过多介绍。我想要强调的是，故事捕手提出问题的目的是挖掘故事，而不是谈论故事——针对每个答案都要进行更多的询问，效率低下，这在组织内是不可行的。

唤起故事的提问，要能让对方在头脑当中搜索场景。例如：

告诉我什么时候……

有没有那么一次，让你……

回想有那么一次，当你……

和我说说你最_____的时刻，当时发生了什么……

有没有哪位让你印象深刻？当时让你印象深刻的细节是什么？

和我分享一个你记忆当中关于……

回想这个项目，哪个时刻是你最不能忘记的？当时都有谁……

给大家一些提问语句转换的例子，以便更好地挖掘企业故事的精髓，关注场景、时刻和故事发生的过程。

是什么吸引你加入公司？	捕手问题：告诉我一件具体的，使你决定为这家公司工作的事情。
什么原因让你对公司这么忠诚？	捕手问题：告诉我，你是怎么做到对公司如此忠诚的？
你最近一次觉得自己接受了最棒的辅导是什么时候？	捕手问题：给我描述一个对你来说觉得"哇，这是我经历过的最好的一次辅导"的例子。
你如何保持活力和灵感？	捕手问题：我们都需要活力和灵感，告诉我，你做得最好的一次是什么样的？
描述一个你用新想法解决问题的情境。	捕手问题：请说出一个你最难忘的时刻，那是你想出了一个可以解决眼前问题的新想法的时刻。

有的时候，故事捕手会遇到很善于讲故事的人直接提供好素材，但这样的幸运不经常发生。作为故事捕手，首先要假设对方不会给你故事，需要你来帮他

挖掘。

挖掘到故事后，就表达感谢然后结束谈话，是这样吗？不，现在故事捕手只完成了前半部分工作，还需要为素材提升价值，赋予它意义。商业故事银行里的素材的价值，就是从这些故事中提炼出反映企业价值的观点。你可能会问，那不是故事捕手回去之后再做的事吗？是的，结束之后故事捕手确实要做相应记录，但作为故事素材提供者，当事人（也可能是转述者）对这段经历有自己的感悟或情感，这对于故事是相当有价值的部分，作为专业的故事捕手不能错过。

故事捕手可能遇到的挑战是，有时连故事提供者本人都没有想过这段经历到底意味着什么。没关系，我们带着他共同思考、回忆，以找到故事的意义。

不妨问问素材提供者以下问题：

感谢您分享的故事，我特别喜欢。很想问一下，您最喜欢这段经历的哪部分？
是什么吸引了您？
这段经历对您来说意味着什么？
这段经历对您最大的影响是什么？
如果回顾这个故事，您最先想起来或印象最深的场景是什么？为什么？

通过提问，故事讲述者就能站在故事以外的角度回顾整个故事，从而引发情感记忆点，这有助于提炼出一个他喜欢的核心观点。

接下来，故事捕手需要继续提问，把故事的内核一点点往外延伸。

您分享这个故事给我，是想要告诉我什么？
在我听完这个故事后，您希望让我相信什么？
如果您再分享这个故事给别人听，您希望他们会做什么？

我们把这种层层递进的提问方法叫作 JX 洋葱提炼法，逐层提炼，对于故事捕手来说更容易赋予故事不同的视角。

赶快把故事记录下来吧。

7步让企业拥有故事宝藏

我们要不要把听到的故事中的所有内容都记录下来？答案是否定的。任何时候我们做笔记，都涉及取舍问题。就像我们在上学时听老师讲课，会辨别老师所讲的内容中哪些需要记录，哪些需要舍弃。笔记不一定特别详细，只要能填补细节，在未来能勾起回忆即可。

很多企业会在内部组织故事分享会并进行影像记录，但需要注意的是，作为故事捕手，要将注意力集中在讲述者身上，观察他们讲故事时的状态，包括措辞、肢体语言、眼神、语音语调，以及这些在故事内容推进时的变化。如果依赖视频，就容易忽略这些至关重要的细节，因为摄像机固定一个位置，这意味着我们在放置它时就已经忽略了一些故事了。

在使用音频或视频回放记录的故事时，注意尽量记录讲述者的原话，而不是自己总结的话语，这样回顾时能够尽可能地还原讲述者的原貌，向其他不在现场的人传播这个故事时也不会走样。例如：

1. 她忘带手机了

2. 她忘带手机了。她以为在包里，没看就走了，耽误了当天的电话会议。

3. 她忘带手机了。"出门还摸了一下包，我以为充电宝是手机。"

4. 她忘带手机了。"到公司我才发现没带手机，当时脑子嗡的一下，直接靠在椅子上，完了，今天还有一个特别重要的客户电话会议。"

第一句话只是简单地描述一个结果，没有过程，没有情感，没有细节。第二句话，加入了结果带来的影响。第三和第四句话，记录了讲述者的原话，加入了讲述者当时的情感状态。有了细节之后听众更容易在脑中构建场景。

作为故事捕手，日常工作中可能经常听到故事，但不是每一次都会有音频或视频记录。讲故事的人可能讲完就结束了，我们必须尽可能地记录故事中重要的时刻及讲述者的原话。

以下是需要记录的故事要素：

1. 故事提供者的基本信息：姓名、年龄、性别、所属部门、来企业时间。

2. 故事标题：对于个人故事库而言，可以给故事起一个容易记忆的名字，例如"核电英雄""一根安全带救了一车人""奔驰博物馆尴尬时刻"。只要是能够帮助我们快速在脑海中搜索出故事的标题，都是好标题。对于企业故事库而言，除了给故事起个名字，还可以为故事编号。

3. 故事重要情节：记录下故事里的关键时刻、重要情节，以及相关背景介绍。故事中出现对话或细节描述时，尽量还原讲述者原话。

4. 讲述者阐述的观点：通过JX洋葱提炼法，帮助讲述者总结故事所能表达的尽可能多的核心观点。

5. 记录者提炼的观点：故事捕手要提炼自己的观点。听完故事的感觉是什么？从这段故事中可以洞察到什么？这些故事能够反映企业的哪些价值点？

6. 明确故事中已知与新知的内容：故事中有哪些信息是目前你已经知道的，哪些是新的发现？这是非常关键的一步，在未来可能发挥极大的作用。

7. 未来可以应用的范围：哪些场景或领域可以使用？哪些主题可以应用故事的核心观点？

需要提醒大家的是，我在搜集和记录故事的实践中发现一个问题：如果故事素材过多，反而记不住，只有那些经常讲出来的故事，你才会印象深刻。所以，你需要在拥有自己的故事库之后经常回顾、修改、整理故事。有时，你会惊讶于故事库里有这么好的故事。对于企业而言，既然商业故事银行里有能够反映企业价值的好故事，就要在内部搭建可以呈现、讲述的渠道或平台，让更多人看到企业价值。这才是真正的用故事传播企业价值。

本章小结

- 代入感、画面感、节奏感是讲好商业故事的基石。运用好这3个要素，企业价值故事才能生动，有吸引力，有深度，才可以有效地传达企业的核心价值观和文化。

- 通过故事节奏、故事结构与技巧的结合，企业可以更好地构建和讲述能够触动听众情感、促进共鸣的故事。

- 通过建立企业的商业故事银行，企业不仅能够有效地管理和利用其故事资源，还能确保这些故事能够一致地反映和强化企业的品牌形象和文化价值。

第九章　三段式演讲结构

本章导读：

对于企业而言，每一次面对客户、面对投资人的路演，都是传播企业价值的绝佳时机，也能放大商业故事的效果。然而，一个成功的演讲不只是讲一个故事那么简单。演讲是设计出来的，成功的演讲并非偶然，每一位优秀的演讲者、每一场动人的演讲背后，都有深入而周密的设计和准备。能言善辩的演讲者和心拙口笨的羞涩者之间，其实只差一套可操作、全面且具有实效的演讲设计模型。拥有了这套演讲设计模型，再加上故事的力量，我们都能够逐渐掌握演讲这一强大的社交武器。

第一节　演讲准备时的"1G2W2H"设计模型

接下来，与大家分享一个故事在演讲场景中的"1G2W2H"设计模型。它包含了演讲设计中的五大关键元素：预期目标（goal）、听众分析（who）、标题设立（what）、框架梳理（how）和故事触发器（how）。我会从这5个方面分析应该如何利用它们提升演讲准备工作的效果。

演讲的预期目标（goal）

预期目标如同演讲的指南针，能够确保我们演讲的整体走向和定位正确。很多人认为这一步非常简单，因为自己非常清楚演讲的目标。但事实上，预期目标需要具体、明确和有针对性。它是演讲者传递的信息主旨，是听众期望从演讲中获取的价值。不同的演讲预期目标，主要可以分为三大类：告知类、说服类和娱乐类。

告知类演讲的主要目标是传递新的信息或观点，为听众打开新的视野。例如，科学家在发布会上向公众介绍新的研究成果，教授在课堂上讲解复杂的理论知识，企业在新品发布会上展示最新的产品等。在这类演讲中，演讲者需要对主题有深刻的理解，然后再用通俗易懂的语言传递给听众。

说服类演讲的目标是改变或影响听众的观点或行为。例如，慈善机构在筹款活动中说服听众捐款，政治家在竞选演讲中说服选民投票，销售人员在推销中说服客户购买等。在这类演讲中，除了必要的事实和数据支持，演讲者还需要使用适当的情感元素，以引起听众的共鸣。

娱乐类演讲的目标是给听众带来愉快的情绪体验。例如，演员在颁奖典礼上的获奖感言，演讲者在晚宴上的祝酒词，喜剧表演者在表演中讲的笑话等。在这类演讲中，演讲者需要用生动有趣的语言，创造一个让听众放松和享受的环境。

演讲的预期目标并非孤立存在，它影响着演讲的内容、形式，以及演讲者与听众的互动方式等。只有明确了目标，我们才能有的放矢，制定符合目标的演讲策略，并嵌入合适的故事来增强演讲效果。

可以说，演讲的预期目标对演讲的准备和实施具有重要的价值。只有明确了目标，我们才能设计出有针对性的演讲，将信息精准地传递给听众，让演讲像箭一样直达听众心中的靶心。一个没有明确目标的演讲，就只是信息的堆砌，只是站在讲述者的角度自说自话，对于听众而言毫无影响力。

演讲的听众分析（who）

演讲行为中，听众才是这一行为的主体，演讲者应该扮演听众服务者的角色。所以，听众分析就成了演讲准备工作的第二个关键点。

我认为，成功的演讲者首先要成为成功的心理分析师。这个说法虽然有些夸张，但站在听众的角度深度理解他们，才能让演讲引起共鸣。

很多人认为自己对演讲的听众十分了解，实则不然。比如，我的一些学员在演讲前会对听众所处的行业及企业特点进行梳理，分析他们所处区域的文化禁忌，思考他们的价值观与人生观，但演讲效果并不理想。

我对此的解释是：这种听众分析只是对听众所处环境的分析，属于听众分析的基础层，深度的听众分析才是演讲成功的关键所在。深度的听众分析不仅仅要了解听众是谁，还要了解他们当前的需求和痛点、认知水平、内心期望，甚至可能的反对意见。只有深度了解了听众，演讲才能产生最大的影响。

首先，我们需要了解听众的现状，包括他们目前想要改变的痛点，或是他们的固有思维和态度。这将帮助我们构建与听众共享的视角，找到演讲的切入点。

其次，我们要评估听众的认知水平，即听众对演讲主题的理解程度。这将决定我们在演讲中需要解释的内容和使用的语言。

决定听众认知层次的因素主要有3个，分别是年龄、专业水平和地区经济水平。这与客户群体认知有异曲同工之处。基于这3个因素设计演讲场景，能够让我们的演讲与故事更贴合听众。

再次，我们还需要了解听众对本次演讲的内心期许。在本次演讲中，听众经历了什么？期望获得什么？目标是什么？又在面对什么？需要克服什么？这些内心期许都将体现为吸引听众的关键点。它们也是我们长期抓住听众心理的关键。针对听众期许规划演讲内容与思路，有助于我们更好地满足听众。

最后，我们需要预判可能出现的反对意见。这一点对于确保演讲的节奏和效果来说尤为重要，因为我们需要找到有效的方法来应对和消除反对意见。

演讲不是简单的"我说你听"，而是把我想说的话转变为你想听的话。只有将演讲建构在听众的需求和期待之上，我们的言辞才更有说服力。因此，听众分析是演讲准备中不可或缺的一环。深度的听众分析能帮助我们明确演讲的方向，使我们的演讲更有针对性，更能够触动听众，从而提升演讲的效果。

标题设立（what）

你的PPT标题是不是经常会写成《××年×季度工作汇报》《××产品发布会》《××技术培训》？

如果你的公司要求必须使用这样的标题，你只能遵守；但如果公司没有明确要求，那么我建议你给你的演讲起一个吸引人的标题。观众看到PPT第一页时，映入眼帘的首要信息就是你的演讲标题。它应该是一句话，抓住了全文信息或概念的重点，高度浓缩了演讲内容精华，精准地传达了你想要表达的核心思想。

我有一位朋友是一家欧洲软件企业中国区的总经理，公司专注于服务中小制造业。2021年，公司计划召开一场新产品发布会，并将邀请上百位新老客户到场，身在欧洲的公司董事长也会在线参加。我的这位朋友压轴出场，其演讲的重要性可想而知，于是他希望我给他辅导一下。

在了解了基本背景和听众情况之后，我问他："你是怎么看待你们公司和产品的？"他对我说了很多，直到这样一句话出现，才让我找到了这次演讲的主题——"其实，客户有了我们，就能让原本看起来复杂、难以控制的制造业变得简单"。听到这句话，我立刻说："主题有了，就叫'让制造业变得简单'。"

他听后激动地说："这句话太好了，这就是我一直想对客户说的话！我再补充一句：我们在一起，让制造业变得简单。"听到这个主题，我们两个人都非常兴奋。

好的标题要有故事感，能引发听众的好奇，产生想要听故事的欲望。想想那些你打开链接的文章，共性都是有一个吸引你的标题，我们不鼓励做"标题党"，但不能否认，所谓"标题党"确实能准确击中人性的特点，成功地抓住听众的注意力。

起标题的方式有很多，给大家几个参考格式。

第一，说明格式。指通过直接讲解、表达，明确标题中心。例如，"我们在一起，让制造业变得简单"，或者"财务人员的说话之'道'"。这种标题清晰明了，直接向听众展示了演讲的主要内容。

第二，对称格式。通常包含两个相对的部分，如"恐惧与勇气"或"风云再起，未来已来"。这种标题设计引人入胜，让听众好奇演讲者如何从一种状态转变到另一种状态。

第三，问题格式。采取提问的形式，如"我们为什么要去火星？""面对人工智能，我们有选择吗？"这样的标题会激发听众的好奇心，他们会期待在演讲中找到问题的答案。

第四，强调格式。这种格式的标题突出了演讲的主要论点，如"为什么心态比智商更重要""我准备好了！"，强烈地表达了演讲者的观点，让听众更期待听到演讲者的论述。

第五，引用格式。引用名言、俗语或电影标题、书名，如"独行侠：我在创业路上的独自旅行""亮剑精神"。这样的标题给人留下深刻的印象，也容易引起听众的共鸣。

演讲的标题不仅是一串字词，更是你和听众心灵之间的通道。设置一个有效的演讲标题，能引导听众将思维汇聚到相同的方向，也能帮助我们在繁复的演讲内容中不断深化中心思想。

演讲的框架梳理（how）

10000000000

上面的数字是多少？

如果把上面的数字比作演讲，1是演讲的主题，后面的0就是素材。不幸的是，很多演讲者就像上面这串数字的呈现一样，把所有内容一股脑儿都丢给了听众。如果你想指望听众认真地"数0"（归纳总结你的内容），那可就大错特错了。听众在听演讲时是有逻辑框架需求的。

我们换一种呈现方式：

10，000，000，000

怎么样？不用数，一下子就知道这个数字是100亿了。

作为演讲者，将自己要讲述的内容有组织、有逻辑、有框架地传递给听众，听众理解起来才会更容易。这也是对听众的一种尊重。听众能感觉到你准备得很充分，这会给他们留下可靠的印象，更容易被你的态度和听起来舒服的逻辑说服。

这里给大家介绍框架梳理的3种常用结构，分别是时间线、地点线和方面线。

时间线是最常见的一种演讲结构。顾名思义，就是按照时间顺序来组织演讲内容，为听众提供一个清晰的流程。比方说，展示一家公司的发展历程，历经创业初期、快速增长期、转型期；或者描述一个项目在开始、执行过程和结束时的各种挑战和成果；再或者针对一个特定的话题，展示其在2015年、2018年和2020年的发展与转变情况。

地点线则强调地点和环境的变化对我们的经历或观点的影响。比如，我们可以分享自己在不同国家或城市的经历，讲述这些地方如何塑造了我们不同的价值观和人生观。在面对比较宏大的话题时，可以运用地点来分化或细化内容。比如我曾遇到一位销售总监向我提问，说公司新产品即将上市，他打算建立一支新的销售队伍，对此我有哪些建议。我的回答是，建议他考虑3座城市——北京、上海、广州，这3座城市的销售队伍会有所不同。

方面线是第三种演讲结构，它的特点是从不同的角度来审视同一个主题，进而展现该主题的复杂性与深度。这种结构在演讲中主要体现为使用关键词或要素作为切入点。例如：我们介绍企业文化时，可以从愿景、使命和价值观这3个方面深入探讨；如果我们要论述故事如何影响人们，可以从思维、情感和行为这3个维度去分析。再如，我们讨论培训对学员的影响时，可以将重点放在培训师如何改变学员的态度、认知和如何提升学员技能上。这种方式不仅使听众更容易理解和记住演讲的内容，还能确保演讲更具深度和广度，提高信息的吸收和理解效率。

时间线和地点线虽然为演讲提供了清晰的结构和框架，但仅仅依赖它们还不足以确保演讲的连贯性和深度。关键在于我们必须在这些结构中确定一个或多个核心关键词，而这些核心关键词大多体现为方面线。核心关键词就好比演讲的逻辑内核，确保我们的内容不仅有条理，还能与听众产生更深的联结。

故事触发器（how）

有了演讲的框架后，还需要找到故事触发器，故事触发器能够让我们轻松地找到故事素材。主要有以下几种方法。

第一，搜索与主题有关联的事实或现象的实际例子。演讲中讲述一个与现实生活或最新研究紧密相关的主题时，这些例子可以顺利地成为故事素材。例如，当提及年轻人的韧性时，可以插入一个年轻人如何面对挑战的现实故事。

第二，寻找相关的人物或人群的经历作为故事素材。当演讲主题与某个人或群体的经历息息相关时，该人或群体的经历会成为可以讲述的故事素材。例如，当讨论领导力时，提及一位知名领导者的经历，可以为听众提供生动的例证。

第三，寻找具体场景作为故事素材。当演讲讲述与某个具体场景相关的主题时，可以使用这个场景作为故事素材。例如，在强调团队合作的重要性时，可以描述项目团队协同工作、解决问题的故事。

第四，数据或研究成果也可以成为故事素材。当演讲内容中包含具体的数据或研究成果时，这些数据或研究成果可以当作故事素材使用。例如，在分析销售数据时，可以插入一个销售团队如何根据这些数据调整策略，从而提高业绩的故事。

第二节　三段式演讲结构

演讲不是一场简单的语言表演，而是我们展示自己、改变他人的途径。想要达到并强化这两个目的，需要我们对演讲进行精准把控，对演讲的各个板块、各个细节精心设计。为此，我打造了一个"三段式演讲结构"（见表9-1），以此帮助大家更加轻松、有效地完成演讲，同时明确如何巧妙地在演讲中借助故事的力量。

表 9-1　三段式演讲结构

拉开序幕	引发兴趣		
	明确主题		
大戏上演	钉子1	钉子2	钉子3
	内容讲解	内容讲解	内容讲解
	小结	小结	小结
余音绕梁	总结回顾		
	推动升华		

三段式演讲结构将演讲分割为3个阶段——拉开序幕、大戏上演、余音绕梁。

"拉开序幕"的目的只有一个：吸引并保持听众的注意力。

听众在演讲开始前的注意力是最集中的，不需要吸引，他们的关注点自然就在演讲者身上。但我们是否想过，如果演讲者的开场不够吸引人，听众的注意力又能保持多久呢？所以，引发听众兴趣需要考虑两个关键词：吸引和保持。

"大戏上演"即演讲的主体部分。这个部分要关注逻辑的合理性，所要展现的论点是否能够把演讲主题说清楚。内容部分要思考加入什么素材、案例、数据、实验、故事等。这部分是最应该加入故事的，加入什么故事、怎样嵌入，我会在后面的内容中详细介绍。

很多人对演讲的结尾部分不够重视，总认为主体部分讲完了，也讲得不错，已经要接近尾声了，就简单收个尾快快结束吧，省得听众不耐烦。如果有这种想法，那说明你对自己的演讲不够自信，也对听众不尊重，更是错过了影响听众的绝佳时机。"余音绕梁"是演讲最重要的部分，甚至有时尽管你前面演讲的大部分内容都很普通，但只要结尾能给人带来惊艳感，听众也会印象深刻并受到影响。

在企业内，无论是十几分钟的发言、超过一个小时的大段演讲，还是即兴发言，甚至是PPT设计的逻辑顺序，三段式演讲结构几乎都可以涵盖。演讲准备时不是要记得每一句话，而是要牢记演讲结构。有了这张地图，以后接到任何演讲任务时，你都能做到脑中有地图，心中有底气，口中不会乱。

第三节　拉开序幕

引发兴趣的方法有很多，我对这些方法做了如下总结：

第一，提出引人入胜的问题。这种开场方式会迅速激发听众的好奇心。例如：

"如果时间可以倒流，你会选择回到哪个瞬间？今天，我们将探讨时间的价值和我们如何更好地利用它。"

"你们有没有想过，是什么使得一家公司能够在市场竞争中持续领先？今天，我们将探索创新在保持企业竞争力中的关键作用。"

第二，分享令人震惊的统计数据。数据的力量常常被低估，一个令人震惊的数据可以迅速吸引听众的注意力。例如：

"在座的各位可能不会相信，但全球每年有超过1亿吨的食物被浪费。今天，我们要讨论的是如何通过创新技术来解决这一全球性问题。"

"根据最新研究，高达70%的数字化转型项目未能实现预期目标。这让我们不得不思考，成功转型背后的决定因素是什么？"

第三，展现一个意想不到的行为。不寻常的事物自带吸引力，例如：

（演讲者突然在台上表演了一个魔术。）"就像你们刚才所见，事物并不总是像看上去的那样。今天，我们将揭示市场背后的魔法。"

"这是我们最初的产品原型，完全失败了。但正是这次失败，引领我们走向了今天的成功。"

第四，对未来进行展望。提供一个未来的画面，让听众对接下来的内容充满期待。例如：

"想象一下，10年后，自动驾驶汽车成为日常生活的一部分。今天，我们将探讨这一未来对我们生活和工作的影响。"

"设想一下，5年后，我们的企业将如何利用人工智能来革新客户服务体验？今天，我们来探讨这个未来景象。"

第五，引用实际经验。人们通常对真实的经验故事更有兴趣。例如：

"我曾经遇到一个客户，他的问题看似无解，但我们通过努力最终找到了解决方案。这个故事告诉我们，没有什么是不可能的。"

"在我们的企业中，有一位普通员工通过小小的创新，为公司节省了数百万元。这个故事展示了每个人都能为企业的成功做出贡献。"

第六，引用时事新闻。当前的热点新闻或事件常常能引起人们的关注。例如：

"最近，我们都被一则新闻震惊了——亚马孙雨林的火灾。这不仅是一个环境问题，也关乎我们今天讨论的全球责任问题。"

"最近，全球经济的不确定性再次成为热点新闻。在这样的背景下，我们的企业如何保持稳健增长？"

第七，做出一个大胆的断言。这样可以立刻吸引听众的注意力。例如：

"我敢说，在座的每一个人都有能力改变世界。今天，我将分享如何通过小行动实现这一点。"

"我相信，我们的团队有潜力在接下来的一年内，将我们的市场份额翻倍。今天，我将和大家分享我们如何实现这一目标。"

第八，使用具体的道具。视觉的刺激常常比语言更能引起人们的兴趣。例如：

（拿出一个小小的种子。）"你们看到的这个小小的种子，代表了今天我们要讨论的主题——可持续发展的力量。"

（展示一款新产品。）"这款产品代表了我们对创新和卓越的承诺。它不仅是技术的突破，也是我们企业价值的体现。"

通过这些开场方法，演讲者可以迅速吸引听众的注意力，激发他们的好奇心，为接下来的演讲内容建立一个坚实的基础。这些技巧有助于确保听众从一开始就全神贯注，为演讲的成功奠定基础。

如果要在演讲开场使用故事，那么故事素材要有相关性、相近性和真实性。

故事需要精挑细选，因为在这个阶段，演讲者要同时给听众创造以下几个状态。

首先是创造信任。演讲者需要在一开始就为建立听众的信任做出努力，如果没有在开始就增强信任度，那么后面演讲者需要花很大力气才能实现这一点。

其次是激发兴趣。故事要能让听众对所讲主题感兴趣，产生想要听更多内容的欲望。

最后是制造反差。要在开始阶段就给听众一些意外、反差和悬念，让听众有一种被击中、被带入和参与的感觉。听众甚至可能会产生一种羡慕演讲者的状态："我怎么没有他这样的思考和洞察呢？"

需要注意的是，在引发兴趣阶段，故事讲述的时间不宜太长。如果过于冗长，听众很可能会失去耐心，不知道你要说什么。可以考虑把故事拆成两段，引发兴趣只讲故事的背景和冲突，从而带出演讲主题，演讲中再把故事后半部分的行为和结果补充完毕，这也是一种不错的方式。总之，开场部分的故事一定要短、精准、有吸引力。

第四节　大戏上演

作为演讲的主体部分，内容素材的选择决定了听众的整个演讲体验，当我们完成了一个良好的开篇后，就需要进入观点（论点）表达阶段。为了加深听众对观点的印象，我们可以在演讲开篇之后先展示观点的目录。所谓目录，就是对观点的鲜明概述，让这些观点如同"钉子"一样钉在听众大脑中。如此，我们的故事才能更好地影响听众，所以我们也可以把这些观点的鲜明概述称为"钉子"。"钉子"的选择方法可以参考前面介绍过的时间线、地点线、方面线的形式。接下来，和大家详细聊一聊钉子设计的关键要素。

让"钉子"深入人心的方法

"钉子"是你演讲的逻辑框架。我之所以没有直接称其为论点，是为了告诉大家，论点除了需要自己记住，还需要听众记住，甚至在演讲结束后，听众还能复述或转述你的演讲结构。"钉子"的寓意是要把论点牢牢地钉在演讲者和听众的头脑里。

在我还在企业内负责培训工作时，曾经请一位培训师来讲课。她讲的一个故事让我印象很深，时隔多年仍然会引用。

她曾经参加过一次中美天津史克制药有限公司（简称"中美史克"）的年会。在现场，主持人问中美史克中国区总经理："在天津的经济发展中，中美史克扮演什么样的角色？"总经理说："天津的经济发展离不开各行各业的贡献，其中有3样东西特别具有代表性——一辆车、一碗面、一盒药。一辆车——天津夏利曾经是很多城市的主要出租车车型，这辆车推动了整个天津汽车领域的发展；一碗面——天津是大陆最早和台湾合资建厂的城市，一碗康师傅推动了天津食品领域的发展；一盒药，中美史克是最早做处方药广告的合资药厂，上点年纪的人大概都还记得史克肠虫清（阿苯达唑片）"两片驱虫"的广告，这款药推动了天津医药领域的发展"。

其实，这位总经理也可以直接说汽车领域、食品领域和医药领域，但这样表述就不如"一辆车、一碗面、一盒药"那么深入人心了。

那么，怎样才算是好"钉子"呢？记住"整洁原则"——"钉子"越整洁、越简单，效果越好。因此，在设计"钉子"时有以下几个关键词需要大家牢记。

第一个关键词是表述对称。"钉子"的表述越冗长，听众接收到的信息量就越少。我曾在"得到"的听书栏目收听过对纳西姆·尼古拉斯·塔勒布的《黑天鹅：如何应对不可预知的未来》的讲书。讲述者总结提炼了3个论点：

第一，从心理学层面看，心理机制让我们认识不到黑天鹅事件；

第二，从认知方法看，错误的知识地图让我们低估了黑天鹅事件出现的概率；

第三，我们该如何应对黑天鹅事件。

作为在线内容，听众可以反复收听并重复记忆这3个论点，但是如果这次讲书不是在线内容，而是演讲场景，听众只有一次记忆的机会，那么这3个"钉子"就显得过于冗长、不对称了。我的建议是把论点变成每个"钉子"的副标题，在副标题前加一个新的表述，给"钉子"戴一顶容易记忆的帽子。

● 眼不见——从心理学层面看，我们的心理机制让我们认识不到黑天鹅事件。

● 脑不想——从认知方法看，错误的知识地图让我们低估了黑天鹅出现的概率。

● 心不慌——我们该如何应对黑天鹅事件。

使用这样的表述方式，将会大大增加听众记住论点的可能性。

第二个关键词是逻辑分离。有时，看似清晰的3个"钉子"却经常产生逻辑粘连或内容重叠。我在给一家外资企业培训时，有一名学员介绍他们设备的特点是灵活、便捷、高效。我问他"便捷"和"高效"有什么区别。他解释了之后，同组的其他学员说："你好像说的是一件事，都是体现高效。"他自己也有同感，于是后来把介绍的特点调整为灵活（自由组合）、持久（超长续航）、高效（准确送达）。再举几个例子，让大家能更明白逻辑没有分离干净的表现。有学员罗列了3个"钉子"："好用、易用、不得不用"。看出什么问题了吗？这里面"好用"和"易用"就有明显的逻辑重叠；"新人群、新模式、新资源"，乍一看好像没什么问题，但听完演讲者的介绍就会发现，"新模式"和"新资源"都是针对"新人群"的，逻辑层级不干净。

很多演讲者在设计"钉子"时，只关注了论点罗列，而忽略了论点与论点之间是否分离干净。一旦有重叠，逻辑思考能力强的听众就会认为演讲者对其所阐述的主题并没有思考清楚，不够严谨。还有一种情况是，论点之间逻辑很干净，分离得也很清楚，但在讲述过程中，却把其中一个"钉子"的内容与另一个的重叠了。比如，为什么（why）、做什么（what）、怎样做（how）这3个人们通常使用的论点逻辑，内容是有明显区隔的，但却有演讲者在讲what的时候，讲述了大量how的内容；讲how的时候，明显能听出来是在重复阐述。听众会觉得演讲者很啰嗦，不利于他们接受观点。

所以我们一定要在"钉子"的逻辑、观点和内在分离干净的前提下，做到演讲内容的有效分离。

第三个关键词是指向一致。所有的"钉子"都是为演讲主题服务的，而主题又是为演讲目标服务的。演讲者经常出现的错误是，3个"钉子"看似逻辑清晰并且没有内容重叠，但仔细分析下来，3个"钉子"并没有围绕着演讲主题阐述，那么演讲的目标就很难实现。在以往的培训中，总是有学员在设计完3个"钉子"之后，发现并没有把主题说清楚，甚至还会出现三个"钉子"阐明的是别的中心思想的情况。这时他们总会问我："赵老师，我们能换主题吗？"我也会直接反问："那你的演讲目标要换吗？""当然不换，演讲目标是我发起这次演讲的目的。""如果演讲目标不换，你就应该重新审视你的3个'钉子'，而不是调整演讲主题。"

因此，在设计"钉子"的过程中，我们需要时刻牢记指向一致原则，避免"钉子"与演讲主题、演讲目的偏离。

"钉子"一定要3个吗？

很多人提问："钉子"是不是一定要3个？

答案是"不一定"，但是首选是3。为什么？

我们的日常生活和文化传统中，到处都充满了关于"3"的元素。红绿灯是3种颜色，金榜题名是前三名，色彩里有三原色，甚至老子的《道德经》里提到"道生一，一生二，二生三，三生万物"。企业文化三大载体，培训时关注学员的3个方面……每次听到这样的描述时，听众都会觉得这是经过思想沉淀、深思熟虑得到的。由于我们身边充满了"3"，我们习惯于接受"3"的结构呈现，"3"是最稳定的结构。

给大家出一道题：1、3、（　）？括号里的数字有可能是几？

你可能会说5，会说7，也可能会说1、3、4、2……

从1、3这两个数字可以推断出很多种可能的答案，那么我们也可以得出一个简单的结论：如果只有两个论点，是不足以支持或证明所要阐述的主题的。

如果这道题变成1、3、5、（　）？这个后面的数字最有可能是几呢？

你很可能会给出7这个答案。从这一点我们能得出：如果有3个论点来阐述一个主题，最终是更容易推导出这个主题的。对一些固定结构，不要破坏它的完整，比方说春夏秋冬、东南西北、衣食住行，或者如果你们的企业价值观有5点，就不建议只说3点。除此之外，我们建议以"3"为结构。

现在"钉子"已经明确，接下来就是如何在内容展开里添加故事了。这里需要提醒大家，故事是演讲的选择之一，但不是唯一，还可以加入数据、图表、案例、科学实验等。因为本书的主题是故事，因此我们着重介绍故事的应用技巧。在内容展开部分使用故事类型的素材时，需要考虑3个方面：故事素材的准确度、触发故事出现的情景，以及故事嵌入演讲的方式。

故事素材的准确度

确保故事素材的准确度，要做到3点。

第一，与主题相关。记得我曾经参加过一家制药公司的年会，该公司一位市场总监在公司市场战略的主题演讲中，突然跳到了人类的起源及人类的终点，搞得在场的听众面面相觑，不知所云。故事素材要紧紧围绕演讲主题来进行，如果故事素材与主题或要阐述的论点相关性很低，牵强附会，离题万里，即使再精彩也不能使用。如果你讲的故事需要听众耗费很多脑力，听众注意力丢失的概率就会增大。

第二，与听众相关。曾经有一个来自生产制造业领域的HR告诉我，他所在的企业之前找过一位老师来给销售人员讲课，但使用的案例都是快消领域的素材，学员反馈非常不好。只有选择与听众密切相关的素材，听众才会感兴趣。故事素材的选择要遵循就近原则——你的素材离听众越近，越容易产生共鸣和联结。在挑选的故事素材中，还要了解听众已经知道哪些内容，需要知道哪些内容。只有选择那些听众迫切想要了解的素材，演讲才会受欢迎。如果你提供的故事素材内容是听众已经知道的，那么你又如何说服他们支持你的论点呢？

第三，具有代表性。选择故事素材时，演讲者还需要考虑所选的故事素材反映的现象是具有代表性的，而非个例。如果素材太特殊，就很容易引起听众的质疑或挑战，也就无法说服听众接受你的论点了。在整个演讲过程中，任何引起听众抵触或反感的因素都是危险的。当然，有一种情况例外，倘若故事素材确实具有特殊性，也属于个例，那么要审视这个故事素材是否反映组织需要警惕的、也许会带来巨大损失的问题；如果该素材是极具震撼力的，因为演讲者的洞察能给大家带来思考和启发，那么对演讲者的个人影响力提升会有很大帮助。

触发故事出现的情景

故事的素材可以提供鲜活的细节，使抽象的观点或概念更容易被理解。如果听众对你阐述的某一概念完全不了解，而你又没有什么好的故事素材，那么也可以使用比喻、类比的方式来帮助听众理解，让听众更容易在心中生成具体的画面。

举个例子，在空调领域有一种技术叫康达气流，很多人不理解。美的空调是这样解释的：当你站在空调出风口时，能感到凉意，却无风感。现在你是不是一下子就理解了康达气流的意思？

如果演讲中存在有争议的观点，对于演讲者来说这种情况风险很大。对于有争议的观点，听众本身就带有质疑或反抗情绪，演讲者必须事前准备大量的素材来佐证该观点。如果使用故事来佐证，那么故事素材需要具有一定的权威性，比如某个领域的专家、代表官方的某位发言人的讲话，并且该素材来自具有权威地位的渠道，如专业领域杂志、官方网站、新闻媒体、政府出版物、百科全书等。当然，故事只是其中的一种素材，单单有故事还不够，还需要其他辅助材料，如数据或证言等。还有一种情况也可以使用权威论证，就是演讲者的地位、可信度、影响力不高，却要阐述一个相对较大的话题。比如，一名学生要对目前的教育改革提出建议。此时一定要讲述其自身视角能够看到而地位较高的听众们却看不到的故事，结合权威的辅助材料，来增加演讲者的说服力。

如果听众的整体注意力及理解程度都不高，一定要减少抽象概念的讲述，降低摆事实讲道理的比例。在公司内，如果你的受众是一线员工，那么你的故事素材最好来自一线，能与实际工作结合，一线员工更容易理解和接受。

有时演讲的内容不单单讲给当下的听众，听众回去有可能也会遇到同样的要通过演讲来让别人接受他们的观点的挑战，那么演讲者就要考虑准备的素材能不能帮助他们说服质疑者。曾经听一家医疗耗材公司的员工讲，他们的产品对治疗乳腺癌有很好的效果，但他们在和政府谈判产品进省医保目录时，由于价格昂贵，占用医保份额较大，始终谈不拢。后来他讲了一个关于母亲的故事，证明母亲对一个家庭的重要性，对整个和谐社会的影响，他们的产品恰恰可以减少悲剧的发生。后来谈判进展顺利，当时该省医疗保障局的主要负责人面对新闻媒体时甚至也引用了那个故事。

故事嵌入演讲的方式

关于在商务演讲中嵌入故事，很多人有认知上的误区。第一个误区是以为只要在演讲中加入故事并讲得精彩，就大功告成了。事实并非我们想象的那么简单。第二个误区是故事盖过了论点或主题，只突出了故事本身，而没有将故事隐含的观点与整个演讲关联。第三个误区是演讲中加入故事的方式过于生硬，使用最多的描述是"我给大家讲个故事"。一提到讲故事，大多数听众会认为讲故事的人要编造一个故事给我洗脑，这时候他们就会进入一种防御性的分析思考模式，试图找出故事的逻辑漏洞并反驳。只有解决以上3个认知误区，才能让故事真正地帮助演讲者实现目标。

演讲中每一个故事的运用，都需要给听众合理的理由或者让听众在头脑中做好想听故事的准备。我称其为铺垫引言，就是让故事能够润物细无声地在演讲中出现，让听众在不知不觉中就进入故事的场景中，并且没有产生任何防御心理。

无论是在演讲的开场部分，还是"钉子"展开前，都要做好故事的铺垫。举几个例子：

"大家每天都在想如何提高销量，把产品卖得更多。但各位有没有想过，我们做的这件事到底有什么意义？去年，我接触到一位消费者，让我理解了我们不单纯是在卖产品，而是在改变他人。"

如果你是销售人员，是否想听这位消费者的故事？

"每次电梯门打开，我都能看到墙上的那行字：互信协作、勇于创新、主动担当……我一直不觉得这些词代表着什么，直到今年，有一件事让我对其中一个词有了深刻的体会。"

如果你在参加校园招聘会，是否很想听听这位学姐的故事？

"当下的年轻人有一个流行词是'摸鱼'，给各位看一组来自51job 2021年2月一份调研的数据，说的就是职场人士在工作中是否有'摸鱼'的现象。12.3%从来没有过，87.7%的人有过'摸鱼'现象。那么什么是'摸鱼'呢？我给大家举个例子，有一次……"

如果你是某家公司的高管，听到这样的开场白，是否会有些紧张？是不是很想知道那一幕发生了什么？

销售人员说："客户不会知道我邀请了他们的竞品来参加，这样的话，这个竞品也会被我们拿下的。"

领导回答："我能理解你想要拓展客户的想法，不过比起拓展客户，我更看重对现有客户负责。这件事一旦让客户知道，后果非常严重。你记得之前的客户××吗？他的HR总监对我讲了这么件事，当时……"

如果你是下属，是否想要听那个 HR 总监讲的故事？也许你会因此而改变想法。

本书强调的所有的故事应用都聚焦于影响他人，让听众放下防御心理，并激发他们想听你的故事的好奇心。

或许你已经发现，前面这些例子都成功地抓住了你的注意力。即使你认为你的领导不喜欢听故事，你的客户没时间听故事，你的下属反感故事，但有了上面的铺垫引言，他们都会耐心地听完你讲的故事。

铺垫引言的方式有提问、讲述现状、场景、痛点、线索、事实、观点、数据等。

这些方式都可以在你开始讲故事前使用，至于选择哪种，要回到你的故事并预设好在什么场景下使用这个故事。当然，也可以几种方式结合使用，比方说，"数据 + 提问""现状 + 观点""场景 + 线索"。

如果要打组合拳，不妨多尝试使用提问。不一定要对方给予回应，但可以有效地让听众在头脑中产生反应，是一种有效的互动。

故事讲完了，并不算是真正嵌入了演讲中，只有将故事的核心观点诠释完毕，故事才算与演讲完美融合了。我们可以把电视遥控器比作演讲，电池比作故事，电池正负极对应的金属片和弹簧片则相当于铺垫引言和观点诠释。

记住，这里的故事观点是用来诠释演讲中的"钉子"的，所以要做好两点：一是为听众接受观点做好过渡；二是加入一些诠释和强调核心观点的篇幅。

过渡语的作用是给听众一个信号，让他们知道故事已经结束。例如：

- 儿子的这个举动让我意识到……
- 这个经历提醒我们……
- 这件事引发了我很多思考……
- 在那一刻，我才意识到……

过渡语是故事与核心观点之间的桥梁，让听众意识到故事已经讲完，接下来要呈现故事讲述者对这段经历的解读。有时过渡语只是一句话，但有时要稍微花点笔墨。如果故事讲完后你把观点直接说出来，听众接受有难度，不容易消化，那么就需要过渡语作为引导。

临门一脚，过渡语是关键。

桥搭建好了，接下来就要到达彼岸了——该核心观点出场了。

从故事素材的准确度、触发故事出现的情景以及故事嵌入演讲的方式这3点出发，巧妙地融入故事，才能够真正地使听众更投入，更容易理解和记住演讲内容，从而达到演讲的预期效果。这3个技巧不仅是故事嵌入演讲的契机，更是一种策略性的工具，能够把听众顺利带入演讲者的世界，引领他们看到演讲者描述的风景。

让演讲变得流畅的小结

经常听到有人说，"他的演讲很顺畅，仿佛行云流水，一气呵成……"

很幸运，他们遇到了一位尊重并且了解听众的演讲者。但凡演讲者的演讲让听众感觉很舒服，那么有几种可能：主题和听众有关并给听众带来思考，逻辑结构清晰严谨，内容呈现吸引人。还有一个大家可能会忽略，但却对演讲现场体验有着重要作用的因素，就是小结。听众并没有演讲提纲，对你所阐述的观点也不了解，所以，听众能否跟上你的思路，取决于演讲内容和结构的连贯性。其实做到这一点并不难，只是很少有人意识到或真正在设计时把这个因素考虑进去。

小结有两个关键作用：一是强化该论点。听众在听演讲的过程中有许多干扰因素，为了使听众能始终保持专注，一定要在每一个论点讲述完毕后帮助听众提炼总结一下，让听众知道当下的论点已结束，要进入下一个论点的诠释了，而不是让听众自己去标记演讲进行到哪个阶段了。二是巧妙过渡，给听众继续听下去的理由，让他们对下一论点产生兴趣。比如：

"刚才我们说了……，接下来……"

"除了……，我们还需要关注……"

"这是我们从……角度诠释了……，接下来我们换一个角度。"

"我们刚刚所说的两点，其实最终都要服务我接下来要说的第三个方面……"

切记别让听众在听你的演讲时太费脑子。

第五节　余音绕梁

演讲进行到"余音绕梁"部分，就已经接近尾声了，这时有很多演讲者开始放松精神，打算草草收场。我们听到最多的收尾方式就是"综上所述，就是我今天的演讲内容，谢谢大家"。

也许你的整个演讲过程很精彩，但结尾蜻蜓点水，错过了把演讲推向高潮的机会。因为即便在演讲过程中没有太多亮点，结尾也是可以扭转局面的。

丹尼尔·卡尼曼在《思考，快与慢》中提到一个概念——"峰终定律"。意思是一个人体验事物的过程中，重要的不是平均数，而是"峰"和"终"。"峰"就是这个过程中的高峰体验；"终"则是事情结束时的体验，这两个体验将决定我们对这件事的评价高低。

"峰"在"大戏上演"部分实现。演讲的结尾部分有它特殊的目的：再次强化信息，让听众更好地理解演讲的重要观点，加深与听众之间的情感交流，并提醒听众，本次演讲马上就要结束了。如果你担心听众还没有接收到你的演讲主题，那么这个时候就需要清晰有力地把主题讲出来，有时听众能够记住的恰恰是结尾部分。

"余音绕梁"就是希望听众离开会场时，有一种意犹未尽的感觉。结尾可以分成两个部分：总结回顾和推动升华。

总结回顾，必不可少

演讲者在所要讲的主题或内容中浸润已久，又反复练习，已经烂熟于心，演讲中就容易忘了听众的状态。所以在总结回顾时，演讲者经常说"以上3点就是我今天分享的内容"。每次听到这句话，我都有一种冲动想站起来，大喊一声："你刚才都说了什么，能不能总结一下？"

演讲和阅读文章不一样，听众没有机会反复回放演讲内容。如果是做路演，你的投资人不会再让你讲一遍；如果是给客户提供方案，客户也不会再询问你刚才说了什么。他们只会根据自己头脑中记住的部分来评价你或你的方案。别高估了听众的关注点和记忆力，这可能是告诉听众你的主要论点是什么的最后机会。

同时，要注意总结回顾部分不要太长，只要把3个"钉子"重述一下，并帮助大家再次串联"钉子"之间的逻辑关系即可。相当于往听众脑子里不断输入论点。

推动升华，达到目的

通过上述环节，你已经理性地帮助听众概括了整个演讲的要点。那么接下来，需要感性升华一下。一提到感性升华，很多人会说：

"别扯了，我给老板做一个工作汇报，哪有必要感性升华？"

"开玩笑，我给客户介绍产品，还要让客户痛哭流涕吗？"

"我只是做一个技术分享，用得着搞那些华而不实的东西吗？"

"给投资人路演，他们只关心商业模式、企业价值，别弄得那么感性！太肉麻，显得不专业。"

别误会，这里的推动升华，并不是一定要让听众情绪起波澜，而是要为整个演讲目标砸下"终极一锤"。

对于演讲而言，在结尾推动升华是演讲艺术中的一个重要技巧，它有多重意义和作用，旨在为演讲画上完美的句号。下面给大家一些推动升华的理由，看看能否改变你持有的"演讲结尾就是要快速收场"的观念。

第一，推动升华可以给听众留下深刻印象。

演讲的结尾是听众离开会场前在记忆中最后留存的部分，升华主题和情感，可以使演讲的核心信息和情感冲击力更加深刻和持久。如果你是在向听众展现你们企业的价值，这种强有力的收尾能够让投资人、客户、用户、员工等带着对企业价值的认可所产生的强烈感受离开，加深他们对企业的记忆和思考。

第二，推动升华可以再次强化核心信息。

在结尾部分提炼和升华演讲的主要观点，能让听众更好地理解和吸收演讲的核心信息。这种方法可以确保听众抓住演讲的要点，而不是自己回忆和提炼，防止他们在信息海洋中迷失方向。

第三，推动升华能激发行动。

演讲的目的往往是激发听众采取某种行动或改变思考方式。那么，演讲结尾处对主题进行升华，能够更有效地激发听众的情感，促使他们行动起来。这种情感上的触动是推动听众从思考转向行动的关键。有时一个好的演讲结尾，就能让投资人为你的企业投资。

第四，推动升华可以增强说服力。

一个升华的结尾可以增强演讲的说服力。通过重申并升华演讲的主要论点，演讲者可以更有力地说服听众接受其观点或建议，从而达到演讲的目的。

第五，推动升华可以创造完整性。

演讲结尾的升华可以为整个演讲创造一种完整性和圆满感。它将"拉开序幕""大戏上演""余音绕梁"紧密相连，形成一个有逻辑的、完整的故事或论证，使听众感到满足和完整。

第六，推动升华可以展现演讲者的魅力。

最后，一个感人且有力的结尾展现了演讲者的演讲艺术和个人魅力。它不仅是对演讲内容的总结，也是演讲者情感和演讲技巧的体现，有助于建立演讲者的权威和影响力。如果你是企业创始人，听众会因为这个漂亮的收尾而喜欢上你的企业，从而购买你们的产品。

了解了这么多关于推动升华的好处，那么有哪些方法可以应用呢？接下来，我给大家推荐几种简单易用的方法。

第一，强有力的引用。

使用一句有力的引用来结束你的演讲，可以给听众留下深刻印象。选择与演讲主题紧密相关的名人名言，可以强化你的信息。例如：

"正如马丁·路德·金的'我有一个梦想……'，今天，我也邀请大家一起携手，为让1亿国人讲出好故事的梦想共同努力。"

"正如史蒂夫·乔布斯所说，创新是区别于领导者和追随者的唯一方式。让我们一起成为行业的创新者，引领变革，塑造未来。"

第二，个人故事。

分享个人故事或经历，特别是如果它与听众能产生共鸣，就可以在演讲的结尾创造情感高潮。一个好的故事可以是启发性的，它能鼓励听众根据你的经验采取行动。例如：

"让我告诉大家一个关于我如何克服恐惧、完成我的第一次马拉松的故事。这次经历教会了我，只要敢于迈出第一步，就没有什么是不可能的。"

"让我分享一个关于我们公司创始人的故事，他从一个小车库开始，凭借着对技术的热爱和对未来的梦想，建立了今天这个全球知名的科技帝国。这证明了，只要我们坚持梦想，没有什么是不可能的。"

第三，视觉化未来。

鼓励听众想象如果采取你建议的行动，未来会是什么样子。这种方法可以激发听众的想象力，让他们看到改变的可能性和积极的结果。例如：

"想象一下，如果我们每个人都贡献一点点力量，我们的居住环境将变得多么美好——绿树成荫，空气清新，孩子们在安全的环境中快乐成长。"

"想象一下，5年后，我们的产品能够在全球范围内提供清洁能源，为数亿人带来光明。这不仅是我们的目标，也是我们的责任。"

第四，呼吁行动。

直接向听众发出行动的呼吁，是演讲结尾非常强有力的方法。明确告诉听众，你希望他们做什么，是改变思维方式，采取具体行动，还是支持某个事业？例如：

"我邀请大家今天就行动起来，从小事做起，比如减少一次性塑料的使用，共同保护我们的地球母亲。"

"我邀请每位在座的合作伙伴和客户，与我们一起迈向这个宏伟的目标。让我们携手合作，共创可持续的未来。"

第五，提出挑战。

向听众提出一个挑战，鼓励他们在某个时间段内尝试新的行为或思考方式。这种方法可以激发听众的积极性，让他们在演讲结束后仍然积极思考和行动。例如：

"我在这里向大家提出一个30天挑战：每天记录一个企业的故事，无论多小。让我们看看30天后，我们的企业都发生了哪些有价值的故事。"

"希望大家在接下来的1年里，努力将客户满意度提高到前所未有的水平。每一次微笑、每一次感谢，都是我们成功的标志。"

第六，重申核心信息。

简洁有力地重申演讲的核心信息或论点，确保听众离开时能牢牢地记住它们。这有助于加深听众对演讲主题的记忆和理解。例如：

"所以让我们不要忘记，真正的勇气不是不感到恐惧，而是即使感到恐惧也愿意面对和克服它。"

"让我们始终记住，我们的核心价值观——创新、诚信、卓越——是引导我们前进的灯塔。它们不仅塑造了我们的过去，也将指引我们的未来。"

第七，感谢听众。

以感谢听众的方式结束演讲，这种温馨的结尾方式可以增强与听众的情感联系。例如：

"我想感谢每一位今天来到这里的朋友，是你们的支持和鼓励，让这个世界变得更加美好。"

"在此，我要感谢每一位员工的辛勤工作和每一位客户的信任与支持。没有你们，就没有我们今天的成就。"

第八，启发性问题。

以一个开放性的问题结束演讲，能引发听众的思考。选择一个与演讲主题紧密相关的问题，让听众在演讲结束后继续思考和讨论。例如：

"在我们结束今天的演讲之前，我想留给大家一个问题：如果你知道自己不会失败，你会尝试什么？让我们带着这个问题，一起勇敢地迈向未来。"

"思考一下，我们如何利用资源和技术，不仅改变我们的业务，还改变世界？让这个问题引导我们在接下来的日子里思考和行动。"

通过采用这些方法，你的演讲结尾将不仅仅是一个结束点，还是一个推动听众思考、感受和行动的强有力的开始。当然，大家可以根据自己演讲的类型、目的，以及听众的身份属性，选择适合的方式。

这里要特别强调的是，如果你选择在推动升华部分讲述故事，仍然需要考虑故事对听众影响的3个方面——认知导向、情感导向、行为导向。如果是认知导向，那么就需要强化认知调整的必要性；如果是情感导向，那么就需要再次唤起、触动听众的情感；如果是行为导向，可以最后号召大家做哪些改变。

接下来，把你要演讲的内容拿出来，用三段式演讲结构对它进行设计吧。如果你真的这么做了，我先替听众说一声"谢谢"，因为你在用行动向他们表示尊重。

第六节　演讲的心理准备与刻意练习

很多人把乔布斯当作演讲的标杆，殊不知即使如乔布斯这样的演讲大神，也会从发布会前1个月就开始每天练习。任何成功的背后都是无数付出的积累，演讲自然也不例外。听众面前那些自信满满、语言流畅、情绪饱满的演讲者，并非天生具有演讲才能，他们独特魅力和影响力的背后，是上台前全面的心理准备，以及台下无数次刻意练习。

心理准备包括了对演讲内容的深度理解，对观众的洞察，对场地环境的适应，以及对自身情绪的管理。有了充分的心理准备，我们可以更好地应对演讲过程中可能出现的各种突发情况，更容易发挥出最佳水平，给观众留下深刻印象。

当然，充分的心理准备之上，我们还需要不断练习。大家是否有过这样的体会：在准备演讲时，我们会打开演讲PPT，选好模板，填写内容，制作完成后对齐行距，调整字号，全屏展现，然后不断地认真翻看，在大脑里详细记录每一段要表达的内容。但正式上台的时候，无论准备工作多么充分，真实的演讲状态都会与准备时有差距，这种差距会影响演讲质量。之所以存在这种差距，主要是因为我们大脑中想的演讲状态与嘴巴表达的演讲状态存在差距。在大脑中，我们的演讲状态是完美的，但现实的表达效果却达不到完美。不过不用担心，这种差距是可以通过不断练习来消除的。让自己的嘴巴对大脑里的内容产生肌肉记忆，不断地练习，就能够让我们的语言表达无限接近大脑中的完美状态，如此，我们的演讲效果才会更加接近预期。

因此，无论是心理准备还是刻意练习，都是使我们成为优秀演讲者的关键。接下来，我将深入阐述这两个方面，提供一些具体实用的方法，帮助大家更好地准备、更好地进行演讲。

克服恐惧，稳定发挥

面对公众演讲，很多人会感到恐惧、紧张、手足无措，这大大地影响了演讲效果。但如果我们对演讲充满信心、心态放松，那么演讲时思维就会更加清晰，表达也会更加自如、更加顺畅。可见，克服演讲恐惧，稳定自己的情绪，成了演讲成功的关键。

2016年澳门威尼斯人酒店的演讲，是我演讲生涯中的一个重要里程碑。那是我首次在有5000多名听众的大型现场，分享"故事的力量"。在后台，我能看到2/3的听众。我相信大多数演讲者在如此盛大的场合都会不自觉地颤抖，甚至会紧张得满头大汗，但我当时仅有些许紧张，更多的是兴奋与激动。

我走上台，耀眼的灯光、满场的听众都在我眼中。在我开口那一刻，所有的紧张感瞬间消失了。那个晚上，我向在场所有人展示了故事的独特魅力。之所以有这样的状态，与我之前的准备工作分不开。通过回顾这场演讲，我将帮助大家了解演讲前准备的5个重要方面：

第一，勤奋练习。还记得演讲的前一天晚上，我在房间对着镜子一样的落地窗，练习了4次，总计4个小时。

第二，针对性演练。我练习的不是逐字背诵演讲稿，而是记演讲的框架，所以每一次演讲状态都会不同。这保证了我在演讲时的灵活和自如。

第三，提升演讲的连贯性。很多人在练习时一旦出错就停下重来，这其实是一个非常不好的习惯。我把每次练习都当作真实的演讲，尽量不卡顿，即使出现卡顿，也会找方法继续下去。

第四，提前熟悉环境。提前熟悉演讲环境，增强对环境的熟悉感非常重要。我曾辅导过很多企业文化故事大赛选手，每一次我都会建议参赛选手，如果条件允许，一定提前一天到演讲场地熟悉环境，站在讲台上环视全场想象演讲的场景。虽然这一过程仅需要两三分钟，但它极大地增强了我们大脑对现场的熟悉感，对缓解紧张极其有帮助。

如果时间允许，我们还可以在台上练习演讲，多练几次，包括走位、眼神交流等，如果有同事或者朋友配合，则可以把这些同事或朋友安排到全场的适当位置，进行演讲的真实演练。这种真实的演讲体验可以提升实际演讲时的舒适度，更能够消除紧张感与恐惧感。

第五，提升开场的力度与流畅度。熟悉的环境可以让自己保持更轻松的状态，当我们上台顺利讲出开场白后，大部分紧张情绪都会瞬间消退。因此，确保开场白简洁、有力并容易表达，是非常关键的。

以上方法是我们克服演讲恐惧、确保演讲效果的关键。只要使用这些方法做好心理准备，并进行刻意练习，演讲也可以变得很容易，成为我们提升生活与工作品质的有效工具。

演讲呈现技巧的刻意练习

美国著名心理学家、传播学家艾伯特·梅拉比安博士提出过一个公式：

信息的全部表达=7%的语言+38%的声音+55%的肢体语言

这说明演讲中除了你要表达的内容，外在的声音和肢体表现更为重要。当然有人会说：我说的内容只占7%，那还有必要花这么大篇幅来介绍怎么讲故事吗？这里要强调一下，对他人产生持续影响力的，恰恰是这7%。听众离开会场后，随着时间的推移，让他们印象深刻的不是声音和肢体语言，而是你传达给他们的内容。不过，我们仍然不能忽视演讲时语音语调和肢体语言的作用。这两方面的刻意练习，可以参考以下方法。

首先是针对语音语调的练习。

演讲情绪的传递会直接影响信息触达效果，因此，我们需要对语音语调进行刻意练习。可以先录制自己的演讲，然后反复观看自己的语言是否流畅，语气是否符合内容的需要。如果不满意，我们就需要做出调整，然后再次练习。

在语音语调的练习过程中，我个人总结了一个技巧：日常生活中，我们可以刻意观察一些演讲者的语音语调变化。比如，新闻节目里主持人的重音变化，脱口秀演员的讲话节奏，相声演员的语言设计技巧等，这对于我们练习自己的语气、语调和节奏感有很大帮助。

其次是针对身体语言的练习。

身体语言是演讲中非常重要的一部分。我们需要练习如何用身体语言来提升演讲效果。例如，我们可以练习如何用手势来强调重点，如何用眼神来与听众进行交流等。

录制并回放自己的演讲是一个非常有用的自我检查工具。它能够帮助我们发现并纠正一些可能之前并未意识到的问题。关键是，录制之后一定要有勇气去看，不然这一练习就没有价值了。

刻意练习是演讲准备的重要一环。通过针对演讲内容、语音语调、身体语言及场景的刻意练习，我们可以发现并改善自己的不足，提升演讲效果。演讲的每一个细节都值得我们反复练习，因为每一个细节的提升，都会使我们的演讲更加精彩，企业价值故事也因为精彩的演讲而得以传播，扩大影响力。

本章小结

● 一段演讲、一个故事，每一个细节都需要我们认真对待和练习。三段式演讲结构能够帮助我们在表达时目标明确、逻辑合理、条理清晰，而故事"触发器"能够让我们轻松地找到故事素材。

● 讲故事的黄金三角围绕故事中的"那一刻"展开，运用好代入感、画面感和节奏感的技巧，改变以往讲故事时那种"脚踩西瓜皮滑到哪算哪"的状态。

● 再清晰的演讲地图，再有价值的黄金三角，如果不用，不做刻意练习，那么你就只是那个因为别人运用了这些技巧而被影响的人。记住，演讲和故事没有捷径，唯有刻意练习！

后记

为这本书画上最后一个句号时,我心中满是感慨。这种感觉,特别像一位刚刚结束漫长旅程的行者,怀揣着一路的"见闻",急着回去和等候的人分享。

我从2015年开始专注于故事在商业领域的应用,其间接触了很多优秀的企业家、高管、一线员工,听到了非常多的能凸显企业价值的故事,有了很多洞察、思考和沉淀。我一直想要将自己近10年的感想分享出来,让更多人感受故事的力量。这本书的完成对我来说是一个结束,但同时也是一个开始。它标志着我对故事力量的探索的阶段性总结,也是我将这些理念付诸实践的新起点——去帮助更多企业创造有影响力的商业故事。

非常幸运能与饶钢教授共同完成本书。与饶钢教授的结缘,始于2023年我主讲的一场故事演讲力公开课。课后,我与饶教授有了深度的交流探讨,我被饶教授对故事在商业领域应用的丰富经验和独到见解深深吸引。我们都认同,在商业场景中,那些冗长的商务会议、冰冷的数据报表、复杂的营销策划，常像一团团迷雾，让人迷茫又疲惫。而真正能够打动人心、引发共鸣，让人们看到企业价值的，恰恰是那些简单却深刻的故事，它们即使时隔多年，依然能在听众的脑海中清晰地回响。但遗憾的是，无数金子般的企业故事素材被埋藏在那些无趣、无聊、无效的数字下面，没有被发掘。这正是我和饶教授共同撰写本书的初衷——探索那些能够穿透喧嚣、直击人心的商业故事的力量。

在本书中，我和饶教授没有依赖空洞的理论或虚构的案例，而是力求将理论与实践相结合，用真实世界的商业故事来说明我们的观点。我们相信，每一个成功的商业故事背后，都有其独特的逻辑和情感，这些故事不仅能够启发思考，更能够激发行动——激发读者去发现和创造属于自己的商业故事。

最后，我要感谢所有支持我完成本书的人。感谢我的家人，他们的爱和支持是我写作的动力；感谢饶教授，他的专业和智慧为本书提供了不可替代的价值；感谢我的同事和合作伙伴，他们的故事和经验为本书增添了丰富的色彩；感谢我的读者，你们的期待和反馈是我不断前进的动力。

故事的力量是无穷的，它能够跨越时间、空间和文化的界限，连接每一个灵魂。我希望本书能够成为你探索故事力量的起点，也希望它能够激发你去创造属于自己的商业故事。让我们一起，用故事去改变世界。

特别说明：由于故事的力量过于强大，希望每一个使用故事的企业、团队或个人都能保持一颗善心，用故事，不作恶。让我们共同守护这份力量，用它去照亮前行的道路，温暖彼此的心灵。

赵金星

参考文献

[1] 杨照. 史记的读法：司马迁的历史世界[M]. 桂林：广西师范大学出版社，2019.

[2] 戴维·麦克莱伦. 马克思传[M]. 王珍，译. 北京：中国人民大学出版社，2010.

[3] 贾森·茨威格. 投资的怪圈：成为洞察人性的聪明投资者[M]. 蒋宗强，译. 北京：中信出版集团，2020.

[4] 汪丁丁. 行为经济学讲义：演化论的视角[M]. 上海：上海人民出版社，2011.

[5] 高琳，林宏博. 故事力[M]. 北京：中信出版集团，2020.

[6] 丹尼尔·平克. 全新思维：决胜未来的6大能力[M]. 高芳，译. 杭州：浙江人民出版社，2013.

[7] 米丽娅姆·鲁普. 讲好商业故事：赢得人心、爆燃关注的绝顶技能[M]. 李琪，译. 北京：中国人民大学出版社，2021.

[8] 理查德·德威特. 世界观：现代人必须要懂的科学哲学和科学史（原书第2版）[M]. 孙天，译. 北京：机械工业出版社，2018.

[9] 罗伯特·库尔茨班. 人人都是伪君子[M]. 李赛，苏彦捷，译. 北京：中信出版社，2013.

[10] 乔纳森·海特. 象与骑像人：幸福的假设[M]. 李静瑶，译. 苏德中，主编. 杭州：浙江人民出版社，2012.

[11] 梁宇峰，顾倩，侯恬. 估值的力量[M]. 北京：中信出版集团，2023.

[12] 布鲁斯·格林沃尔德，贾德·卡恩. 竞争优势：透视企业护城河[M]. 林安霁，樊帅，译. 北京：机械工业出版社，2021.

[13] 帕特·多尔西. 巴菲特的护城河[M]. 刘寅龙，译. 广州：广东经济出

版社，2009.

[14] 威廉·冯·希伯. 当我们一起向狮子扔石头：人类如何在社会中进化[M]. 颜雅琴，译. 上海：上海文化出版社，2021.

[15] 罗伯特·J. 席勒. 非理性繁荣[M]. 李心丹，等译. 北京：中国人民大学出版社，2016.

[16] 理查德·塞勒. "错误"的行为[M]. 王晋，译. 北京：中信出版集团，2018.

[17] 尤瓦尔·赫拉利. 人类简史：从动物到上帝[M]. 林俊宏，译. 北京：中信出版社，2014.

[18] 迈克尔·加扎尼加. 谁说了算？：自由意志的心理学解读[M]. 闾佳，译. 杭州：浙江人民出版社，2013.

[19] 高炜. 汉森科学哲学思想及其在当代的发展[M]. 北京：科学技术文献出版社，2016.

[20] 安东尼奥·达马西奥. 笛卡尔的错误：情绪、推理和大脑[M]. 殷云露，译. 北京：北京联合出版公司，2018.

[21] 艾德·卡特姆，埃米·华莱士. 创新公司：皮克斯的启示[M]. 靳婷婷，译. 北京：中信出版社，2015.

[22] 阿斯沃斯·达摩达兰. 故事与估值[M]. 廖鑫亚，艾红，译. 北京：中信出版集团，2018.